디스턴싱

자아의 한계를 깨고 질문을 뒤집는 능력

디스턴싱

L. 데이비드 마르케 · 마이클 A. 길레스피 지음 | 고현석 옮김

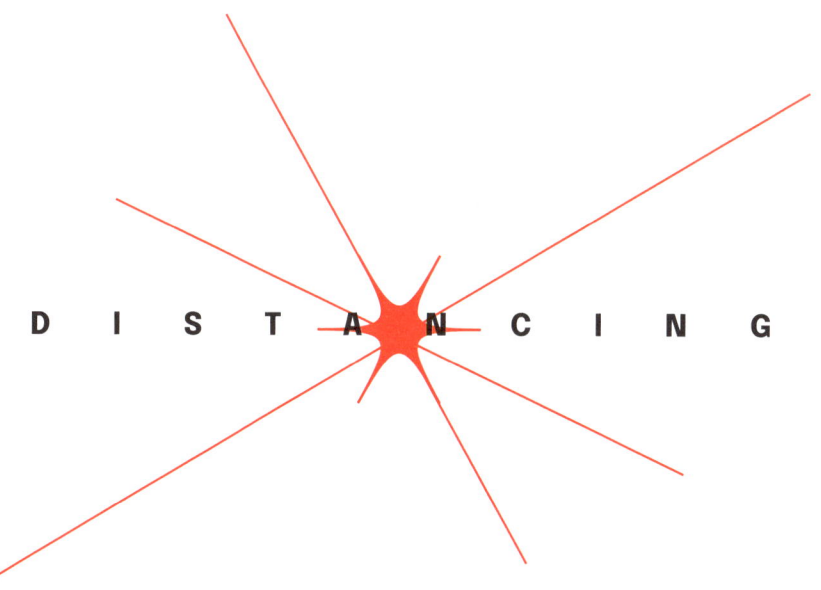

DISTANCING

갤리온
GALLEON

더 나은 세상을 위해

더 나은 결정을 내리고자 노력하는

모든 이에게,

스스로를 새롭게 만들고,

기존의 틀에 도전하며,

더 충만한 삶을 살고자 하는

모든 이에게.

CONTENTS

PART 2 ★ 다른 사람이 되라

PART 3 ★ 다른 곳에 존재하라

PART 4 ★ 다른 시간대에 존재하라

들어가며

당신 자신이 되라.

지금 여기에 존재하라.

지금 이 순간을 살라.

매스미디어를 비롯해 신뢰받는 전문가들, 자기 계발 구루들 그리고 우리를 아끼는 친구들과 가족들에게서 우리는 끊임없이 이런 조언을 듣는다. 오늘날의 시대정신은 '지금 이 순간에 존재하기'를 마땅히 추구해야 할 이상적인 상태로 여긴다. 겉으로 보기에는 그럴듯한 조언처럼 들린다. 자녀의 졸업식에 참석할 때, 중요한 프로젝트에 몰입할 때, 혹은 산 정상에 올라 절경을 마주할 때라면 신체적·정신적·정서적으로 그 순간에 온전히 존재하는 것이 당연히 바람직할 것이다.

하지만 때때로 우리는 '지금 여기의 나 자신me-here-and-now self'에 지나치게 몰입하면서 자신만의 관점에 갇히곤 한다. 누군가가 '충동적으로 반응했다'거나 '그 순간에 휩쓸렸다'고 할 때, 그 말에는 부정적인 뉘앙스가 담겨 있다. 이는 대개 자신에게 중요한 가치와 어긋나는 행동을 하거나, 나중에 후회할 결정을 내렸음을 뜻한다. 흥미롭게도 우리는 이런 모습을 타인에게서는 쉽게 포착하지만, 자신에게서는 좀처럼 알아차리지 못한다. 사실, 적어도 의사 결정이라는 맥락에서는 '지금 이 순간에 존재하기'가 항상 바람직한 것은 아니다.

흥분하거나 스트레스를 받거나 위협을 느낄 때, 우리는 '자기 몰입 상태self-immersion state'로 더 깊게 빠져든다. 자기 몰입 상태는 우리의 시야를 좁히고, 차단하고, 왜곡해 기존의 생각을 강화하는 폐쇄적 감정 상태다. 이 상태에서 우리는 숲을 보지 못하고 나무만 보게 된다. 이렇게 좁아진 시야는 에고ego를 만족시키는 방향으로 의사 결정을 편향시키며, 명확하게 여러 요소를 비교·평가하는 능력을 마비시킨다. 또한 선택의 폭은 좁아지고, 설령 결정을 내리더라도 그 결정은 자신을 방어하려는 욕구에 강하게 좌우된다. 심지어 이런 자기 몰입 상태는 우리를 마비 상태로 몰아가기도 한다. 이에 따라 우리는 기존 상태를 유지하면서, 성장할 수 있는 좋은 기회를 놓치고 결국 우리가 선택하지 않은 길들을 뒤늦게 아쉬워하게 된다.

우리는 이처럼 몰입된 관점과 왜곡된 현실 속에 갇혀, 스스로 보고 느끼고 필요로 하며 원하는 것이 모두 옳다고 확신하면서 살아간다. 이러한 몰입 상태는 우리에게 내재된 기본^{default} 상태다. 실제로 우리는 우리 자신에게 지나치게 가까이 붙어 있다. 다시 말해 우리의 에고, 편향, 감정은 너무나 강력해 우리의 시야를 흐리고, 가장 좋은 결정보다는 편안한 결정을 하도록 유도한다. 또한 우리의 에고, 편향, 감정은 우리가 이전에 내린 결정과 행동을 정당화하는 방향으로 결정을 내리게 한다. 그러지 않으면 자신이 틀렸다는 사실을 인정해야 하기 때문이다. 그 결과, 우리는 잘못된 결정을 내리게 될 뿐만 아니라 성과가 저하되고, 장기적으로는 삶에 대한 충족감까지 줄어들게 된다. 때때로 이는 치명적인 결과로 이어질 수 있다.

퇴역한 핵잠수함 함장인 L.데이비드 마르케$^{L.David\ Marquet}$는 지휘·통제 중심의 리더십 구조를 매우 깊이 이해하고 있는 사람이다. 그는 첫 책인 『턴어라운드』에서 자신이 지휘하던 원자력 잠수함 USS 산타페호가 형편없는 평가와 승조원들의 사기 저하로부터 어떻게 극적으로 벗어났는지 설명했다.[1] 책에 따르면, 그는 승조원들이 사용하는 언어를 바꾸고, 작은 변화를 시도하고, 소통 개선과 의사 결정 권한 분산을 효율적으로 결합해, 산타페호를 미국 해군 역사상 가장 높은 운영 점수를 받은 잠수함으로 변화시키는 동시에 승조원들의 사기를 크게 높였다. 또한 그의 이런 노력의 결과로, 연장 복무 대상이었던 승조원 33명 전원이 12개월 내에 연장 복무를 선택했고,

장교 여러 명이 해군에 계속 남기로 결정했다. 장교 중 두 명은 이미 제출했던 전역서를 철회하기도 했다. 가장 중요한 성과는 데이비드가 떠난 후에 드러났다. 산타페호는 이후에도 수많은 표창을 받았고, 무려 열 명의 장교가 잠수함 지휘관으로 발탁되는 전례 없는 사례를 만들어냈다.

이후 데이비드는 (남극대륙을 제외한) 전 세계 모든 대륙에서 강연을 하게 되었다. 그를 초청한 기업들은 기존의 리더-팔로어 조직에서 리더-리더 조직으로 전환하기를 원했다. 여기서 핵심 원칙은 정보를 가진 사람에게 권한을 부여하는 것이지, 권한을 가진 사람에게 정보를 올려 보내는 것이 아니었다. 이러한 전환을 통해 기업 내 팀들은 높은 기준에 맞추면서도 충분한 자율성을 바탕으로 업무를 수행함으로써 세계적 수준의 성과라는 공동 목표로 발맞춰 나아갈 수 있었다.

그의 두 번째 책 『리더십 리부트』는 우리를 팔로어의 사고방식에 가두는 언어, 즉 우리가 학습해온 산업 시대의 언어와 리더처럼 생각하면서 결정을 내리게 하는 의도 기반 언어의 차이를 탐구했다.[2] 자신의 의도를 자신과 주변 사람들에게 명확히 표현하는 데 중점을 둔 의도 기반 접근법은 주변 사람들의 생각과 관점을 자연스럽게 끌어내 소통을 한층 더 활성화하는 동시에 구체적인 행동을 해야 한다는 생각도 강화한다.

데이비드는 여기서 한 걸음 더 나아갔다. 산타페호에서 가장 중요한 것은 사람들이 결정을 내리게 하는 일이었다. 물론, 여기서의 결정은 당연히 좋은 결정, 현명한 결정을 뜻한다. 하지만 그는 그 과정에서 장교들이 스스로 발목을 잡는 모습을 종종 목격하곤 했다. 정보가 충분하지 않거나, 상황이 모호하거나 불확실해서 일어난 일이 아니었다. 물론 이런 요소들 역시 바람직하지 않은 심리 상태를 유발할 때가 많긴 하지만, 그들이 확실한 답을 찾아내지 못하게 한 요소는 다름 아닌 자기 몰입이었던 것으로 보였다. 예를 들어, 데이비드가 "자네가 나라면 어떻게 하겠나?", "지금으로부터 6개월 뒤의 자네라면 오늘 어떤 결정을 내리기를 바랄까?" 같은 질문 몇 개만 던져도 그들은 바로 시야가 트여 더 나은 결정을 내리곤 했다. 데이비드의 고객들은 특히 이러한 재구성, 즉 리프레이밍^{reframing}이 어떻게 의사 결정의 질을 개선하는지에 큰 관심을 보였다.

마이크는 조직을 효과적으로 구축하고 사람들이 더 나은 결정을 내릴 수 있도록 도울 방법을 오랫동안 연구하고 실천해왔다. 그가 효과적인 기업 문화 조성에 관해 진행한 연구는 어느 날《월스트리트 저널》기사로 소개되어 데이비드의 눈길을 사로잡았다.[3] 사우스플로리다 대학교의 조직심리학자인 마이크는 새러소타-매너티 캠

퍼스 전체를 대상으로 비판적 사고 프로그램을 개발하고 운영했으며 기업과 정부, 비영리단체를 위한 다양한 워크숍도 이끌었다. 워크숍에 참여한 사람들은 현실적인 제약 속에서 더 나은 결정을 내리고 다른 이들도 그렇게 할 수 있도록 돕는 방법에 한결같이 큰 관심을 보였다.

데이비드와 마이크는 곧 서로 같은 문제를 해결하고자 한다는 사실을 발견했다. 어떻게 하면 사람들이 명확한 사고를 바탕으로 현명한 결정을 내릴 수 있도록 돕고, 그 결과 자신의 삶을 더 나은 방향으로 이끌며 조직에도 긍정적인 영향을 미치게 만들 수 있을까 하는 것이었다. 두 사람의 협업으로 탄생한 이 책은 그 문제에 대한 단순하면서도 강력한 해법을 제시한다.

자기 몰입 상태는 현실에 대한 관점을 왜곡해 잘못된 의사 결정을 초래하는 우리의 기본 상태다. 하지만 그럼에도 우리는 우리의 의지로 이런 자기 몰입 상태에서 벗어나, 자신과 거리를 두는 관점을 취할 수 있다. 먼저 습관적인 사고방식과 폐쇄적이고 편향된 세계관에서 벗어나야 한다. 문제에서 한 걸음 물러서서, 상황을 객관적으로 바라볼 수 있어야 한다. 코치가 선수의 경기를 바라보듯 상황을 관찰하고, 무엇을 해야 할지 결정해야 한다. '거리두기^{distancing}'는 우리에게 필요한 관점을 제공하고, 상황과 이를 처리하는 사고방식을 새롭게 재구성해 자신과 조직을 위해 더 나은 결정을 내리게 한다. 자기 몰입 상태에서 우리의 자아는 실용적 자아에 머물지만 거리를 두면 이상적 자아에 가까워지고, 어떤 결정이 자신의 가치를 가장 잘 뒷받침하며 그 가치와 조화를 이루는지 더 깊이 이해하게 된다.

그렇다면 어떻게 이런 상태에 도달할 수 있을까? 결국 우리는 우리 자신에게서 벗어날 수 없는 것 아닌가? 물론 그렇다. 하지만 상상력과 창의적인 사고 능력 덕분에, 우리는 언제든 타인의 관점에서 세상을 바라보는 선택을 할 수 있다. 이제 여러분이 '지금 여기의 나 자신'에서 벗어날 수 있도록 돕는 사고 기법인 '심리적 거리두기'를 소개하려 한다. 강력한 과학적 연구에 기반해 이 방법이 왜 효과적인지 설명하고 자신과 거리두기, 공간적 거리두기, 시간적 거리두기라는 세 가지 실천 방법을 소개할 것이다. 차례로 설명하면 다음과 같다.

첫 번째 방법은 내가 아닌 다른 사람이 되어서, 즉 다른 사람의 관점에서 생각하는 것이다. 이렇게 하면 중립적인 관찰자가 외부에서 바라보는 관점을 지닐 수 있다. 두 번째 방법은 자신이 여기가 아닌 다른 곳에 있다고 생각하는 것이다. 그럼으로써 현재 상황에서 벗어나, 더 큰 맥락의 일부를 구성하는 다른 사람이 되어 자신을 바라볼 수 있다. 세 번째 방법은 자신이 다른 시점에 있다고 생각하는 것이다. 이렇게 함으로써 미래의 자신이 오늘 어떤 선택을 했기를 바랄지 되돌아보는 상상을 해볼 수 있다.

이 모든 시도는 스위치를 켜고 끄는 것처럼 극적으로 느껴질 것이다. 마음의 눈을 이렇게 재배치하면 이전까지 보지 못했던 것들이 보이고, 거리두기 상태에서 스스로를 코칭할 수 있게 된다. 그렇게 되면 대개 답이 즉각적이고 분명하게 떠오른다. 이처럼 자신과 상황을 바라보는 관점을 순간적으로 리프레이밍하는 것만으로도 의사결정의 질이 획기적으로 높아진다.

심리적 거리두기가 우리 삶에서 얼마나 강력하고 효과적인지 직접 체감한 뒤(미처 알지 못했던 초능력을 발견한 듯한 경험이었다) 우리는 수년 동안 이 기법을 고객들과 학생들에게 꾸준히 전해왔다. 그들 역시 거리두기를 통해 결정적인 깨달음의 순간을 경험할 수 있었고, 이를 통해 더 나은 결정을 내리고 성과를 향상시켰으며, 더 풍요로운 삶을 살게 됐다. 이 책에서 우리는 그들의 사례는 물론, 다양한 비즈니스 사례와 실용적인 연습법도 함께 다룸으로써, 이 변화의 기법을 여러분이 실제로 적용할 수 있도록 돕고자 한다.

본격적으로 시작하기에 앞서 꼭 알아두어야 할 몇 가지 중요한 점이 있다. 거리두기란 단순히 타인의 관점을 고려하거나 현재 행동

들어가며

이 미래의 자신에게 어떤 영향을 미칠지 생각하는 것에 그치는 것이 아니다. 물론 이러한 접근도 의미가 있지만, 이는 반쪽짜리 단계에 불과하다. 이 경우에도 시야는 자신의 관점 안에 머물러 있고, 시선을 조금 멀리 두는 듯 보여도 여전히 몰입된 시점에서 벗어나지 못한 상태이기 때문이다.

자기 몰입 상태는 우리가 세상을 바라보는 기본 상태다. 자기 몰입이 에고와 동일한 개념은 아니지만, 방어적 태도나 자기의식, 이미지에 대한 집착 같은 에고 반응은 자기 몰입 상태에서 더욱 두드러지게 나타난다. 자기 몰입과 에고 사이의 관계는 산소와 불의 관계와도 같다. 자기 몰입(산소)의 정도가 심할수록 에고(불)는 더 활활 타오른다. 따라서 에고 반응을 줄이려면 산소를 차단해야 한다. 이는 자기 몰입 상태에서 벗어나면 자연스럽게 이루어진다.

자기 몰입 상태는 극단적인 상태가 아니라 일상적인 상태다. 그래서 우리는 대부분의 시간 동안 이 상태에 머문다. 호흡을 할 때 그 사실을 의식하지 않듯이 우리는 우리가 자기 몰입 상태에 있다는 사실을 거의 의식하지 않는다. 하지만 운동, 요가, 명상과 같은 활동을 할 때처럼 때로는 호흡에 의식적으로 집중하는 순간이 있다. 하루에 몇 분뿐일지라도 이런 활동의 효과는 시간이 흐름에 따라 누적되어 우리에게 평생에 걸쳐 긍정적인 영향을 끼친다. 이와 마찬가지로,

우리는 잠시 동안 '자기 거리두기 상태self-distanced state'를 활성화함으로써 세상을 새로운 시각으로 바라보고, 현실을 더 명확히 이해하며, 새로운 통찰을 얻고 더 나은 결정을 내릴 수 있다. 하지만 그 결정을 실행에 옮기려면 다시 기본 상태인 자기 몰입 상태로 돌아가야 한다. 그리고 의식적으로 호흡을 연습하듯, 자기 거리두기 연습도 꾸준히 반복하면 그 효과가 점차 축적된다.

이제 이 개념이 생사가 걸린 실제 상황에서 어떻게 작동하는지 알아보기 위해, 아시아나항공 214편 이강국 기장의 사례를 살펴보자.

PART 1

두 가지 관점

Chapter 1

자기
몰입

우리는 자신과 세상을 스스로가 지닌 에고의 시선을 통해 바라보기 때문에, 흔히 자신을 긍정적으로 포장하는 방향으로 인식이 편향된다.

_마크 리어리, 듀크 대학교 심리학 석좌교수

2013년 7월 6일 토요일. 그날 오후 캘리포니아 북부 상공의 시계는 더할 나위 없이 좋았다. 서울을 출발해 열한 시간 동안 비행을 이어온 아시아나항공 214편은 샌프란시스코 상공에 진입해 마지막 항로를 따라가고 있었다. 객실 안에서는 승무원들과 승객들이 샌프란시스코 만과 도시의 스카이라인, 금문교가 어우러진 한낮의 장관을 바라보고 있었다. 이날 보잉 777 항공기에는 승객 291명과 승무원 열두 명, 조종사 네 명 등 총 307명이 탑승해 있었다.[1]

조종석에는 45세인 이강국 기장이 앉아 있었다. 그는 다양한 기종에서 약 1만 시간의 비행 경험을 쌓은 숙련된 조종사로, 안전 운항으로도 정평이 나 있었다. 그는 아시아나항공에서 꾸준히 승진해 2005년에 보잉 737 기장, 2007년에는 에어버스 A320 기장 자격을 취득했다. 그리고 그로부터 6년이 흐른 시점인 그날, 그는 더 큰 기종인 보잉 777 기장으로 승진하는 과정을 밟고 있었다. 당시 그는 몇 달 동안 기초 시뮬레이터 훈련을 마친 뒤 보잉 777 기종에서 33시간의 비행 경험을 쌓은 상태였다. 이날 비행은 정식 기장 자격 취득을 위한 평가 비행(관숙 비행)으로, 부기장석에 앉은 평가 조종사^{비행 경험이 많은 선임 조종사, 관숙 비행의 교관 역할을 한다}의 감독 아래 이루어지고 있었다.

그날 샌프란시스코 국제공항에서는 활주로 공사로 인해 전자식 착륙 유도 시스템이 가동되지 않고 있었다. 이렇게 예외적인 상황에서 항공기 조종사들은 육안으로만 착륙을 시도해야 했다. 활주로 옆에 설치된 네 개의 착륙 유도등에만 의지한 채로 말이다. 착륙 유도등은 항공기의 수직 위치가 3도 강하각^{항공기가 활주로에 접근할 때 따라야 할 이상적인 수직 기울기 경로}에 대해 얼마나 위나 아래에 있는지 시각적으로 알려주는 장치다. 각각 흰색 또는 빨간색 빛을 낸다. 네 개가 모두 흰색이면 항공기가 강하각보다 훨씬 높은 위치에, 흰색 두 개와 빨간색 두 개면 정상 경로^{on track}에 있다는 뜻이다. 빨간색이 많아질수록 항공기가 강하각보다 더 낮아져 있다는 의미이며, 네 개 모두 빨간색이 되면 중대한 결정을 내려야 할 시점이 온다. 즉 착륙을 시도할 것인지, 포기할 것인지 판단해야 한다.

육안 착륙은 맑고 구름 없는 날이라면 전문 조종사들에게는 일상적인 업무에 해당한다. 실제로 그날 오전 내내 샌프란시스코 국제공항에서는 분당 한 대꼴로 항공기들이 문제없이 육안 착륙을 하고 있었다. 하지만 이강국 기장에게는 사정이 달랐다. 그는 시뮬레이터에서는 수동 육안 착륙을 두 차례 경험했지만, 승객이 가득 탑승한 실제 보잉 777 기종에서는 이번이 처음이었다. 심리적 압박감을 느꼈지만, 사전 비행 준비 회의에서도, 비행 중에도 그는 그 누구에게도 이 사실을 털어놓지 않았다.

아시아나항공 214편이 공항에 접근했을 때는 초기 접근 경로가 지나치게 높았다. 이강국 기장은 이를 보정하기 위해 하강 속도를 높였다. 그러면서 플랩^{flap, 비행기의 날개 뒤쪽에 장착된 가동식 보조 날개로, 비행기의 속도와 양력을 조절한다}을 완전히 전개해 하강 속도를 줄이겠다고 말했지만, 당시에는 비행 속도가 너무 빨라 플랩을 완전히 전개할 수 없는 상태였다. 플랩 전개는 이강국 기장의 잘못된 판단이었고, 당시 이강국 기장의 교관 역할을 하던 평가 조종사에 의해 제지됐다.

이강국 기장은 지시에 따라 플랩 전개를 보류했다. 하지만 이후 하강을 조율하려던 다음 시도에서, 그는 오토파일럿 시스템의 스위치 하나를 잘못 조작했다. 그 결과 비행기가 갑자기 속도를 높이며 상승했고, 정상 강하각에서 더욱 벗어난 경로에 놓이게 되었다. 이 실수 역시 평가 조종사가 지적했다. 이강국 기장은 이어 수동 조작으로 엔진 출력을 최저 출력^{idle}으로 줄였는데, 이로 인해 오토파일럿 시스템이 엔진 속도를 제어하는 기능까지 비활성화되는 결과가 초래됐다. 조종사들은 이러한 변화가 최소 비행 속도를 유지하기 위한 추력 조절에 어떤 영향을 미칠지에 대해 서로 아무런 말도 나누지 않았다.

상황은 착륙 유도등이 시야에 들어왔을 때 더욱 나빠졌다. 착륙 유도등 네 개가 모두 흰색이었다. 수많은 조종 입력이 이루어졌지만 조종사 간 대화는 거의 없었고, 항공기는 착륙 경로에서 여전히 벗어나 있었다. 평가 조종사는 항공기의 고도가 높다고 지적했지만, 둘 중 아무도 착륙 유도등 네 개가 모두 흰색이라는 점을 명확히 말하지 않았다. 그러는 사이, 엔진이 최저 출력 상태로 유지되는 가운데 비행기의 속도가 급격히 떨어져, 시속 137노트로 설정된 착륙 목표 속도 아래로까지 떨어지기 시작했다. 이 과정은 이강국 기장과 평가 조종사 모두 인지하지 못한 채 진행됐다. 이강국 기장은 오토파일럿 시스템이 속도를 유지해줄 거라고 생각하고 있었다. 하지만 수동으로 엔진 출력을 낮춘 탓에, 항공기의 속도가 점점 떨어져 결국 시속 103노트까지 내려갔다.

이 상황에서 착륙 유도등들의 색깔이 변하기 시작했다. 처음에는 하나만 빨간색이었지만, 결국 네 개 모두 빨간색으로 바뀌었다. 이렇게 되기까지 30초도 채 걸리지 않았다.

이 시점에서 이강국 기장과 평가 조종사는 여러 차례 경고 신호를 받고 있었다. 조종사들의 예상과 달리, 비행기는 갑자기 위로 상승하다 결국 목표 속도보다 두 배 빠르게 고도와 속도를 동시에 잃고 있었다. 엔진은 여전히 최저 출력 상태였다. 하지만 이런 일이 벌어지는 내내 조종석은 거의 침묵에 휩싸여 있었고, 간헐적으로 짧고 경직된 대화만 오갔다. 이강국 기장은 도움을 요청하지 않았고, 현재 상황이 이해되지 않는다고 말하지도 않았다.

　오히려 이 두 조종사는 모든 상황이 통제되고 있다고 믿으려 애썼다. 평가 조종사는 기체가 '정상 경로'에 있다고 안심시키듯 말했다. 기체가 목표 활강각보다 높은 위치에서 낮은 위치로 이동하는 동안 잠시 나타난 흰색 두 개, 빨간색 두 개의 착륙 유도등 조명 상태를 근거로, 모든 것이 괜찮다고 말한 것이다. 이는 이강국 기장에게 안도감을 주었다. 그는 착륙 유도등 네 개 모두 빨간색으로 표시되면 자신이 평가를 통과하지 못하게 된다는 사실을 누구보다 잘 알고 있었다. 이후 그는 이 실패 신호(모두 빨간색으로 바뀐 네 개의 착륙 유도등)를 보지 못했다고 진술했다. 항공기는 낮은 고도로 접근하다 활주로에 충돌한 후, 그대로 미끄러져 활주로 왼쪽으로 벗어나 샌프란시스코만 쪽으로 향했다. 그 순간까지도, 조종석 안은 침묵에 잠겨 있었다.

　평가 조종사는 안심할 수 있는 정보에만 집중하고 있었고, 이강국 기장은 불편한 신호를 외면하고 있었기에 두 사람 모두 반응이 늦었다. 샌프란시스코만 물가 바로 옆에 자리한 활주로 위, 고도 200피트(약 61미터) 상공에서 충돌까지 약 15초를 남겨둔 순간, 평가 조종사는 "고도가 낮다"라고 말했다. 하지만 그 순간에도 이강국 기장은 주저했다. 그는 엔진 출력을 높이지도, 착륙을 중단하고 복행go-around 절차를 실행하지도 않았다. 그렇게 그는 비행기를 구할 수 있는 마지막 기회를 놓쳤다.

　이강국 기장의 이 판단 착오는 치명적이었다. 고도 100피트(약

30미터)에서 평가 조종사가 조종권을 넘겨받아 엔진 출력을 최대치로 올렸지만 상황을 돌이키기에는 너무 늦은 상태였다. 항공기의 꼬리 부분이 방파제를 들이받고 떨어져나가면서 결국 아시아나항공 214편은 추락했고, 승객 세 명이 목숨을 잃었다. 보잉 777 기종 최초의 치명적 사고였다.

사고 재구성 결과에 따르면, 이강국 기장이 복행을 단 4초만 더 일찍 시도했더라도 사고를 막을 수 있었다.

왜 이런 일이 일어난 것일까?

나, 자기
그리고 에고

이 사고는 이강국 기장이 서투른 조종사여서 일어난 것이 아니다. 사고 당일 이전까지의 모든 기록은 오히려 그가 유능한 조종사였음을 보여준다. 진짜 원인은 그 역시 우리 모두와 마찬가지로 인간이며, 인간이라면 누구나 지닌 약점에서 벗어날 수 없었다는 사실에 있다. 두려움을 숨기면서 비행 전과 비행 중 내내 자신이 모든 것을 통제하고 있다는 인상을 주고자 한 욕구, 안전한 착륙보다 평가 통과에 더 집중했던 그의 태도는 위협 상황에서 에고가 활성화되며 나타나는 방어적 반응의 전형이었다.

물론 사고의 직접적인 원인은 그가 적절한 시점에 복행을 실행하지 않은 데 있다. 그는 왜 그랬을까? 착륙 유도등이 네 개 모두 빨간 색인 것을 보지 못했기 때문이다. 왜 보지 못했을까? 평가를 통과하는 데에만 너무 집중하고 있어서였다. 결론적으로 말하자면, 그는 자신의 관점에 지나치게 몰입해 있었고, 사고 당시에 착륙이 자신에게 어떤 영향을 미칠지에만 집착하고 있었다. 자기 정체성에 대한 이런 위협이 방어적 사고를 유발했고, 비행기의 안전한 착륙에서 자신의 실수를 드러내지 않는 것으로 주의를 전환시키고 말았다. 또한 사고 당시 그는 오토파일럿 시스템이 속도를 유지하고 있을 것이라는 자신의 정신 모델mental model, 어떤 현상을 설명하고 예측하고 접근하는 데 적용할 수 있는 개념에 과도하게 집착하고 있었다. 실제로는 그렇지 않았는데도 말이다. 그는 '어떻게' 비행기를 착륙시킬 것인가에만 몰두한 결과, 애초에 '착륙해야 하는가 말아야 하는가'라는 더 높은 차원의 사고로 나아가지 못했다.

마크 R. 리어리Mark R.Leary는 자기self와 그로 인해 발생하는 문제를 연구하는 사회 및 성격 심리학자다. 그는 『나는 왜 내가 힘들까』라는 책에서 우리가 느끼는 불행의 주요 원인은 상황이나 타인의 행동이 아니라 바로 자기 자신이라고 주장한다.[2] 자기 개념self-concept 이란 우리가 세상 속에서 독립적이고 고유하며 분리된 존재로서 자신을 인식하는 감각을 뜻한다. 우리는 모두 자신만의 정체성identity, 가치value, 꿈dream을 지니고 있으며, 스스로를 이를 실현하기 위한 경로를 설계할 수 있는 존재라고 여긴다. '에고'는 '나'를 뜻하는 라틴어로, 자기에 대한 이런 감각을 의미한다. 일상 언어에서는 '에고'라는 말이 부정적 의미로 사용되는 경우가 많으며, 자기 인식self-awareness에서 비롯되는 부정적 결과들의 원인으로 지목되곤 한다.

자기 인식 능력을 지니는 것과 자기에 대한 집착이 지나쳐 자신의 에고에 함몰되는 것은 전혀 다르다. 조던 피터슨Jordan Peterson은 예리한 통찰로 심리학적 주제를 대중에게 알기 쉽게 설명하는 캐나다의 심리학자다. 그는 때로 논란의 중심에 서는 인물이기도 하다. 코미디언 테오 본Theo Von이 진행하는 팟캐스트에서 피터슨은 지나친 자기 참조적 사고self-referential thinking가 얼마나 위험할 수 있는지 이야기했다.[3] 그는 글 속에 자기 자신에 대해 언급하는 내용이 얼마나 많이 담겨 있는지를 기준으로 우울하거나 정신병적 상태에 있는 사람을 75퍼센트의 정확도로 식별할 수 있다고 주장한다. 또한 자신에 대해 많이 생각할수록 기분이 더 나빠지며, 사회불안의 해독제는 다른 사람들에게 집중하는 것이라고 말한다. 다시 말해, 자신의 머릿속에서 빠져나오는 것이 중요하다는 뜻이다.

물론 자기 개념 자체가 본질적으로 나쁜 것은 아니다. 마크 리어리는 자기 개념이 인간 종에게 제공하는 다양한 이점을 상세히 설명한다. 예를 들어, 자기 개념은 우리가 자기 성찰self-reflection 능력을 갖출 수 있게 해준다. 이 능력은 다른 사람들과 구별되는 독립된 존재로서 자신을 개념화하는 능력이다. 이러한 자기 성찰 능력 덕분에 인간은 계획을 세우고, 숙고하며, 내면을 탐색하고, 타인과 자신을 평가하며, 자기통제self-control를 실행할 수 있다. 또한 이 능력은 어떤 사람이 되고 싶은지, 무엇을 성취하고 싶은지에 맞춰 행동을 조정하려는 동기도 제공한다. 우리가 자신의 행동에 책임 의식을 갖게 되는 것도 바로 자기 개념 덕분이다. 이러한 특성들이야말로 인간이 번성해 지구를 장악하는 데 결정적인 역할을 했다.

하지만 리어리는 이러한 특성들이 진화적 관점에서는 유익해 보이지만, 그 안에 어두운 면도 존재한다고 지적한다. 우리는 타인이 우리를 어떻게 평가할지 끊임없이 걱정한다. 우리에게는 자신과 타인을 평가할 수 있는 능력이 있기 때문에, 내가 타인을 평가하는 것처럼 타인도 나를 평가한다는 사실을 인식할 수 있다. 이는 실제로 좋은 사람이 '되는' 것보다 좋은 사람으로 '보이는' 것에 더 집착하게 하는 역설적인 영향을 끼친다.[4]

특히 위협 상황에서는 에고가 이미지 관리에 과도하게 집착하게 된다. 사회심리학자 조너선 하이트Jonathan Haidt는 자신의 저서 『바른 마음』에서 에고를 "우리 안에 존재하는 홍보 담당자in-house press secretary"라고 표현한다.[5] 에고가 활성화되면, 이 에고는 우리 안에 존재하는 방어자이자 홍보 담당자로서 오직 한 가지 목표만을 추구한다. 그 목표는 우리를 좋아 보이게 하고 스스로를 좋게 느끼게 하는 것이다. 에고는 우리가 현실을 인식하기도 전에 현실을 선별적으로 가공함으로써 이런 작용을 한다. 일상 대화에서 누군가를 두고 "에고가 강하다"라거나 "에고가 걸림돌이 된다"고 말할 때, 우리는 자기에 대한 감각에 수반되는 부정적인 특성들을 부각하고 있는 것이다. 에고의 이러한 역기능적 특성들은 방어적 태도, 오만, 불안정함, 취약성을 유발하고 현실에 대한 인식을 왜곡한다. 따라서 에고의 이러한 역기능적 특성들은 활성화 상태인지 아닌지에 따라 구분해서 이해해야 한다.

에고가 활성화되면 우리의 주의는 당장 해야 할 일에서 우리가 보여주고자 하는 이미지로 옮겨 간다. 이 경우 에고는 다른 사람들에게 좋게 보이기 위해 뇌가 어떤 것에 주의를 기울여야 할지 선별하고 걸러낸다. 또한 활성화된 에고는 우리의 정체성을 지킬 수 있는 선택, 특히 우리가 과거에 했던 선택을 정당화하는 방향으로 의사 결정 과정을 편향시킨다.

그 결과, 안타깝게도 우리는 결국 '어떻게^{how}' 중심의 사고에 갇히게 된다. 에고의 목적 달성을 뒷받침하기 위해 '어떻게' 생각하고 행동해야 할지 고심하게 되는 것이다(앞서 언급한 사례에서 이강국 기장이 어떻게 비행기를 착륙시킬지에만 골몰했던 것을 떠올려보자). 하지만 이런 상황에서 우리는 '무엇을 해야 할지', '무엇을 할지 말지', '왜 해야 하는지'를 생각해야 한다(이강국 기장의 사례에 적용하면 '우리는 정말 착륙해야 하는가?'). 낮은 수준의 생각은 생각 자체를 전반적으로 제한한다. 목적이 과업 수행에서 이미지 관리로 바뀌는 순간, 뇌는 우리가 이미 지닌 선입견이 유지되도록 교묘하게 작동한다. 즉 그 선입견을 확인하는 정보만 찾고, 그와 충돌하는 정보는 회피한다. 그 결과, 우리는 자신이 옳다고 믿게 하는 일련의 정보에만 집중하게 된다. 이것이 바로 현실을 왜곡된 시각으로 바라보게 하고, 그것이 유일하게 옳은 시각이라고 확신하게 하는 '확증 편향^{confirmation bias}'이다.

이 현실 왜곡 효과는 우리를 실제로 눈멀게 할 정도로 강력하다.

이강국 기장은 "네 개의 빨간 불빛을 본 적이 없다"라고 진술했다. 우리의 뇌가 현실을 있는 그대로 받아들이기에는 너무 과부하되고 혼란스럽다고 느낄 때 이런 현상이 나타난다. 그래서 뇌는 끊임없이 무엇에 주의를 기울일지, 무엇을 무시할지 선택한다. 그리고 보지 못한 것과 모르는 것의 빈칸을 임의로 채운다. 그 결과 우리가 유능하고, 일관성 있고, 우리 가치에 부합하는 좋은 사람으로 보이게 하는 신호가 의식으로 빠르게 진입하는 반면, 우리를 무능하고, 일관성 없으며, 우리의 가치에 반하는 존재로 보이게 하는 신호는 의도적으로 무시된다. 이러한 의도적 맹목성은 대부분 자동적이고 즉각적이며 자연스럽게 발생한다.

일상생활에서 이러한 현실 왜곡은 "나는 그런 말 한 적 없어"(실제로는 한 적이 있다), "너는 그런 말 한 적 없어"(실제로는 한 적이 있다) 같은 말로 표현되곤 한다. 이런 왜곡은 우리 모두에게 끊임없이 발생한다. 행동경제학자 대니얼 카너먼Daniel Kahneman은 『생각에 관한 생각』에서 이렇게 설명한다. "우리가 보는 것이 전부다What we see is all there is."[6] 즉 눈앞에 존재하는 정보라도 우리의 뇌가 그것을 걸러낸다면, 그 정보는 존재하지 않는 양 처리된다.

의도적 맹목성은 생각보다 훨씬 더 빈번하게 발생한다. 작가 마거릿 헤퍼넌Margaret Heffernan은 『의도적 눈감기: 비겁한 뇌와 어떻게 함께 살 것인가』에서 우리가 어떻게 보지 않기로 선택하는지 보여준다.[7] 이 책에서 헤퍼넌은 남편의 불륜을 외면한 아내들의 사례, (사상 최대의 금융 사기 사건으로 추후에 밝혀진) 메이도프 펀드에 투자한 투자자들이 메이도프가 보고한 수익률이 조작된 것일 가능성이 높다는 사실을 외면한 사례, 독일인들이 자기 마을 근처 숲속에 있던 강제 수용소를 보지 않으려 했던 사례를 들었다.

게다가 우리의 의사 결정 메커니즘은 과거에 내린 결정과의 일관성을 유지하는 방향으로 편향된다. 우리가 과거에 했던 행동과 선택을 더욱 강화하는 이유는 그 행동과 선택을 우리 자신의 정체성으로 흡수했기 때문이다. 이것이 바로 매몰 비용 오류sunk-cost fallacy다. 사람들은 일단 어떤 전략이나 행동에 착수하고 나면, 거기에 투자했다는 심리적 이유 때문에 방향을 바꾸려 하지 않는다. 실패로 향하는 길임을 알면서도 그 행동을 더욱 고집하게 되는 것이다. 결국 그 길을 선택한 사람은 바로 자신이며, 자신이 옳다고 믿기 때문에 이전에 내린 선택을 유지하려는 경향을 보인다. 이는 갖가지 위협으로부터 스스로를 보호하려는 왜곡된 행동 패턴의 일부다.

이런 행동 패턴은 실제로 치명적인 결과로 이어질 수 있는 심각한 문제다. 카네기 멜런 대학교의 베냐민 쿠퍼Binyamin Cooper와 동료 연구자들은 무례함rudeness이 앵커링 편향anchoring bias에 미치는 영향을 측정한 연구를 발표했다.[8] 앵커링 편향은 의사 결정 편향의 일종으로, 우리가 결정을 내릴 때 한 가지 정보(대개 처음 접한 정보)에 고착되는 현상을 뜻한다. 이 현상은 일상적 판단부터 협상에 이르기까지 모든 영역에 영향을 미친다. 앵커링 편향은 특히 의료 분야의 오류에 영향을 미치는 흔한 편향 중 하나로, 일부 연구에서는 가장 흔한 편향이라고까지 평가한다. 예를 들어, 의사가 진료실에 들어갔을 때 간호사가 "심장마비 같다"라고 말하면, 이후 반박 증거^{disconfirming evidence}
가 제시되더라도 간호사의 말이 계속 의사의 의식 속에 남아 있게
된다.

이 연구에서는 의과대학 4학년생들이 흉통 증상으로 내원한 환
자를 진단해야 하는 응급실 시뮬레이션에 참여했다. 환자의 딸은
"아버지가 심장마비일까 걱정된다"라며 의견을 전달했다. 이것이
바로 앵커로 작용했다. 하지만 정확한 진단은 위산 역류^{acid reflux}였다.

무작위로 선정된 일부 의대생들은 환자를 보러 가는 길에 어떤
사람이 다른 사람에게 무례하게 대하는 상황을 목격했다. 무례한 행
동을 본 그들은 이후 올바른 진단 정보를 추가로 제공받았음에도,
심장마비라는 처음의 잘못된 진단에 더 강하게 고착되는 경향을 보
였다. 반면, 대조군 의대생들은 처음의 잘못된 진단에서 벗어나 정
확한 결론으로 전환하는 데 더 유연했다.

자기 보호
본능

생물종이 생존하려면 환경, 포식자 등 다양한 외부 요인으로부터 자
신을 보호해야 한다. 유기체 내부의 통증 시스템은 이러한 방어의 최
전선에 위치한다. 통증은 어떤 것이 위험하거나 손상을 일으키고 있
다는 신호를 뇌로 전달한다. 독성이 있는 식물, 굶주린 사자, 맹렬한

불길이 그러한 예다. 인간의 경우 이 신호는 통증을 감지하는 신경이 받아들여 척수와 신경계를 통해 뇌로 전달한다. 통증을 인지하면 우리는 물리적으로 반응한다. 일반적으로 이러한 반응은 움직임이나 움직임을 준비하는 행동을 수반한다. 움찔하며 손을 떼거나, 반격하거나, 도망치는 행동이 바로 이런 행동의 일종이다.

후각을 비롯한 대부분의 감각은 일정한 자극에 지속적으로 노출되면 반응이 둔화된다. 악취가 심한 방에 들어가면 처음에는 냄새를 강하게 느끼지만, 시간이 지나면 거의 감지하지 못한다. 철로 옆에 살면 시간이 흐를수록 기차가 지나가는 소리에 더 이상 주의를 기울이지 않게 된다. 반면, 통증은 원인이 제거되지 않는 한 오히려 더 심해질 수 있다. 물론 통증을 견디는 법을 훈련하거나 반응 방식을 바꿀 수는 있다. 이를테면 주사를 맞을 때 팔을 움찔하지 않는 식이다. 하지만 감각 자체는 여전히 남아 있다. 신체적 통증을 덜 느끼도록 스스로를 훈련할 수는 없는 것이다.

신체적 통증과 마찬가지로 사회적 통증 역시 감지되어 뇌로 전달되고, 이에 따라 행동 반응이 유도된다. 인간은 사회적 동물로서 집단의 일원이 되고자 하는 강한 욕구를 지니도록 진화해왔다. 인류 역사 대부분의 시간 동안 부족에서 쫓겨난다는 것은 곧 죽음을 의미했다. 그래서 우리는 의심의 눈초리, 집단의 활동이나 집단 자체로부터의 배제와 같은 사회적 위협에 민감하게 반응하도록 진화해왔다.[9] 뇌는 이미 신체적 통증을 처리하는 체계를 갖추고 있었기 때문에 사회적 통증 또한 같은 경로를 활용해 처리하는 것이 진화 측면에서 효율적이었다. 사회적 통증도 신체적 통증처럼 신체 반응을 통해 일시적으로 완화될 수 있다. 그러나 반복 노출로 둔감해지지는 않는다. 사회적 통증 신호를 재해석하도록 스스로를 훈련하는 과정은 느리고 많은 노력을 요구한다. 이 과정이 본능을 거스르는 듯한 느낌을 주는 것도 바로 이 때문이다.

사회적 통증과 신체적 통증 사이의 연관성을 이해하려면 뜻밖의 지점에서 이야기를 시작해야 한다. 평범해 보이지만 대단히 호기심이 많은 연구자 야크 판크세프Jaak Panksepp는 쥐를 간지르면 웃는다는 흥미로운 사실을 발견했다.[10] 하지만 그의 연구는 당시 과학계에서 즉각적으로 환영받지는 못했다. 판크세프가 당시 주류를 이루던 행동주의behaviorism의 흐름을 거스르고 있었기 때문이다. 행동주의라는 말은 많이 들어보았을 것이다. 가장 유명한 행동주의 실험 사례 중 하나가 바로 파블로프의 개 실험이다.

판크세프는 행동주의자들이 감정의 역할을 지나치게 배제한 채 인간과 동물의 모든 행동을 자극에 대한 조건화된 반응으로만 환원한다고 보았다. 그는 기쁨과 고통, 일상적 활동에서 정서가 중요한 역할을 한다고 믿었다. 판크세프는 창의적이고 전례 없는 일련의 실험을 통해 쥐를 간지르며 인간의 청력으로는 들을 수 없는 고주파의 삑삑거림과 짹짹거림을 감지해냈다. 쥐들은 실제로 웃고 있었던 것이다.

1977년, 볼링 그린 대학교에서 야크 판크세프와 바버라 허먼Barbara Herman은 어린 기니피그들이 어미로부터 분리됐을 때 느끼는 사회적 통증을 어린 기니피그들이 내는 고통스러운 삑삑거림의 횟수를 통해 평가했다.[11] 이들은 어린 기니피그들에게 신체적 통증을 완화하는 약물인 모르핀을 투여했고, 그러자 삑삑거림이 줄어들었다. 이는 모르핀 때문에 어린 기니피그들이 사회적 통증 역시 덜 느꼈음을 시사한다.

이 연구 이후, 사회적 통증과 신체적 통증이 유사한 방식으로 뇌에서 처리된다는 사실이 점점 더 많은 연구에서 확인되고 있다. 2010년의 한 연구에서는 기능적 자기공명영상fMRI을 이용해 학생들이 가상의 공 던지기 게임을 하는 동안 그들의 뇌 반응을 측정했다.[12] 피험자들은 자신이 다른 인간 플레이어 두 명과 함께 게임을 하고 있다고 생각했지만, 실제로는 사전 프로그래밍된 컴퓨터 '플레이어'와 함께 플레이하고 있었다. 컴퓨터 플레이어는 처음에는 피험자를 게임에 포함시켰다가, 어느 순간부터 배제하기 시작했다. 이때의 fMRI 결과를 살펴보자. 신체적 통증을 처리하는 뇌 영역과 동일한 영역에서 활성화가 일어났다. 또한 이 연구에서는 타이레놀과 같은 단순한 신체적 통증 완화제가 사회적 배제로 인한 고통에 대응하는 뇌 영역의 반응성을 줄인다는 결과도 나왔다. 이 결과는 감정이 상했을 때 우리의 뇌가 사회적 통증을 신체적 통증과 유사한 방식으로 경험한다는 사실을 보여준다.

연구팀은 추가로 두 집단의 학생에게 3주 동안 일기를 쓰도록 요청했다. 이 학생들의 절반은 무작위로 매일 타이레놀을 복용했고, 나머지 절반은 위약placebo을 복용했다. 모든 학생은 매일 밤 자신이

'다른 사람에게 얼마나 상처받기 쉬운지', '비판이나 사회적 위협에 얼마나 탄력적인 반응을 보이는지'에 관한 설문을 작성했다. 예를 들어, 이들은 "놀림을 받으면 기분이 상한다"와 같은 문항에 동의 여부를 표시했다. 이 실험에서도 타이레놀은 효과를 발휘했다. 타이레놀을 매일 복용한 그룹은 회복 탄력성이 더 높고 사회적 통증이 덜하다고 보고했다.

우리가 신체적 통증과 사회적 통증을 처리하는 방식에는 유사점도 있지만 차이점도 존재한다. 예를 들어 사회적 통증은 반복해서 재경험할 수 있지만, 신체적 통증은 그럴 수 없다.[13] 다시 말해, 신체적 통증이 있었던 상황은 기억할 수 있지만 실제 고통 자체를 다시 경험하지는 않는다. 반면, 사회적 통증은 그 상황을 기억하는 동시에 고통도 다시 느낄 수 있다. 우리가 사회적 통증으로부터 자신을 보호하려는 동기가 더 강한 이유가 바로 여기에 있다.

사회적 위협에 대한 반응은 우리 안에 기본적으로 내재된 신체적 위협에 대한 반응의 직접적인 연장선상에 있다. 우리는 본능적으로 자신의 정체성이나 에고에 대한 위협을 회피하도록 프로그램되어 있다. 따라서 어느 정도까지는 에고에 얽매여 있을 수밖에 없다. 아마도 그렇기 때문에 철학자, 심리학자, 종교 지도자, 작가들이 시대와 장소를 불문하고 끊임없이 에고 문제를 해결하려고 노력해왔는지도 모른다. 물론 우리는 그들에게서 유익한 교훈을 얻지만, 결국 하나의 핵심적인 문제에 계속해서 직면하게 된다. 에고의 역기능적 효과를 해소하기 위해 사용할 수 있는 가장 핵심적인 수단은 에고를 직접 공격하는 것이 아니라, 에고가 활성화되기 쉬운 인식 상태를 더 깊이 이해하는 것이다. 바로 자기 몰입 상태다.

'세상의 중심은 나'는
기본값이다

당신이 이강국 기장의 입장에 있다고 가정해보자. 이 상황에서 전문적인 조종사라는 사실은 당신의 정체성을 규정하는 핵심적인 부분이다. 그리고 당신은 지금 보잉 777 기장으로 승진하기 위한 평가 비행에 참여하고 있다. 목표는 이번 평가 비행을 성공적으로 마치고 평판을 지키는 것이다. 당신은 오직 자신과 자신의 능력 발휘에만 집중하고 있다. 자신만을 의식하며 평가하는 시각으로 바라본다. 그러는 동안 인식의 폭이 좁아진다. 이번 비행을 절대 망쳐선 안 된다는 생각에만 사로잡혀 있는 것이다. 하지만 착륙 시도 초반부터 플랩을 펼치고 오토파일럿 장치를 작동하는 데 어려움을 겪는다. 벌써 두 번 감점을 받았다. 긴장감이 감돈다. 그러면서도 당신은 오토파일럿 장치가 왜 그런 식으로 작동했는지에 대해 평가 조종사와 이야기를 나누지 않은 채 수동으로 조종해 계속해서 착륙을 시도한다.

그러다 이제는 어느 정도 수습했다고 느낀다. 하지만 그때 착륙 유도등 네 개가 모두 흰색인 것이 보인다. 당신은 이미 알고 있던 사실, 즉 비행기의 고도가 너무 높다는 사실을 다시 한번 확인한다. 그

때 다시 착륙 유도등들의 색깔이 빠르게 바뀌기 시작한다. 당신은 유도등의 색깔이 이렇게 빠르게 바뀌는 상황을 경험해본 적이 없다. 거의 동시에 착륙 유도등 세 개가 빨간색으로 바뀌자 스트레스와 불안, 두려움이 밀려든다. 이제는 착륙해야 하는지 복행해야 하는지 판단하기보다 착륙 자체에만 몰두하고 있다.

그 순간, 빨간불이 네 개 켜지면 이 시험에서 탈락할 것이라는 생각이 머릿속을 지배하기 시작한다. 당신은 그 네 개의 빨간불을 절대로 보고 싶지 않다. 그러자 뇌가 반응한다. 몇 초 뒤 실제로 경고등이 네 개 다 빨간색으로 바뀌지만, 뇌는 이 충격적인 정보를 걸러낸다. 당신은 네 개의 빨간불을 전혀 인식하지 못한다. 그 순간, 이번 착륙이 당신에 대한 평판은 물론 당신의 경력과 삶 전체를 완전히 바꾸어놓을 거라고 생각에 빠져 있다. 지금 중요한 건 오직 그것뿐이다. 당신은 극심한 긴장 속에서 자신을 지나치게 의식하고 있다. 마치 온몸이 굳어버린 듯하다. 당신의 모든 것은 '나, 바로 여기, 바로 지금'이 가장 중요하다는 느낌으로 수렴된다. 이것이 곧 자기 몰입 상태다.

자기 몰입 상태는 우리의 기본 상태다. 우리는 우리 자신을 기본 참조점으로 삼고, 인생의 주인공으로 살아간다. 자신의 머릿속에 갇혀, 근시안적인 1인칭 시점에 머무른다. 문제는 이 상태에서 감정이 우리의 사고 과정을 흐리게 만든다는 데 있다. 그 결과, 생각과 느낌을 분리하지 못하게 된다. 우리는 자신의 느낌을 표현할 때 자연스럽게 '나', '내가', '나의' 같은 1인칭 표현을 쓴다. 또한 '자기'에 대한 감각이 어디에 존재하는지 물으면 대부분의 사람들, 특히 서구 문화권에서는 눈 뒤쪽에서 약간 위에 위치한 부위를 가리킨다. 우리는 늘 자신의 시선, 즉 눈 뒤편에서 바라보는 관점으로 세상을 인식한다. 세상에서 일어나는 모든 일은 '내게' 벌어지는 일로 여기고, 모든 물리적인 거리는 '내가 있는 여기'를 기준으로, 모든 시간은 '지금 이 순간'을 기준으로 이해한다. 이렇게 '지금 여기의 나 자신'이라는 틀에 갇혀 있는 상태가 바로 자기 몰입 상태다.

우리는 본능적으로 '지금 여기의 나 자신' 관점, 나와 비슷한 것들에 편향되어 있다. 어떤 언어가 '가장 아름답게' 들리는지 조사한 흥미로운 연구가 있다.[14] 연구자들은 언어를 사용하는 사람들, 언어에서 모음에 비음이 포함된 정도, sh나 ch 같은 특정 자음의 존재 여부, 성조, 리듬 등을 분석했다. 전반적으로 평가자들은 대부분의 언어에 유사한 점수를 매겼으며, 이 조사에서 프랑스어처럼 소리가 우아하다고 여겨지는 언어가 독일어처럼 거칠게 들리는 언어보다 더 아름답게 평가된다는 기존 가설은 뒷받침되지 않았다. 하지만 한 가지 강한 상관관계가 발견됐다. 사람들은 자신에게 익숙한 언어를 더 좋아하며, 그런 언어에 평균적으로 12퍼센트 더 높은 점수를 주는 경향을 보였다.

우리가 자기 몰입 상태에 깊이 빠질수록 뇌는 점점 더 선택적으로 작동한다. 그 결과, 자신의 무능력함이나 모순적인 모습을 점점 더 자각하지 못하게 된다. 자기 몰입 상태가 폐쇄적인 속성을 띠는 것은 뇌가 이렇게 선택적으로 주의를 집중하기 때문이다. 또한 이 상태에서는 터널 비전tunnel vision, 주변 시야가 손실되어 마치 터널을 통과할 때처럼 시야가 좁아지는 현상이 발생한다. 다시 말해, 우리는 점점 더 자신의 관점만으로 세상을 보게 된다. 그렇게 자기 몰입 상태로 더 깊이 빠지는 악순환을 겪게 된다.

우리가 자기 몰입을 가장 강하게 경험하는 순간은 자신이 가장 취약하다고 느끼는 순간이다. 시험을 보거나 평가를 받을 때, 모욕을 당하거나 무시당한다고 느낄 때, 투명 인간처럼 느껴질 때가 바로 그런 때다. 특히 이런 상황이 공개적인 장소에서 벌어질 때 자기 몰입감은 더욱 깊어진다. 친구를 만나러 걸어가다 어색하게 발을 헛디뎠을 때, 우리는 즉각적으로 스스로를 의식하면서 '그 모습이 어떻게 보였을까?' 걱정한다. 아마 여러분도 이런 경험이 있을 것이다. (흥미롭게도, 그 반대인 과도한 칭찬을 받는 상황에서도 우리는 이와 동일한 자기 몰입 상태를 경험한다.)

자기 몰입 관점은 스트레스를 받을 때 특히 크게 증폭된다. 예를 들어 다가오는 마감의 압박, 자신이 진행한 업무에 대한 평가(특히 공개적인 평가), 친한 사람이나 배우자의 비판, 사회적 위치에 대한 위협 같은 일상적인 상황들은 우리를 자기 몰입 상태에 더욱 깊이 빠뜨린다. 누군가 도로에서 끼어들거나, 자신이 한 발표의 내용을 비판하거나, 직장에서의 입지를 위협하거나, 혹은 단지 왜 그렇게 했느냐고 묻기만 해도 우리의 인식은 즉시 좁아지고 사고는 그 순간을 넘어서지 못하게 된다. 그 결과 분노에 휩싸이거나, 상대를 무시하거나 원망하게 된다. 도로 위에서 일어나는 분노 운전road rage도 그 결과 중 하나다. 이런 경우에 우리가 어떤 반응을 하든, 그 반응은 명료한 사고가 아니라 혼란스럽고 흐릿한 상태에서 비롯된다. 또한, 방어적인 상태에서는 가까운 미래조차 내다볼 수 없고, 좋은 결정을 내릴 능력도 사라진다.

자기 몰입 상태는 우리가 자신을 안정적이고 통합된 존재, 다른 사람들과 구별되는 고유한 존재이자 고유한 과거 경험과 느낌과 정서 및 미래에 대한 희망과 계획을 지닌 존재로 스스로를 인식하게 하지만, 자기 몰입이 부적절한 순간에 작동하면 그 결과는 파국으로 치달을 수 있다. 이때 우리는 자기 자신, 특히 자아 정체성을 방어하려는 태도를 취하게 된다. 예를 들어, 우리가 유능한 조종사, 좋은 부모, 다정한 동료 등 특정한 모습으로 자신을 규정하고 있다면, 그 정체성을 지키려는 경향이 강해진다. 이런 방어적 태도는 우리가 정체성을 공유하거나 감정적으로 밀접하게 연결되어 있는 사람들과 집단으로까지 확장된다. 바로 이 자기 몰입 상태가 '왜 이런 일이 나에게 일어나는가?'라는 질문을 떠올리게 하고, '세상의 중심은 나'라고 느끼게 한다.

우리는 이 상태를 너무나 당연하게 받아들이기 때문에, 세상을 바라보는 다른 방식이 있을 수 있다는 것은 생각조차 하지 않는다.

: 자기 몰입과 투자

액티브 투자자는 수익이 시장 평균보다 낮을 가능성이 크지만, 대부분의 경우에 스스로 그 사실을 인정하지 않으려 한다. 이는 우리의 마음이 현실을 선별적으로 받아들이기 때문이다. 우리는 수익은 과장하고 손실은 축소하는 경향이 있다. 물론 단기간에는 예외적인 성과를 내는 경우도 있지만, 장기적인 데이터는 명확하고 일관되다. 대부분의 액티브 투자자는 시장을 이기지 못한다. 거래를 자주 할수록 수익률은 오히려 나빠진다. 대부분의 투자자들에게 더 나은 전략은 다양한 시장지수에 기초해 운용되는 인덱스 펀드에 투자하고 아무것도 하지 않는 것이다.[15]

금융계에서 '수익률 격차return gap' 또는 '투자자 격차investor gap'란 한 투자 상품이 올린 수익률과 그 상품에 투자한 평균 투자자가 실제로 얻은 수익률 간의 차이를 뜻한다. 두 수익률이 같아야 할 것 같지만, 실제로는 다르다. 예를 들어, 어떤 뮤추얼 펀드가 1년간 10퍼센트의 수익을 올렸다고 해도, 해당 펀드에 투자한 일반 투자자의 실제 수익률은 평균 9퍼센트에 그친다. 왜 이런 차이가 생길까? 개인 투자자들은 공포에 휩싸이면 가격이 낮을 때 팔고, 들뜬 분위기에 휘말려 가격이 높을 때 다시 사는 습관이 있기 때문이다. 이처럼 1퍼센트의 차이는 흔한 일이다. 언뜻 보기에는 작은 수치처럼 보이지만, 이 1퍼센트는 장기적으로 큰 차이를 만든다. 예컨대 30년 동안 10만 달러를 투자했을 경우, 수익률 10퍼센트와 9퍼센트의 차이는 최종 금액이 133만 달러가 되느냐, 175만 달러가 되느냐를 가르는 결정적인 요소가 된다.

조지 메이슨 대학교의 금융학 교수 데릭 호스트마이어Derek Horstmeyer는 시장 상황이 투자자의 행동에 어떤 영향을 미치는지 분석했다.[16] 그의 연구에 따르면, 하락장이나 변동성이 큰 시기일수록 이 격차는 더 커진다. 물론 국제 성장주든 국내 가치주든 투자 유형에 따라 격차의 폭은 달라질 수 있다. 그러나 여기서 가장 중요한 교훈은 이 격차는 항상 마이너스라는 사실이다. 투자자의 실제 수익률은 언제나 그 투자 상품 자체의 수익률보다 낮다.

코로나19 팬데믹이나 글로벌 금융 위기처럼 변동성이 극심했던 해에는 투자 행동이 특히 더 갈피를 잡을 수 없었다. 호스트마이어는 이렇게 말한다. "변동성은 투자자들에게 나쁜 결정을 유도하는 경향이 있습니다. 사람들은 시장이 바닥일 때 겁을 먹고 포지션을 포기하며, 시장이 회복된 뒤에야 다시 진입하려 합니다. …… 시장 타이밍 전략은 거의 항상 실패합니다. 특히 변동성이 큰 해에는 더욱 그렇습니다."

이러한 현상에는 심리적인 이유가 있다. 주가 변동성이 심한 시기, 즉 주가가 심하게 오르고 (특히) 내리는 시기에는 불안감이 커진다. 특히 하락장이 찾아올 때 그 불안은 극심해지고, 그로 인한 스트레스는 우리를 자기 몰입 상태로 밀어 넣는다. 우리는 전체 흐름을 보지 못하고 순간적인 판단에 휘둘리게 되며, 그로 인해 잘못된 결정을 내릴 가능성이 높아진다. 이럴 때는 오디세우스의 전략에서 교훈을 얻는 것이 좋다. 오디세우스는 세이렌의 유혹을 피하기 위해 자신을 배의 돛대에 묶고, 선원들에게 풀어주지 말라고 명령했다. 시장의 유혹과 공포 앞에서 우리에게도 그와 같은 단호함이 필요하다.

전문적인 투자회사들도 잘못된 결정에서 자유롭지 못하다. 개인 투자자들은 뮤추얼 펀드처럼 펀드매니저의 전문 판단에 의존하는 상품과 시장 전체나 특정 산업 지수를 자동으로 추종하는 ETF(상장지수펀드) 사이에서 투자 상품을 선택할 수 있다. 최근 30년간 7,800개 뮤추얼 펀드를 분석한 연구에 따르면, 투자자들이 패시브 펀드인 ETF 대신 액티브 펀드인 뮤추얼 펀드에 투자함으로써 잃은 자산이 1조 달러에 달했다.[17] 이러한 손실이 발생하는 이유는 세 가지다. 첫째, 투자자들이 잘못된 시점에 매수와 매도를 반복해, 결과적으로 비싸게 사고 싸게 파는 실수를 저지른다. 둘째, 펀드매니저들 역시 투자자들의 환매 요청에 따라 주가가 낮을 때 매도하고 자금이 유입되면 높은 가격에 매수할 수밖에 없다. 셋째, 액티브 펀드는 수수료와 운용 비용이 높기 때문에, 펀드매니저가 시장을 압도하는 수익을 꾸준히 내지 못하는 한 ETF보다 수익률이 낮아질 수밖에 없다.

미국 개인투자자협회AAII는 매주 설문 조사를 진행해 투자자들에게 앞으로 6개월 안에 시장이 상승할지, 하락할지, 아니면 비슷한 수준을 유지할지에 대한 전망을 묻는다. 시장이 상승할 것이라고 답한 사람들(강세론자)과 내릴 것이라고 답한 사람들(약세론자) 사이의 차이는 투자 심리를 보여주는 지표가 되지만, 이는 정반대의 신호로 해석된다.

왜냐하면 대부분의 투자자들이 시장이 상승할 것이라고 믿을 때는 이미 그에 따라 자금을 시장에 투입한 상태다. 다시 말해, 시장을 더 끌어올릴 새로운 자금이 남아 있지 않다. 따라서 이 지표는 실제로는 시장이 정점에 가까워졌다는 신호가 된다. 반대로 대부분의 투자자가 시장이 하락할 것이라 예상할 때는, 이미 자금을 뺀 상태여서 다시 시장에 들어갈 여지가 많아진다. 이 경우 시장은 바닥에 가까워졌다고 볼 수 있다. 그리고 주가는 이미 그런 자금 유출입의 영향을 반영하고 있다. 따라서 다수의 투자자가 "시장이 상승할 것 같다"라고 말하는 시점은 실제로는 시장이 평균적으로 하락하는 시기와 맞물리는 경우가 많다.

이는 실제 통계로도 입증된다. AAII 공식 웹사이트에는 이렇게 명시되어 있다. "심리 조사 결과는 역지표입니다. 투자 심리가 이례적으로 낮을 때는 평균 이상의 수익률이 뒤따르고, 낙관론이 지나치게 높을 때는 평균 이하의 수익률이 뒤따르는 경향이 있습니다." 대부분의 개인 투자자들은 시장을 정확하게 예측하지 못한다. 심지어 그들은 지난 37년간 개인 투자자들의 전망이 들어맞은 적이 없다는 사실을 알고 있으면서도 여전히 잘못된 예측에 의존한다. 여기서 중요한 것은 AAII 회원들이 형편없는 투자자라는 게 아니라, 그들도 결국 인간이라는 사실이다. 우리는 이렇게 인간적인 판단들이 누적되고 그에 따른 결정이 시장에 실제로 반영될 때, 오히려 반대 방향의 시장 신호가 만들어진다는 것을 알아야 한다.

금융 전문 기자 제이슨 츠바이크Jason Zweig는 《월스트리트저널》에 매주 〈지적인 투자자The Intelligent Investor〉라는 칼럼을 연재하고 있다. 그는 대니얼 카너먼과 『생각에 관한 생각』 집필 작업을 함께한 경험이 있어, 인간의 편향에 대해 누구보다도 잘 알고 있다. 투자라는 현실과 자기기만이라는 심리가 교차하는 지점에서 인간의 착각을 날카롭게 포착해내는 글을 쓰는 그는 칼럼 독자들에게 향후 1년 동안 시장, 금리, 원자재, 암호화폐가 어떻게 움직일지 예측해보라고 이야기한다. 예를 들어, 2021년 말에 독자들은 미국 증시 전반을 대표하는 주가지수인 S&P 500 지수가 6퍼센트 오를 것이라고 예측했다. 그리고 2022년 12월, 그는 그들에게 자신들이 한 예측 내용을 기억해보라고 했다. 그들의 기억은 모두 빗나갔고, 대부분은 자신이 1퍼센트 하락을 예측했다고 떠올렸다. 독자들은 어쩌다 이렇게까지 자기가 한 예측을 잘못 기억했을까? 당시 실제 시장은 15퍼센트 하락한 상태였다. 그들은 시장 방향을 틀리게 예측했을 뿐 아니라, 자신이 틀렸다는 사실조차 제대로 기억하지 못했던 것이다.[19]

우리는 자신이 실제보다 더 뛰어난 투자자나 운전자라고 생각하는 경향이 있다. 이를 '자기 위주 편향self-serving bias'이라고 부른다. 이 편향은 1981년에 발표된 연구를 통해 잘 알려져 있다. 이 연구에서는 미국인 운전자 중 93퍼센트가 자신의 운전 실력이 평균 이상이라고 평가했는데, 이는 통계적으로 불가능한 수치다.[20] 심지어 심각한 사고나 교통 법규 위반 이력이 있는 사람들조차 그런 이력이 전혀 없는 사람들과 비슷한 수준의 자기평가를 내렸다. 경험이 쌓여도 이 편향은 극복되기 힘든 것으로 보인다.

투자의 경우, 특정 주식을 사고팔기로 한 결정이 옳았는지 알려주는 명확한 가격 신호가 존재한다. 이 신호는 분명하고, 측정 가능하며, 확실한 신호다. 그럼에도 우리는 여전히 자신을 속일 수 있다. 이강국 기장처럼, 우리의 뇌는 네 개의 붉은 경고등을 보려 하지 않는다.

자기 몰입 상태에서
의도적으로 탈출하라

이쯤에서 '내 관점 말고 대체 어떤 관점을 사용해야 한다는 거지?'라는 의문이 들 것이다. 그 의문에 대한 답을 얻으려면 먼저 우리의 관점이 고정되어 있지 않다는 사실을 받아들여야 한다. 우리는 자기 몰입 상태에서 벗어나 다른 관점을 선택할 수 있다. 자기 자신으로부터 한 발짝 물러서서 관점을 바꿀 수 있다. 예를 들어, 자신을 객관적인 코치나 중립적인 관찰자라고 상상해 그 인물의 관점을 취함으로써, 자기 자신을 거리감 있게 바라볼 수 있다. 그렇게 함으로써 에고로부터 벗어날 수 있으며, 자신의 생각과 감정을 방어하고 보호하고자 하는 욕구로부터 해방될 수 있다. 이 상태에서는 그 생각과 감정이 더 이상 자신의 것으로 보이지 않기 때문이다. 이렇게 자신과의 거리두기를 통해 확보한 관점은 사물과 상황을 더 분명하게 바라보고 더 나은 선택을 할 수 있게 해준다.

그러므로 문제의 핵심은 우리가 '에고'라는 것을 가지고 있다는 데 있지 않다. 진짜 문제는 우리가 기본적으로 자기 몰입 상태에 빠진 채 살아간다는 점이다. 에고로 문제를 해결하려는 시도는 길고 고된 여정이 되기 쉽다. 하지만 자기 몰입 상태에서 벗어나는 순간, 우리는 에고가 일으키는 모든 왜곡에서 즉시 벗어날 수 있다. 그때부터 우리는 더 이상 방어받아야 할 '나'가 아니다.

대부분의 사람들은 자기 몰입 상태에서 벗어날 수 있다는 사실을 인식하지 못한다. 하지만 우리는 확실히 그럴 수 있다. 그리고 그 단순한 선택이야말로 우리가 더 나은 결정을 내리고, 치명적인 실수를 피하며, 더 충만한 삶을 살아가기 위해 할 수 있는 가장 강력한 행위 중 하나다.

Chapter 2

자기와의
거리두기

"우리가 쫓겨나고 이사회가 새 CEO를 데려온다면, 그 사람은
어떤 결정을 내릴까?"

_앤드루 S. 그로브가 고든 E. 무어에게 던진 질문

1980년대 초, 미국 사회에는 낙관적인 분위기가 감돌고 있었다. 당시
연방준비제도 의장이던 폴 볼커Paul Volker가 인플레이션을 잡아낸 데다
17년간 정체돼 있던 증시가 마침내 상승세로 돌아선 상태였기 때문
이다. 마돈나와 마이클 잭슨이 음악 차트를 뜨겁게 달구었고, 뮤직비
디오에 특화된 새로운 TV 채널은 엔터테인먼트 산업과 청년 문화를
근본적으로 변화시키고 있었다.

하지만 인텔Intel에서는 상황이 달랐다. 당시 CEO 고든 E. 무어
Gordon E. Moore와 사장 앤드루 S. 그로브Andrew S. Grove는 이런 시대적 흐
름을 함께 누리지 못하고 있었다. 1985년 인텔 연례보고서의 첫 문

장은 이렇게 시작했다. "인텔과 반도체 산업 전체에 참담한 한 해였다."[1]

무어와 그로브는 1968년 인텔 창립 당시부터 함께했다. 무어는 공동 창립자로, 그로브는 엔지니어링 총괄 책임자로서 인텔의 기술적 기반을 구축했다. 이후 두 사람은 인텔을 직원 2만 3,000명, 연매출 16억 달러(2024년 가치로는 약 46억 달러)에 달하는 세계적 기술 대기업으로 성장시켰다.

무어와 그로브는 자신들이 일군 인텔에 대해 충분히 자부심을 가질 만했다. 그들의 결정과 설계, 경영 방식은 두 사람을 실리콘밸리와 넓은 비즈니스 세계에서 부와 명성을 동시에 거머쥔 인물이 되게 했다. 특히 무어는 '무어의 법칙'으로 잘 알려진 기술 사상가로, 집적회로상의 트랜지스터 수가 2년마다 두 배로 증가한다는 통찰을 제시한 인물이기도 했다.

인텔의 성공은 컴퓨터의 필수 부품인 메모리 칩 생산에 기반하고 있었다. 하지만 인텔은 메모리 칩과 더불어 4004 마이크로프로세서도 개발했다. 메모리 칩이 데이터를 저장하는 장치라면, 이 마이크로프로세서는 데이터를 처리하고 입력 정보를 분석하는 역할을 했다. 또한 마이크로프로세서는 메모리 칩에 비해 구조가 복잡하고 가격도 높으며, 제조 과정도 훨씬 까다로웠다. 회사 전체 매출에서 차지하는 비중이 적긴 했지만, 4004 마이크로프로세서는 상업적으로 성공을 거두었다. 정작 인텔이 직면한 압박은 메모리 칩 시장의

범용화*commoditization, 본래 고유한 속성(독창성이나 브랜드 등)으로 구분되며 경제적 가치를 지녔던 제

품이 시장이나 소비자의 눈에 점차 그저 그런 일반적인 상품으로 인식되는 과정에서 비롯되었다. 게다가 일본과 한국 제조업체들과의 가격 및 품질 경쟁이 치열해지면서, 인텔의 매출은 급격히 줄었고 수익은 거의 제로 수준까지 떨어졌다.

무어와 그로브는 결정을 내려야 했다. 메모리 칩 사업을 고수할 것인가, 아니면 마이크로프로세서 제조 중심으로 회사의 방향을 전환할 것인가. 인텔은 이 두 가지를 동시에 추진할 만큼 자원이 충분하지 않았으므로, 이 결정으로 회사의 미래와 운명이 바뀔 수도 있었다.

무어와 그로브는 결정을 내리기 위해 1년 동안 논의를 거듭했다. 불확실성이 있었지만 전략적 관점에서는 마이크로프로세서 생산에 전력을 기울이는 게 명백한 선택으로 보였다. 인텔은 마이크로프로세서 생산에 필요한 복잡한 설계와 제조 과정을 감당할 수 있을 정도로 기술적 강점이 있었고, 이미 4004 마이크로프로세서 생산을 통해 이러한 역량을 입증한 바 있었다. IBM의 개인용 컴퓨터PC는 인텔의 마이크로프로세서를 사용해 제작되었고, IBM PC의 수요가 급증하면서 다른 PC 제조업체들도 인텔의 마이크로프로세서를 채택하는 추세가 이어졌다. 사실상 인텔은 수요를 따라가지 못할 정도였다. 그럼에도 무어와 그로브는 결단을 내리지 못하고 있었다. 두 사람은 현상 유지를 택했으며, 이는 결국 결정을 유보한 것이나 마찬가지였다. 그들은 인텔의 주력 제품을 과감히 포기할 용기를 내지 못했다.

그로브는 이렇게 설명했다. "우리의 우선순위는 우리의 정체성에 따라 결정됐다. 메모리 칩이 바로 우리였다."[2] 수년간의 경험을 바탕으로, 무어와 그로브를 포함한 인텔 경영진은 자사의 사업 운영과 성공 전략에 대해 두 가지 핵심적인 생각을 강하게 고수했다. 첫 번째는 메모리 칩이 인텔 제품 전반의 기술적 기반이자 동력이라는 생각이었고, 두 번째는 인텔은 언제나 메모리 칩을 포함한 완전한 제품 라인업을 고객에게 제공해야 한다는 생각이었다. 이러한 생각들 때문에 인텔 내부에서 던질 수 있는 유일한 질문은 '메모리 칩을 어떻게 만들 것인가'였고, '무엇을 만들어야 하는가'라는 더 근본적인 질문은 애초에 고려 대상이 아니었다. 결과적으로, 그들의 의사 결정 과정은 '메모리 칩을 어떻게 만들 것인가'라는 구체적인 질문에만 국한되었고, '메모리 칩을 만들어야 하는가 말아야 하는가'라는 본질적인 질문은 이 과정에서 배제되고 말았다.

그들은 때때로 스스로에게 추상적인 방식으로 질문을 던져보기도 했지만, 마음 깊은 곳으로는 메모리 칩 사업을 계속 이어가야 한다는 답변 외에는 진지하게 받아들이지 못했다. 그들에게 주력 제품을 내려놓는 일은 너무나도 받아들이기 힘든 것이었다. 주력 제품에 대한 애착이 지나치게 커서, 그것을 포기한다는 것은 결국 과거의 어느 시점에 잘못된 선택을 했음을 인정하는 일이 되었기 때문이다.

그러던 중, 어느 날 회의에서 그로브가 질문을 던졌다. "우리가 자리에서 물러나고 새 경영진이 들어온다면, 그들은 무엇을 할까?" 이 질문이 던져지는 순간, 상황은 전혀 다르게 보였다. 시야가 단번

에 트였고, 답이 명확해졌다. 그로브는 훗날 이 순간을 다음과 같이
회고했다.

1985년 중반의 일이었습니다. 방향을 잃고 표류하던 시간이 어느덧
1년 가까이 이어지고 있을 무렵이었지요. 나는 인텔의 사장이자 최
고경영자인 고든 무어와 함께 사무실에 앉아, 우리가 처한 난관에 대
해 이야기하고 있었습니다. 분위기는 침체되어 있었고, 저희 둘 모두
한층 무거운 마음이었습니다. 나는 창밖을 내다보았습니다. 멀리 그
레이트 아메리카 놀이공원의 대관람차가 느릿하게 돌아가고 있었고,
나는 다시 고든을 바라보며 이렇게 물었습니다. "우리가 쫓겨나고 이
사회가 새 CEO를 데려온다면, 그 사람은 어떤 결정을 내릴까요?" 고
든은 망설임 없이 대답했습니다. "아마 메모리 칩 사업에서 손을 뗄
겁니다." 나는 얼어붙은 듯 그를 바라보다가 말했습니다. "그렇다면
우리 둘이 이 방을 나갔다가, 다시 들어와 그렇게 결정을 내리면 되
지 않을까요?"[3]

1985년, 인텔은 사업의 초점을 마이크로프로세서 생산으로 전환
했다. 같은 해, C++가 출시되었고, 닌텐도가 등장했으며, 마이클 델
Michael Dell이 PC 회사를 창업했다. 바야흐로 컴퓨터 혁명이 본격적으
로 시작되고 있었다.

관점
리프레이밍

무어와 그로브는 비유적으로 '문 밖으로 나갔다가 다시 들어옴'으로써 '자신들의 후임자'가 되어보았다. 그렇게 함으로써 두 사람은 자기 몰입 상태에서 벗어나, 마치 다른 사람이 된 것처럼 자신들의 상황을 거리를 두고 바라볼 수 있었다. 이러한 중립적이고 객관적인 관점 덕분에 그들은 자신들의 에고로부터 그리고 에고를 방어하려는 욕구와 과거의 모든 결정으로부터 한발 물러설 수 있었다. 그들은 상황을 명확히 보는 데 가장 오래되고 강력한 방해물이었던 '자기 자신'이라는 존재에서 벗어남으로써 사회적 위협과 정체성에 대한 위협을 걷어낼 수 있었다.

1년 가까이 답보 상태에 머물러 있던 상황에서, 놀이공원 대관람차를 멍하니 바라보다가 느낀 좌절감을 계기로 고든은 자기와의 거리두기 상태로 도약했고, 거리두기를 통해 얻은 관점으로 문제에 대한 해답을 바로 찾아낼 수 있었다.

이렇게 자기와 거리를 둔 상태에서는 자신과 상황을 객관적이고 외부적인 제3자의 시선으로 편견 없이 바라볼 수 있다. 이 상태에서는 기억, 선입견, 기대, 상처 등으로 물든 1인칭 시점에서 잠시 벗어나, 개인적 경험과 감정(그리고 스스로를 잘 보이게 하거나 방어하려는 욕구)에 얽매이지 않고 훨씬 더 맑고 명료하게 바라보고 생각할 수 있다. 자기와 거리를 둠으로써 체면을 지키는 데 집착하지 않고, 당면한 과제에만 집중할 수 있다. 이 상태에서 우리는 마음이 열리고, 의식이 선명해지며, 편안해지고, 호기심을 갖게 된다. 그 결과, 나 자신만을 중심으로 돌아가는 세상 속에서 잃기 쉬운 명료함을 다시 지닐 수 있게 된다. 거리두기된 자기는 에고 중심적인 자기의 정반대 개념이다. 거리두기된 자기는 방어적일 필요가 없다. 어떤 결정이든 그 결정을 내린 것은 내가 아니기 때문에 결정에 얽매일 이유가 없는 것이다.

이러한 접근 방식은 "당신 자신이 되라", "지금 여기에 존재하라", "지금 이 순간을 살라"와 같은 대중적인 조언과 어긋나 보일 수 있다. 하지만 자기 몰입 상태에서 지금 여기, 지금 이 순간에 머물면, 더 넓은 관점을 놓치거나 선택의 자유를 스스로 제한하고, 자신이 수동적으로 결정하고 있다는 사실조차 인식하지 못하거나 잘못된 결정을 내리게 되기도 한다.

거리를 두면
답이 보인다

거리감은 우리가 어떤 상황이나 문제, 결정에 대해 생각하는 방식을 바꾼다. 무어와 그로브가 후임자의 시선이 되어 상상했듯이, 우리도 상상을 통해 스스로와 거리를 만들어낼 수 있다. 이를 심리적 거리라고 한다. 여기에서 작용하는 과학적 원리는 해석 수준 이론construal level

theory, CLT을 바탕으로 한다. 이 이론은 우리가 사물에 대해 생각하는 방식, 즉 우리가 사물의 의미를 해석하는 패턴을 설명하는 이론이다. 낮은 해석 수준에서는 세부 사항과 어떤 일을 어떻게 할 것인지에 대한 구체적인 생각이 이뤄진다. 반면, 높은 해석 수준에서는 원칙과 무엇을 해야 할지, 어떤 일을 해야 할지 말지, 어떤 일을 왜 해야 하는지에 대한 추상적인 생각이 이뤄진다. 이강국 기장은 낮은 해석 수준에서 생각하고 있었다. 그는 어떻게 비행기를 착륙시킬지에만 매몰되어 있었다. 무어와 그로브 또한 낮은 해석 수준에 갇혀, 어떻게 하면 메모리 칩을 가장 잘 만들 수 있을지에만 집중하고 있었다. 여기서 핵심 원칙은 이것이다. 심리적 거리가 멀어질수록 더 높은 해석 수준의 사고가 촉진된다. 무어와 그로브가 각자 자신을 다른 사람으로 상상하며 거리를 두자, 더 높은 해석 수준으로 사고가 전환되면서 메모리 칩을 계속 주력으로 생산해야 하는지에 대한 의문이 명확하게 모습을 드러냈다.

또한, 높은 해석 수준에서 우리는 단순한 실행 가능성보다는 바람직함desirability, 즉 이상적인 최종 상태에 초점을 맞춘다. 이러한 사고방식은 더 큰 유연성과 자기통제를 특징으로 하며, 유혹이나 외부의 조작에도 더 강한 저항력을 보인다.

자기 몰입된 마음은 '어떻게 이 비행기를 착륙시킬까?'에 집중하지만, 자기와 거리두기된 마음은 '지금 이 비행기를 착륙시켜야 하는가?'를 묻는다. 낮은 해석 수준과 높은 해석 수준의 차이는 다음과 같은 표로 정리할 수 있다.

낮은 해석 수준	높은 해석 수준
구체적	추상적
실용적	이상적
(자기, 공간, 시간에 대한) 가까운 관점	(자기, 공간, 시간에 대한) 먼 관점
'어떻게'에 집중함	'무엇을', '왜', '해야 할지 말지'에 집중함
나에 대한 생각	다른 사람에 대한 생각
가까이에서	멀리 떨어져서
임박한 미래	먼 미래
감정 조절이 잘 안 됨	감정 조절이 잘 됨
유혹에 더 민감함	유혹에 덜 민감함
과거의 일들에 대해 수치심을 많이 느낌	과거의 일들에 대해 수치감을 적게 느낌
덜 현명한 결정	더 현명한 결정

하지만 높은 해석 수준이 낮은 해석 수준보다 언제나 더 낫다고 할 수는 없다. 중요한 것은 우리가 하려는 일에 맞게 해석 수준을 조율하는 것이다. 결정을 내려야 할 상황이라면, 관점과 거리감을 확보하기 위해 높은 해석 수준에서 생각해야 한다. 반면, 프로젝트를 진행할 때는 실용적으로 접근할 수 있는 낮은 해석 수준에서 생각해야 한다.

뉴욕 대학교의 야코프 트로프Yaacov Trope와 텔아비브 대학교의 니라

리버만Nira Liberman은 사람들이 서로 다른 수준의 추상성과 심리적 시야로 사고하는 이유를 설명하고, '지금, 여기'를 중시하는 자기중심적 관점에서 벗어날 수 있도록 돕기 위해 해석 수준 이론을 발전시켰다.[4] 이 두 교수가 제시한 해법은 사건이나 결정을 마음속에서 구성하는 방법을 바꾸는 것, 다시 말해 낮은 수준의 세부 사항에 집중할지 아니면 더 큰 그림과 추상적인 목적에 집중할지 선택하는 것이다. 그림이 클수록, 목적이 더 추상적일수록 사고의 폭은 더욱 넓어진다.

리버만과 트로프의 초기 연구는 시간 차원, 즉 '시간적 거리temporal distance'에 주목했다.[5] 시간적 거리는 어떤 사건이 우리로부터 시간상으로 얼마나 떨어져 있는지를 뜻한다. 이들의 연구는 '시간 할인 편향temporal discounting bias'으로 알려진 인간의 편향을 기반으로 한다. 이 편향에 따르면 시간이 지나면 지날수록, 같은 시간 차이라도 우리에게는 점점 덜 중요하게 느껴진다. 예를 들어, 지금과 일주일 후의 차이는 52주 후와 53주 후의 차이보다 훨씬 더 크게 다가온다. 두 경우모두 시간 간격은 동일하지만, 심리적으로는 전자가 훨씬 더 가깝고중요하게 인식되는 것이다. 이로 인해 우리는 먼 미래보다 지금이나가까운 미래에 일어나는 일에 과도하게 가치를 두는 경향이 있다.또한 이 연구에 따르면, 사람들은 어떤 사건이나 문제를 시간적으로멀리 떨어진 것으로 인식할 때, '어떻게 할 것인가'보다 '왜 해야 하는가' 또는 '무엇을 할 것인가'에 대해 더 깊게 생각하는 경향을 보였다.

연구자들은 참가자들에게 '화분 돌보기'와 같은 활동을 제시하면서, 그 활동을 내일 또는 1년 후에 하는 상황을 가정해 자유롭게 서술하도록 요청했다. 응답은 사고 수준에 따라 평가되었다. 그 결과, 높은 수준의 추상적인 해석은 '[주어진 활동]을 통해 [목적 또는 결과]를 달성한다'는 식의 서술로 표현됐다. 예를 들어, '화분 돌보기를 통해 방을 보기 좋게 만든다'는 문장은 높은 해석 수준의 사고를 반영한다. 반대로, 낮은 해석 수준의 구체적인 사고는 그 구조가 뒤집혀 '[목적 또는 결과]를 위해 [활동]을 한다'는 식으로 표현됐다. 즉 '나는 화분을 돌보기 위해 물을 준다'는 문장은 낮은 해석 수준의 사고를 반영한 것이다. 참가자들은 1년 후의 활동을 묘사할 때는 더 추상적인 문장을 썼고, 내일의 활동을 묘사할 때는 더 구체적인 문장을 썼다.

리버만과 트로프는 이 이론을 확장해, 시간적 거리 외에도 자기와의 거리, 사회적 거리, 공간적 거리에 대한 더 높은 수준의 해석에 도달할 수 있는 다른 방식들을 포함시켰다. '자기와의 거리두기'는 사회심리학에서 말하는 사회적 거리두기와 유사한 개념으로, 무어와 그로브가 자신들의 후임자 입장에서 상황을 바라보았듯, 자신이 아닌 다른 사람의 관점에서 스스로를 바라보는 것이다. 한편, '공간적 거리두기'는 물리적으로 떨어진 위치에서 사물을 인식하는 것을 의미한다. 예를 들어, 달에서 지구를 바라보는 장면을 상상하거나, 이웃의 시선으로 자기 집 마당을 바라보는 것이 이에 해당한다.

'누구와 관련된 일인지', '어디에서 벌어지는 일인지', '언제 일어나는 일인지'를 어떻게 상상하느냐에 따라 우리는 어떤 일에 대해 느끼는 심리적 거리를 더 멀거나 가깝게 할 수 있다. 그리고 심리적

자기와의 거리두기

거리가 멀어질수록, 그 일을 더 추상적이고 본질적인 관점에서 생각하게 된다. 이 거리 차원들은 서로 연결되어 있고 상호 보완적이다. 예를 들어, 우리가 다른 장소에 있는 상황을 상상하면, 자연스럽게 자신이 다른 사람이 된 듯한 느낌이 들기도 한다. 또한 먼 과거나 미래의 사건을 생각하면, 그 사건이 공간적으로도 멀리 떨어져 있는 듯한 느낌을 준다. 시간적으로 멀리 떨어져 있는 일들과 공간적으로 멀리 떨어져 있는 일들은 이렇게 서로 맞물린다.

더 나은 결정을 내리려면 거리감을 가지고 생각할 수 있어야 한다. 거리를 두고 바라볼 때 우리는 복잡한 세부 사항에서 벗어나 중요한 것에 집중하면서 어떤 일을 해야 하는지, 왜 그 일을 해야 하는지 생각할 수 있다. 물론, 순간순간 구체적으로 어떻게 그 일을 할 것인지 생각하는 것도 매우 중요하다. 낭떠러지가 있는 산길을 걷고 있을 때는 발을 어디에 디딜지에 집중해야 하고, 대규모 프로젝트의 실행 단계에서는 각 단계의 세부 사항에 집중해야 한다. 하지만 인생에서 더 나은 결정을 내리거나, 일이나 관계나 미래에 대해 고민하거나, 피드백을 수용하고 처리할 때는 더 큰 그림에서 '왜'와 '무엇'에 초점을 맞춰 사고하는 것이 훨씬 효과적이다. 우리는 필요할 때 의도적으로 자기 몰입 상태에서 벗어나 자기 거리두기를 함으로써 더 높은 수준의 사고를 할 수 있다. 그러지 않으면 결국 '지금 여기의 나 자신'이라는 관점에 갇혀 머물게 된다.

이미 알고 있는 것을
더 명확하게 보라

인텔이 고객들에게 앞으로는 메모리 칩을 더 이상 지원하지 않겠다고 통지했을 때 벌어진 일은 많은 점을 시사한다. 회사는 고객들의 반응을 우려해 발표 시점과 방식을 신중하게 조율했지만, 결국 그 발표는 고객들에게 아무런 영향도 미치지 않았다. 오히려 몇몇 고객은 "고작 그 발표를 하는 데 이렇게까지 오래 걸리다니"라는 반응을 보였다. 그로브는 이렇게 인정했다. "외부에 있는 사람들은 내부에 있는 사람들이 볼 수 없었던 것을 명확히 볼 수 있었다."[6]

무어와 그로브는 에고를 내려놓음으로써 그 결정을 자신이 아닌 '다른 사람'의 입장에서 처리할 수 있었다. 이는 위협감을 덜고 방어적 태도에 빠지지 않도록 해주는 접근 방식이었다. 두 사람은 낮은 해석 수준의 사고에 갇혀 있었지만, 자신으로부터 한 걸음 물러서서 더 높은 수준에서 상황을 바라보게 되었다. 그에 따라 메모리 칩 제조업체로서의 정체성에 얽매이지 않고 상황을 더 명확히 볼 수 있었다. 그들은 더 이상 '어떻게 하면 메모리 칩을 계속 만들 것인가' 고민하지 않았다. 이제는 그동안 받아들일 수 없었던 질문, 즉 '우리는 정말 메모리 칩을 만들어야 하는가'를 자연스럽게 떠올릴 수 있었다. 그들의 사고는 단번에 무엇을 해야 할지, 해야 할지 말아야 할지, 왜 해야 하는지로 확장되었다.

마이크로프로세서 생산 업체로의 전환은 무어와 그로브가 각자 자신이 아닌 다른 사람, 즉 후임자의 입장에서 생각했을 때 이루어 졌다. 멀리 보이는 대관람차를 바라보며 생긴 공간적 거리감 역시 우연이 아니었다. 그로브는 그로부터 12년 뒤에 책을 쓸 때 이 장면 을 특별히 기억해 기록으로 남겼다. 이 장면은 그로브로 하여금 심 리적으로 다른 공간에 있는 듯한 거리감을 형성하게 해주었고, 무어 와 그로브는 다른 사람의 입장에서 인텔의 미래에 무엇이 최선인지, 즉 메모리 칩 시대를 넘어서는 새로운 시대에 인텔이 어떤 방향으로 나아가야 할지 생각했다.

무어와 그로브만이 변화하는 시장에 직면했던 것은 아니다. 디지 털 이큅먼트 코퍼레이션DEC도 같은 상황에 놓여 있었다. DEC는 디 지털Digital이라는 이름으로도 알려진 회사로, 매사추세츠주 메이너드 에 본사를 두고 있었다. 그곳은 이 책의 공동 저자인 데이비드 마르 케가 성장한 콩코드와 인접해 있었다. 데이비드의 고등학교 친구 중 몇몇은 부모가 그곳에서 일했다. DEC는 1957년에 켄 올슨Ken Olsen 이 공동 창업했으며, 그는 1992년까지 사장직을 유지했다. DEC는 미니컴퓨터로 유명했다. 당시로서는 가장 작으면서도 강력한 프로 그래밍 언어인 유닉스UNIX를 실행할 수 있는 고품질의 컴퓨터로 냉 장고만 한 크기였다. 하지만 인텔 마이크로프로세서로 구동되는 마 이크로컴퓨터가 등장하면서 상황이 달라졌다.

DEC는 마이크로컴퓨터로 시장 전환을 할 시기를 놓쳤다. 그 시 점에 20년 넘게 DEC의 사장직을 맡고 있던 켄 올슨은 마치 "DEC 가 곧 미니컴퓨터고, 미니컴퓨터가 곧 DEC다!"라고 외치는 듯했다.

하지만 결국 시장이 변화하기 시작하자 올슨은 자신이 창립한 회사에서 쫓겨나게 되었다.[7] 이 일이 단순히 그가 시장을 제대로 읽지 못했고, 트렌드를 분석하지 못했으며, 미래를 예측하지 못했기 때문에 일어난 일이라고 생각할 수도 있을 것이다. 하지만 더 근본적인 원인은 DEC가 자기만의 세계관에 지나치게 몰입하면서 결정에 매달린 데 있었을 가능성이 크다.

거리두기는 고든 무어가 "메모리 사업에서 손을 떼자"라고 말하는 데 도움을 주었으며, 그 결과가 어땠는지는 잘 알려져 있다. 2024년 현재, 데스크톱 PC의 64퍼센트와 노트북의 75퍼센트에는 인텔 마이크로프로세서가 탑재되어 있다.

그렇다면 우리는 어떻게 이런 심리적 거리를 만들어낼 수 있을까? 어떻게 하면 자기 생각의 틀에서 벗어나 의사 결정과 수행 능력을 향상시킬 수 있을까? 무어와 그로브는 자신들이 후임자가 되었다고 상상했다. 우리도 다양한 인물로 자신을 바꿔 상상해볼 수 있다. 존경했던 전 상사, 신뢰하는 동료, 지지해주는 부모, 가장 가까운 친구 같은 인물 말이다. 하지만 우리가 반복해서 경험한 바에 따르면, 가장 접근하기 쉽고 강력하며 효과적인 인물상은 바로 '코치'였다.

자기와의 거리두기

중립적인 관찰자의
시점

최고의 운동선수들과 가장 성공적인 CEO들의 공통점은 무엇일까?

그들에게는 모두 코치가 있다. 《뉴욕타임스》 베스트셀러 『체크! 체크리스트』의 저자로 유명한 외과 의사 아툴 가완디Atul Gawande는 《뉴요커》 기고문에서 코치에 대해 이렇게 설명했다.

코치는 교사는 아니지만 가르친다. 코치는 상사는 아니지만(프로 테니스, 골프, 피겨스케이팅에서는 선수가 코치를 고용하고 해고한다) 상사처럼 행동할 수 있다. 코치는 스포츠 실력이 뛰어날 필요도 없다. 올림픽 체조 대표팀의 전설적인 코치 벨라 카롤리Bela Karolyi는 간단한 다리 찢기 동작도 하지 못하는 사람이었다. 코치가 주로 하는 일은 관찰하고, 판단하고, 지도하는 것이다.[8]

코치가 판단한다고? 그렇다. 판단해야만 한다. 우리는 코치가 통찰력 있게 우리의 상태를 평가하고, 더 잘할 수 있는 가능성을 살펴본 뒤, 그 간극을 메우도록 도와주기를 원한다. 코치는 우리 편이다. 우리에게 가장 좋은 결과를 바라고, 이를 위해 최선의 객관적 판단을 내려 우리가 지속적으로 성장하는 길로 나아가게 한다. 하지만 누구나 코치를 둘 수 있는 것은 아니며 결정을 내려야 할 때, 발표를 해야 할 때, 또는 예상치 못한 일에 대응해야 할 때와 같이 중요한 순간에 늘 곁에 코치가 있는 것도 아니다.

자기 몰입 상태가 '지금 여기의 나 자신'이라는 관점을 지닌 상태라면, 우리는 자기와의 거리두기, 공간적 거리두기, 시간적 거리두기를 통해 코치의 시점을 취할 수 있다. 다른 사람이 되라. 다른 곳에 존재하라. 다른 시간대에 존재하라.

첫째, 코치가 된다는 것은 더 이상 내가, 내가 아니라는 뜻이다. 다른 사람이 되는 것이다. 이는 심리적 거리를 활성화하고 중립적 관찰자의 시각으로 볼 수 있게 한다. 둘째, 코치가 되면 우리는 다른 어떤 곳에 존재하게 된다. 코치는 경기장의 한가운데가 아니라 경기장 밖, 즉 현장에서 물리적으로 떨어져 있는 위치에 있다. 그곳에서 우리는 자신을 수많은 요소가 얽혀 있는 복잡한 환경 속의 한 플레이어로 바라볼 수 있다. 셋째, 코치는 다른 시간대로 이동할 수 있다. 이는 우리 내면의 시간 여행자를 활성화시키는 과정이다. 우리는 과거의 행동과 미래의 선택지를 더 명확하게 평가할 수 있다. 핵심은 앞으로 무엇을 할지에 있다.

이렇게 거리두기를 하면 누구나 스스로의 코치가 될 수 있다. 코치가 되는 습관을 기르면 자기 몰입 상태에서 벗어날 수 있고, 다른 사람들도 그렇게 하도록 도울 수 있다. 이렇게 유연한 관점을 갖게 되면, 생각을 제한하는 자기 위주 편향과 에고에서 벗어나 학습 능력이 향상되고, 더 나은 의사 결정을 하며, 성과가 개선되고, 다른 사람들과 더 건강한 관계를 맺을 수 있다. 게다가 거리두기 기법은 비용이 들지 않고, 얼마든지 사용할 수 있으며, 언제든 활용할 수 있다.

자기와의 거리두기

누구나 이 초능력을 활성화할 수 있다. 한번 그렇게 하기만 하면, 세상이 더 또렷하게 보이고 삶은 한층 더 깊고 충만해질 것이다.

PART 2

다른 사람이 되라

Chapter 3

코치가
되라

자기 자신만큼 자신에게 교묘하게 아부하는 존재는 없다. 그
리고 그 아부에 맞설 수 있는 가장 좋은 해독제는 친구가 자유
롭게 해주는 진심 어린 충고다.

_프랜시스 베이컨 경

S&P 1500에 포함된 기업들을 대상으로 한 최고경영자^{CEO} 재임 기간과 기업 가치에 관한 분석에 따르면, 평균적으로 CEO의 성과는 재임 14년 차에 정점을 찍고 그 이후부터는 감소하는 경향을 보인다.[1] 컨설팅 회사 스펜서 스튜어트에 따르면, CEO들은 재임 11년 차에서 14년 차 사이에 최고의 성과를 낸다. 하버드 대학교 경영학 교수이자 CEO 코치인 빌 조지^{Bill George}는 10년이 최적의 CEO 재임 기간이지만, 성과가 최고조에 달하는 시점은 그보다 더 이를 수도 있다고 추정한다. 2024년 5월 《뉴욕타임스》에 실린 〈그만두지 않는 CEO들 The C.E.O.s Who Just Won't Quit〉이라는 기사에서는 쉐밍 뤄^{Xueming Luo}와 동료 연

구자들이 미국과 중국의 356개 기업을 대상으로 수행한 대규모 연구 결과를 인용해, CEO의 이상적인 재임 기간을 4.8년으로 제시했다.[2]

물론 예외도 있다. 워런 버핏Warren Buffet은 50년 넘게 버크셔 해서웨이의 CEO를 맡고 있으며 여전히 주가는 견고한 흐름을 이어가고 있다. 젠슨 황Jensen Huang은 지난 30년 동안 엔비디아의 CEO로 재직하면서 최근 5년간 회사의 주가를 3,000퍼센트 이상 끌어올렸다. 그러나 전체적으로 보면 대부분의 리더는 시간이 지날수록 효율성이 떨어지는 경향을 보인다. 다시 말해, 리더 자신이 문제의 일부가 되어버리는 것이다.

CEO들의 성과가 감소하는 이유 중 하나는 CEO가 장기 재임하면서 점차 내부 네트워크에만 의존해 정보를 수집하게 되는 것에서 찾을 수 있다. 또한 CEO는 회사와의 이해관계가 커질수록 손실 회피 성향이 강해져, 이익을 추구하기보다는 손실을 회피하는 쪽으로 의사 결정이 편향된다. 이는 '이기기 위해 싸우는' 것이 아니라 '지지 않기 위해 싸우는' 방식이다.

컬럼비아 대학교의 경영학자 도널드 C. 햄브릭Donald C. Hambrick과 그레고리 D.S. 후쿠토미Gregory D.S. Fukutomi는 CEO의 리더십 효과가 상승하고 하락하는 과정을 '시즌season'에 비유해 설명한다.[3] 경영자에게 초기 시즌은 회사에 대한 이해, 업계 지식 습득, 역량 연마를 통해 효과성이 상승하는 시기로 특징지어진다. 하지만 CEO가 후반 시즌에 진입하면 자기만의 세계관, 즉 햄브릭과 후쿠토미가 'CEO 패러다임'이라 부른 사고방식에 점진적이고 꾸준하게 집착하기 시작한다.

이 세계관은 자신이 속한 산업 내에서 자신이 경영하는 회사가 수익을 창출하는 방식에 대한 관점을 뜻한다. 무어와 그로브에게는 이 세계관의 핵심이 메모리 칩이었다. 그로브는 이렇게 말했다. "결국 메모리 칩이 바로 우리였다."

햄브릭과 후쿠토미는 CEO 패러다임에 대한 집착이 강화되는 이유를 주요 요인 세 가지를 들어 설명한다. 바로 기존 투자, 가시성, 그리고 장기 재임이다. 첫째, CEO가 어떤 것에 투자한 뒤에는 그것을 바꾸거나 방향을 전환하기가 어려워진다. 새로운 제품 라인이든 새로운 전략이든 혹은 '언젠가는 반등할 것'이라고 믿는 주식이든 마찬가지다. 연구자들은 이렇게 설명한다. "시간이 흐를수록 경영자의 패러다임에 대한 심리적 투자가 필연적으로 증가한다."

둘째, CEO는 공개된 자리에서, 모두가 볼 수 있는 방식으로 선택을 내린다. 임직원, 고객, 투자자, 동료, 경쟁자 등 누구나 그들이 결정하는 것을 목격한다. 따라서 그들의 결정은 평가, 의문, 비판, 심지어 조롱의 대상이 되기 쉽다. 결정을 번복하거나 방향을 바꾼다면, 우유부단하거나 변덕스럽고 불안정한 사람으로 보일 위험이 있다. 마음을 제대로 정하지 못한다면, 그런 사람이 과연 좋은 리더일 수 있겠는가?

마지막으로, CEO는 자신의 재임 기간을 자신이 믿는 패러다임이 옳다는 증거로 해석하곤 한다. 최고경영자의 자리에 오래 있을수록 자신의 접근 방식이 올바르다고 더욱 확신하게 되는 것이다. 햄브릭과 후쿠토미가 지적했듯이, 이는 일정 부분 타당하다. "CEO

코치가 되라

는 일반적으로 성과가 만족스러운 한 그 자리를 유지할 수 있기 때문이다." 여기서 주목할 것은 '만족스러운'이라는 표현이다. 반드시 탁월한 결과를 내야 하는 것은 아니며, 최소한 해임당할 정도만 아니면 된다. 한편, CEO들은 종종 주변 사람들, 특히 임직원들로부터 긍정적인 평가를 받는다. 이러한 칭찬은 자신이 지닌 패러다임을 더욱 공고하게 한다. 무어와 그로브는 마치 첫 출근일인 것처럼 문제를 바라보는 방식을 통해 이러한 장기 재임 효과를 완화했다.

실천 방법 1: 후임자가 되라

여러분이 지금 고민하고 있는 결정이 있다고 해보자. 먼저 방에서 나간다. 이제 다른 사람이 된다. 여러분이 자신의 후임자가 되었다고 상상하라. 여러분의 재임 기간과 역할에 대한 생각, 회사에 대한 애착을 모두 내려놓는다. 이제 여러분은 회사에 대해서는 아는 것이 거의 없고, 기존에 왜 그런 방식으로 일해왔는지도 모른다. 특정한 정책이나 제품에 아무런 애착도 없다. 새로운 정체성에 충분히 몰입했는가? 이제 다시 방으로 들어간다. 그러면 무엇을 다르게 할 것인가?

CEO만 이런 문제에 취약한 것이 아니다. 데이비드는 핵잠수함 USS 산타페의 함장이었을 때 승조원 한 명 한 명과 복무한 지 3년이 되는 시점에 면담을 진행했다. 통상적으로 승조원은 3~5년 동안 배치된다. 그는 복무 기간이 긴 승조원들이 CEO처럼 사고가 굳어지는 것을 막아 신선한 생각을 유지하게 하고 싶었다. 그래서 주말 동안 집에 보내 그로브와 무어가 했던 것과 같은 재설정을 시도해보라고 당부했다. 월요일에 돌아오면 "이제 여러분을 다른 잠수함이나 전혀 다른 군종에서 온 사람이라고 상상하라"라고 말했다. 그렇게 하면 새로운 시각으로 바라볼 수 있게 된다.

실천 방법 2: 새롭게 시작하라

이 방법은 누구나 시도할 수 있다. 다음번 휴가 때는 자신을 완전히 리셋하라. 일주일이면 충분하다. 일시적으로 다른 부서에서 일해보는 것도 한 방법이다. 일부 회사는 신선한 시각을 얻도록 사람을 의도적으로 다른 부서에 순환 배치하거나 안식휴가 제도를 운영해 새로운 관점으로 바라보게 한다. 복귀할 때는 처음 출근하는 사람처럼 의도적으로 새로운 시각으로 일에 임하라. 그러고 나서 무엇이 눈에 띄는지 주의 깊게 관찰해 기록하라.

여기서 중요한 것은 주기적으로 기존 패러다임으로부터 거리를 두는 것이다. CEO가 기존 패러다임에 집착해 발생하는 핵심적인 문제 중 하나는 정보 출처의 다양성이 줄어든다는 점이다. 초기 시즌에는 CEO들도 자신의 상황이 어떤지, 이에 어떻게 대응할지 외부 정보에서 적극적으로 찾으려 한다. 통상적으로 정보 출처의 비중은 외부와 내부가 대략 반반으로 균형을 이룬다. 그러다가 CEO가 점점 더 자신이 업무를 충분히 익혔다고 믿고 내부 정보원이 신뢰할 만하다고 느끼게 되면, 외부 정보에 대한 호기심은 줄어들고 내부

정보에만 의존하게 된다.

이로 인해 정보의 폭은 점점 좁아지고, 자신의 의견이 더욱 강해진다. 이런 상황이 되면 CEO에게 듣기 좋은 말만 하는 직원들이 더 자주 목소리를 내고, CEO는 듣고 싶은 말만 더 많이 듣는다. 이러한 적극적 필터링은 자연스러운 확증 편향과 결합되어, CEO가 자신이 지닌 패러다임에 부합하는 정보만 보고 듣는 악순환을 초래한다. 한편 불편하거나 다양한 관점, 반대되는 외부 정보는 점차 사라지거나 걸러진다. 보잉 경영진이 737 MAX의 시장 출시 당시, 준비 상태와 필요성에 대해 자기합리화적 내러티브를 만들어냈던 사례를 떠올려보라.

소설『앵무새 죽이기』에 등장하는 유명한 허구의 사례에서도 이 효과를 관찰할 수 있다. 이 소설에서 재판장 테일러 판사는 흑인 피고인 톰 로빈슨을 위해 공정한 재판 환경을 조성하려 노력한다.[4] 그는 배심원들 사이에 팽배한 노골적인 차별과 절차상의 불평등을 목격하고 이렇게 경고한다. "사람들은 자기가 보고 싶어 하는 것만 보고, 자기가 듣고 싶어 하는 것만 듣는다." 하지만 그는 메이컴 지역 사회에 광범위하게 퍼져 있는 인종에 대한 구조적 편견을 그대로 받아들이는 자신의 무의식적 편견에 대해서는 눈을 감는다.

정치 영역에서도 마찬가지다. 장기 집권한 독재자들은 자신의 입장을 점점 더 고수하고, 그러면 양 진영의 정치인 모두가 자신만의 메아리 방에 갇혀버린다. 임기 제한이라는 제도에는 나름의 지혜가 담겨 있다. 재임 기간이 길어질수록 권력을 쥔 이들의 주변 환경은 점점 더 자기 몰입적 상태를 반영하게 되기 때문이다.

CEO 연구 결과에서 나타난 것처럼, 우리 삶의 각 영역에서도 효과성의 정점이 고작 15년 안팎이라면 그 함의를 잘 생각해볼 필요가 있다. 우리는 누구나 업무와 개인 생활에서 각자 자신의 패러다임과 세계관에 갇히기 쉽다. 여기에 과거에 본 것과 비슷한 콘텐츠만 계속 보여주는 소셜미디어의 알고리즘이 그 경향을 더욱 강화한다. 점점 더 편안한 환경은 당장은 우리 자신을 좋게 느끼게 하겠지만, 그 대가로 현실 인식을 왜곡하고 과거의 결정과 신념에 대한 집착을 키우게 된다. 결국 학습 곡선은 평평해지고 추가적인 성장은 거의 없어진다. 마침내 부정적인 효과가 긍정적인 효과를 능가하고, 효과성 곡선이 하락하기 시작한다. 그 결과 우리는 주변 상황의 진실로부터 점차 멀어진다. 우리가 다른 사람들의 시선으로 우리 자신을 볼 수 있다면, 훨씬 더 현실에 가까운 시각을 얻을 것이다.

그러기 위해서는 다른 관점을 취할 필요가 있다. 다른 모자를 써본다고 해도 좋고, 새로운 역할을 해본다거나 다른 사람의 입장이 되어본다고 해도 좋다. 표현 방식은 다양하지만 목적은 모두 같다. 자기 몰입 상태에서 벗어나 현실을 더 명확하게 보고, 상황을 이해하고, 다음에 취할 행동을 결정한 뒤, 다시 본래의 자신으로 돌아와 행동에 옮기도록 돕는 것이다.

모르는 게
약일 때도 있다

현재 스위스군은 주력 전투기를 F-18에서 F-35로 교체하고 있다. F-18은 영화 〈탑건: 매버릭〉에도 등장한 구형 4세대 전투기로, 스위스는 이 전투기를 공대공 전투용으로만 도입했다. 반면 F-35는 공대공 능력뿐 아니라 공대지 공격 능력까지 갖추고 있으며, F-18보다 세대가 30년이나 앞선 최신 플랫폼이다. 이러한 새로운 물류적, 기술적 역량은 인력 구성, 정책, 통신체계에 변화를 요구했고, 이는 대규모 조직 개편으로 이어졌다.

스위스 공군 총사령관 페터 메르츠Peter Merz 장군은 조직 개편 이후에도 사람들이 여전히 자신을 개편 이전과 같은 부서 소속으로 인식할 거라는 문제를 예견하고 있었다. 현재 무기 담당자는 앞으로도 무기 담당자로, 현재 물류 담당자는 앞으로도 물류 담당자로 자신을 규정할 것이다. 이러한 협소한 관점은 효과적인 조직 구축을 방해한다. 조직 개편은 감정적 요소가 얽혀 있어 특히 실행하기 까다롭다. 사람들은 권력, 기존 질서, 자기 정체성과 공동체 의식을 유지하려는 동기가 강하기 때문이다.

이러한 편향을 피하기 위해 메르츠 장군은 기획팀과, 이어서 조직 전체에 지침을 내렸다. 조직 개편 이후 자신이 어느 부서에서 어떤 역할을 맡게 될지 모른다고 상상하라는 것이었다. 이러한 사고의 목적은 기존 부서에 대한 충성심과 선입견을 깨뜨리는 데 있었다.

이 개념은 철학자 존 롤스John Rolls가 제안한 '무지의 베일veil of ignorance' 이라는 사고실험에서 비롯된 것으로, 롤스는 사회적 구조와 제도를 변화시킬 때는 기존 것을 수정하는 것이 아니라 처음부터 새롭게 구상해야 한다고 주장했다. 구체적으로, 정의로운 사회를 위한 원칙을 세울 때는 결정권자들이 자신이 어떤 신분이나 지위, 성별, 부유함, 나이, 건강 상태, 직업인지 모른 채 원칙을 구상해야 한다고 제안했다. 이렇게 '무지한' 상태에서 세운 법과 제도는 특정 집단에 편향되지 않고 공공의 이익을 최대로 실현할 수 있다.

무지의 베일은 결국 '다른 사람이 되어보는 것' 혹은 이 경우에는 '아무나 될 수 있다고 상상하는 것'과 같은 사고방식을 촉진한다. 이는 기본적으로 몰입된 자기 상태에서 벗어나 상황을 보다 객관적으로 바라볼 수 있도록 돕는 도구다.

실천 방법 3: 무지의 베일을 써보라

조직 개편과 같이 주요 조직 변화를 책임지고 있다면, 팀원들이 기존 조직 구조에 대해 아무것도 모르는 사람의 관점에서 바라보도록 유도하라. 기존 부서나 집단에 대한 충성심 없이 조직 전체의 효과성에만 집중하게 하라. 이 메시지를 지속적으로 강조하라.

실천 방법 4: 외부의 시선으로 보라

자기 몰입 상태에서 벗어나기에 좋은 또 다른 기회는 성과 평가나 연례 리뷰를 진행할 때다. 이러한 상황에서는 감정이 개입되기 쉽고 사람들이 방어적으로 반응하게 되어 활동의 효과성을 떨어뜨리고 불만을 유발할 수 있다. 만약 다른 사람이 여러분이나 여러분의 팀이 활동하는 모습을 바라본다면 어떤 말을 할 것인가? 이 질문을 던져보라.

자신을 바라보는 방식과 타인을 바라보는 방식

프린스턴 대학교의 심리학자이자 교수인 에밀리 프로닌Emily Pronin은 우리가 자신을 바라보는 방식과 타인을 바라보는 방식 사이에 존재하는 정보 비대칭information asymmetry과, 이러한 인식 차이가 초래하는 갈등 및 의견 충돌을 연구하는 데 평생을 바쳤다.[5] 정보 비대칭이란 우리가 타인에 대해 아는 정보와 자신에 대해 아는 정보가 서로 다르다는 뜻이다. 자신을 평가할 때는 우리만이 알고 있는 의도를 기준으로 삼고, 타인을 평가할 때는 외부에서 관찰 가능한 행동을 기준으로 삼는다. 우리는 타인을 외부적이고 시각적인 관점에서 바라보지만, 그들의 내면에 있는 느낌, 동기, 의도는 충분히 이해하지 못한다.

이를테면 아침에 집을 4분 늦게 나섰다가 가는 길마다 빨간불을 만나 결국 회사에 늦게 도착했다고 하자. 이럴 때 우리는 속으로 '오늘은 교통 상황이 안 좋았어'라고 중얼거리곤 한다. 지각은 내 탓이 아니라 외부 환경 탓인 것이다. 우리는 교통 체증이나 신호등 평계를 대곤 한다. 사람들은 종종 "지하철이 늦게 왔어"라고 변명한다.

우리 자신 때문에 늦은 것이 아니라, 지하철 때문에 늦었다고 생각한다. 그런데 다음 날 미팅에 늦게 도착한 상대방을 보면 성실하지 못하거나 헌신이 부족한 사람이라고, 알람을 제대로 맞추지 못했을 거라고 쉽게 단정 짓는다. 우리는 그들의 문제는 개인적 결함으로 귀인하는 한편, 그들의 성공은 외부 요인 덕분이라고 평가한다. 반면 자신의 실패는 외부 요인 탓으로 돌리고, 성공은 자신의 인격적 장점 덕분이라고 여긴다. 이렇게 스스로에게 관대한 자기 귀인은 자기 위주 편향의 핵심을 이룬다. 우리는 자신에 대해서는 장밋빛 초상을 그리지만, 타인에 대해서는 그렇지 않다.

자신을 인식할 때 우리는 외부의 시각적 정보를 거의 반영하지 않으며, 대신 자신의 느낌과 동기, 의도에 대한 내면적 정보를 주로 반영한다. 또한 자신의 행동과 행위가 타인에게 어떻게 비치는지는 별로 인식하지 않는다. 이는 외향적 관찰extrospective과 내향적 성찰introspective의 차이와 관련된 문제다. 우리는 자신을 볼 때 대체로 타인을 볼 때보다 더 호의적인 시선으로 바라보지만, 이런 차이가 단순히 자기 위주 편향 때문만은 아니다. 이는 우리 자신과 타인에 대해 보유하고 있는 정보의 근본적인 차이에서도 비롯된다.

이러한 차이는 '조해리의 창Johari Window'이라는 고전적인 도구를 통해 우아하게 설명할 수 있다. 이는 심리학자 조지프 러프트Joseph Luft와 해링턴 잉햄Harrington Ingham이 개발한 것으로, 2×2 표 형식을 취한다. 이 표는 (A)내가 자신에 대해 알고 있는 것과 (B)내가 자신에 대해 모르는 것이라는 축과 (1)타인이 나에 대해 알고 있는 것과 (2)타인이 나에 대해 모르는 것이라는 축을 교차시킨다. 이 가운데 특히 주목할 만한 영역은 '맹점[blind spot, B1]'이다. 이 영역에는 내가 자신에 대해 모르는 사실이지만 타인은 알고 있는 것들이 속한다.

	A. 내가 알고 있는 것	B. 내가 모르는 것
1. 타인이 알고 있는 것	공개 영역(Open)	맹점(Blind Spot)
2. 타인이 모르는 것	숨겨진 영역(Hidden)	미지의 영역(Unknown)

　우리가 자연스럽게 자기 몰입적 관점에서 정보를 처리하는 또 다른 사례는 공로를 주장하는 방식에 관한 고전적 실험에서 확인할 수 있다. 연구자들이 결혼한 부부에게 각각 "집안일 중 몇 퍼센트를 당신이 담당하나요?"라고 물으면, 답변을 합산했을 때 총합이 100퍼센트를 넘는 경우가 많다. 대개 약 130퍼센트에 이른다.[6] 직장 내 팀에서도 같은 결과가 나타난다. 구성원이 많을수록 총합은 더 높아진다. 어떤 팀에서든 우리는 자신이 실제보다 더 많이 기여했다고 생각하는 경향이 있다.

　왜 우리는 자신의 공로를 과도하게 주장할까? 이는 우리가 공로욕에 사로잡힌 이기적인 사람이라서가 아니다(적어도 대부분은 그렇지 않다). 더 무해한 이유가 있다. 우리는 자신이 한 일만 보고 타인이한 일은 잘 보지 못하기 때문이다. 이는 가용성 휴리스틱[availability heuristic]으로 알려진 현상으로, 우리는 쉽게 떠오르는 정보를 바탕으로 판단을 내리며 그 정보의 질이나 완전성은 간과한다. 그래서 연구자들이 부정적인 상황, 이를테면 말다툼에서의 기여도를 물었을 때도 같은 결과가 나타난다. 총합은 여전히 100퍼센트를 초과한다.

문제는 여기서 그치지 않는다. 첫째, 우리는 선택적으로 기억한다. 우리 뇌는 자신이 관계나 팀에 기여하는 사람이라는 자기 이미지self-image에 부합하는 정보를 우선적으로 저장한다. 이는 자기 위주 편향이 작동하는 사례다. 둘째, 우리는 정보를 선택적으로 회상한다. 자신의 자아상을 지지하고 자신을 좋게 보이게 하는 정보를 더 쉽게 떠올린다. 이렇게 해서 형성된 지나치게 관대한 자신의 공로에 대한 기억은 몰입적 관점, 즉 자기 안에 갇혀 자신의 눈으로 세상을 경험하는 방식에서 비롯된다. 우리는 세상을 '지금 여기의 나 자신'이라는 관점에서 본다. 예를 들어 어느 순간 가득 차 있는 식기세척기를 보았다고 하자. 나중에 비어 있는 것을 보게 되더라도, 누군가가 그것을 비우는 모습을 직접 보지 않으면 그 사실을 명확하게 인식하지 못할 수 있다.

초기에 과잉 기여 인식 연구를 수행한 연구자들이 발견한 자기 기여도를 제대로 인식하는 한 가지 효과적인 방법은, 자기 기여도를 추정하기 전에 먼저 파트너(또는 동료)가 한 일을 떠올리도록 유도하는 것이다. 타인의 관점에서 생각하는 것으로 시작하면 자기 몰입 상태에서 부분적으로 벗어날 수 있고, 그 결과 자신의 기여도를 더 정확하게 인식할 수 있다.

실천 방법 5: 먼저 타인의 기여를 생각하라

다음번에 제안서를 준비하거나 프로젝트를 수행하거나 집안일을 한 뒤 내가 얼마나 기여했는지 고민하게 된다면, 먼저 상대방의 입장에서 그들이 어떤 기여를 했는지 생각해보라. 그런 다음에 자신의 기여도를 평가하라.

이강국 기장이 착륙을 어떻게든 성공적으로 마쳤다고 가정해보자. 그는 자신의 기여도를 어떻게 기억할까? 아마도 특정 순간 조종간을 끌어 올렸던 일, 다른 순간 엔진이 공회전 상태임을 알아차렸던 일 등 자신이 내린 핵심적인 결정들과 행동들을 가장 먼저 떠올릴 것이다. 누군가가 던진 말이 시야를 넓히거나 도움이 되었다는 사실은 물어보면 기억해낼 수는 있겠지만, 그리 오래 곱씹지는 않을 것이다. 그런 언급들은 곧 잊히고, 결국 그의 기억 속에는 자신이 기여한 부분에 대한 증거만 남게 된다.

자신의 재능이나 지식은 과대평가하고 타인의 재능이나 지식은 과소평가하는 경향은 여러 가지 문제를 낳는다. 예를 들어, 우리는 새 사업을 시작하는 것처럼 위험한 프로젝트에 대해, 자신의 성공 가능성은 과대평가하고 타인의 성공 가능성은 과소평가한다. 또, 짧은 상호작용만으로도 자신이 타인을 충분히 이해했다고 여기면서, 반대로 상대방이 자신을 얼마나 잘 이해하고 있는지는 과소평가한다.

정보의 비대칭성은 우리가 내리는 결정이 옳다고 믿게 한다. 우리는 자신이 자유의지와 분리된 시각으로 선택을 내렸다고 여긴다. 이는 스스로 사고할 수 있는 상당한 수준의 개인적 주권이 있음을 전제로 한다. 반면 타인이 어떤 결정을 내릴 때는 그들이 사회적 동조 같은 요인에 쉽게 조종당했다고 생각한다. 우리는 독립적인 주체다. 다른 사람들은? 그냥 무리의 움직임에 따르는 양 떼일 뿐이다.

근본적으로 우리는 자신을 실제보다 더 선의가 있고 내적으로 일관된 존재로 바라보게 하는 수많은 편향과 왜곡에 의존한다. 데일 카네기Dale Carnegie는 고전이 된 그의 저서 『인간관계론』의 서두에서 우리가 자신을 객관적으로 보지 못한다는 점을 역설한다. 가장 악명높은 범죄자들조차 자신이 좋은 사람이라고 주장한다. 경찰과 무고한 시민을 살해한 뒤에도 이들은 본래 선한 의도로 행한 일이고 단지 오해받았을 뿐이라고 말한다. 우리는 이러한 자기 위안을 위한 내적 독백을 너무도 쉽게 믿어버린다. 그러나 관찰자의 시선, 즉 타인의 입장이 되어보면 우리가 스스로에게 들려주는 이야기와 다른 사람들이 읽는 이야기가 얼마나 다른지 분명하게 인식할 수 있다.

우리 뇌는 본능적으로 자신에 대한 관점이 옳다고 말한다. 우리는 이 관점을 뒷받침할 증거를 찾고 이를 통해 스스로를 정당화한다. 나는 사랑이 넘치고, 배려심 있고, 공감 능력이 뛰어나며, 정직하고, 운동을 즐기고, 건강하며, 혁신적이고, 창의적인 사람이라고 여긴다.

실천 방법 6: 증거를 요청하라

자신이 강하게 믿고 있는 자기 이미지 중 하나를 골라보라. 이제 자신의 행동을 자주 관찰할 기회가 있는 다른 사람이 되었다고 상상해보라. 그런 다음 그 사람의 시선에서 '그 이미지가 사실에 부합한다는 증거는 무엇인가?' 그리고 '그 이미지가 사실에 부합하지 않는다는 증거는 무엇인가?'라고 자문해보라.

이 연습은 여러분이 지닌 훌륭한 의도를 걷어낸 채, 실제로 어떻게 행동했는지 있는 그대로 보여주면서 불편하고도 냉혹한 현실을 드러낸다. 이 방법이 효과적인 이유는 여러분이 잠시나마 '다른 사람'이 되었을 때, 그 '다른 사람'은 아무리 여러분의 의도가 좋았다 해도 여러분의 부족함을 눈감아주지 않을 것이라는 데 있다.

실천 방법 7: 옐로카드를 꺼내라

어떤 일을 더 잘하고 싶거나 행동을 바꾸고 싶을 때, 우리의 마음은 우리가 이미 그렇게 하고 있다고 우리를 설득하려 든다. 우리는 스스로에게 "이제는 예전 습관을 고쳤고 새로운 방식을 잘 실천하고 있어"라고 말한다. 하지만 이는 자기기만이다. 이런 자기기만의 함정을 피하는 한 가지 방법은 다른 사람들에게 자신을 향해 '옐로카드'를 꺼내달라고 부탁하는 것이다. 실제로 축구 경기에서처럼 옐로카드를 들어도 좋고, 제비뽑기용 티켓 같은 것을 건네줘도 좋고, 더 강력한 효과를 원한다면 소액의 벌금을 부과하게 해도 된다(예를 들어, 10달러 정도). 이 목표를 솔직히 공유할 수 있고 여러분의 편에서 지지해주지만, 듣고 싶지 않은 말도 주저 없이 해줄 수 있는 사람들을 선택하라.

사람들은 대개 친구나 동료, 상사에게 옐로카드를 꺼내는 일을 주저하지만, 여러분이 그들의 도움이 필요하다고 설명하면 훨씬 더 쉽게 동의한다. 처음에는 작게 시작하라. 관찰 가능한 행동 딱 하나만 선택해도 된다. 타인이 우리를 외부에서 바라볼 수 있는 시선을 활용하라. 그들은 우리가 왜 말을 듣지 않았는지 알지 못한다. 그저 우리가 대화 중 휴대폰을 봤다거나, 상대가 말을 끝내기도 전에 끊었다는 식으로 듣지 않았다는 사실만 인식한다. 여러분도 그렇다면, 처음 옐로카드를 받을 때 아마 이렇게 말하고 싶어질 것이다. "내가 한 건 그냥……." 그러나 사실 우리는 모두, 다른 사람의 눈으로 보기 전까지는 자신의 행동이 정당하다고 느낀다.

자기 몰입 상태에서는 맹점과 숨겨진 영역이 커진다. 바로 현실과의 단절 지점들이다. 우리는 자신에 관해 알고 있는 것들, 이를테면 제시간에 도착하려는 의도처럼 타인은 모르는 사실을 배제한 채, 그것을 핑계로 자신의 행동을 정당화한다. 최근의 한 연구는 이러한 인식의 비대칭 현상을 '퍼빙phubbing' 현상을 통해 잘 보여주었다. 퍼빙이란 대화를 나누는 도중 휴대전화를 들여다보며 상대방을 무시하는 행위를 말한다. 우리가 누군가와 직접 대화 중인데 그가 문자를 확인하거나 화면을 스크롤하기 위해 휴대전화를 들면, 우리는 금세 짜증이 나고 상대방이 우리의 말을 제대로 듣고 있지 않다고 느낀다. 퍼빙은 사람들을 무시하는 행동이다. 우리는 퍼빙을 하는 사람을 무례하거나 자기중심적이라고 생각하고, 그 사람과의 대화는 만족감이 떨어진다.

하지만 우리가 대화 중에 휴대전화를 확인해야겠다고 느낄 때는 같은 행동을 쉽게 정당화한다. 반대로 누가 우리에게 이런 행동을 했을 때는 상호작용의 질을 떨어뜨린다고 느끼면서도 말이다. 우리는 자신의 행동을 긍정적인 의도에서 비롯된 것으로 해석하고, 동시에 자신의 멀티태스킹 능력을 과대평가한다.[7] 주목해야 할 점은 이 상황에서도 오류가 비대칭적이라는 사실이다. 자신의 행동이 미치는 영향을 해석할 때는 오류가 더 크게 발생하지만, 타인의 행동이 미치는 영향은 대체로 더 정확하게 해석한다. 특히 관찰자 입장일 때 더욱 그렇다. 가령 자신이 대화 중인 장면을 영상으로 본다고 상상해보라. 휴대전화를 확인하는 장면이 생각보다 자주 나와 충격을 받을 것이다. 그제야 여러분은 진실을 알게 된다. 여러분은 바로 그 순간에 자기 몰입 상태에서 벗어나 왜곡 없이 스스로를 타인의 눈으로 바라볼 수 있게 된다.

페르소나를
활용하라

우리는 타인의 관점을 취함으로써 맹점에서 쉽게 벗어날 수 있다. 마이크는 강의를 하면서 학생들이 과제의 핵심 요소 몇 가지를 자주 빠뜨린다는 점을 발견했다. 학생들은 글을 쓰는 데에만 몰두하고, 그것이 과제 목표에 부합하는지 검토하는 과정은 전혀 거치지 않는 듯했다. 그래서 그는 새로운 방법을 시도했다. 과제를 제출하기 전에 학생들이 '마이크'가 되어보게 한 것이다. 기존에는 채점 기준표를 제공하긴 했지만, 학생들은 이를 무시해도 아무런 제재가 없었다. 하지만 이번에는 모든 학생이 자신의 글을 직접 채점표에 따라 평가하도록 요구했다. 그러려면 자기 몰입적 관점에서 벗어나 거리감을 둔 평가자로 자신을 전환해야만 했다.

효과는 놀라울 정도였다. 첫째, 제출된 글의 질이 향상되었고, 채점 기준의 일부를 완전히 빠뜨리는 학생도 눈에 띄게 줄었다. 둘째, 이 방법은 단순한 글쓰기 과제 이상으로 근본적인 학습 경험을 제공했다. 학생이 채점한 결과가 마이크의 평가와 거의 일치할 경우, 그는 그 점수를 그대로 인정해주었다. 이는 글쓰기 연습뿐 아니라 자기 거리두기를 통한 평가 연습까지 강화하는 효과를 냈다.

실천 방법 8: 스스로를 위한 채점 기준을 만들라

어떤 프로젝트나 활동에 착수하기 전에, 먼저 자신이 코치라고 상상하고 이번에 이루고자 하는 목표가 무엇인지 분명히 설정하라. 그 목표를 달성했는지는 어떻게 알 수 있을까? 그것을 글로 써보라. 스스로 평가 기준을 만들라. 그런 다음 그 기준을 잠시 접어두고 일에 몰두하라. 모든 작업을 마친 뒤에는 그 일에서 한발 물러나, 코치가 미리 우리가 신뢰하는 동료, 객관적인 평가자, 호의적인 코치 같은 다른 사람의 역할을 맡아보면 우리는 실제로 다른 사람이 된다. 이는 관점을 명확하게 해준다. 더불어 성과나 지속성 면에서도 큰 도움이 된다.

비욘세는 팝 역사상 가장 인기 있는 음악인 중 한 명이다. 그녀는 대담하고 자신감 넘치는 인물처럼 보인다. 하지만 그녀는 그렇게 생각하지 않는다. 비욘세는 오프라 윈프리와의 인터뷰에서 이렇게 말했다. "나는 절대 무대에 나가서 저렇게 할 수 없어요."[8] 자신이 원하는 뛰어난 퍼포머가 되기 위해, 비욘세는 두려움 없고 당당하며 화려한 또 다른 자아를 만들어냈다. 무대에 오르기 전, 그녀는 '사샤 피어스Sasha Fierce'로 변신한다. 이렇게 해서 압도적인 공연을 선보인다. 물론 이는 일시적인 상태다. 공연이 끝나면 '진짜' 비욘세가 다시 모습을 드러낸다.

사샤 피어스와 같은 또 다른 자아alter ego를 만드는 것은 드문 일이 아니다. 또 다른 자아는 대개 성과를 향상시키기 위해 만든다. 또 다른 자아가 되면 우리가 이전의 몸, 불안, 두려움을 모두 뒤로하고 완전히 다른 사람이 된다.

내가 아닌 다른 누군가가 되는 것은 과제에 몰입하는 행동의 지속성 또한 높인다. 영화에 등장하는 또 다른 자아들은 대부분 초능력을 지니고 있지만, 지금은 그 점은 제쳐두고 여러 대학의 공동 연구팀이 실험한 '배트맨 효과Batman Effect'에 대해 살펴보자. 이는 배트맨처럼 모범적인 인물을 흉내 내기만 해도 끈기 있게 행동할 수 있다는 개념으로, 자기 자신에게서 벗어나 이상적인 타인이 되었다고 상상하는 것이 실제 행동의 지속성을 높이는 심리 효과를 뜻한다.[9] 연구팀은 4세 아이들과 6세 아이들을 실험실로 데려와 노트북을 이용해 한 가지 과제를 수행하도록 했다. 이 아이들은 화면에 치즈 그림이 나타나면 스페이스 바를 누르고, 고양이 그림이 나타나면 아무것도 하지 않도록 지시받았다. 과제는 의도적으로 지루하고 시간이 오래 걸리도록 설계되었지만, 연구자들은 아이들에게 이 과제가 중요하며 스스로 노력하는 것이 도움이 된다고 설명해주었다.

이 실험에서는 180명의 아이가 무작위로 세 그룹에 배정되었다. 첫 번째 그룹에서는 자신의 느낌을 떠올리며 "나는 열심히 하고 있나?"라고 스스로 묻도록 했다. 두 번째 그룹에서는 자신의 이름을 사용해 "○○는 열심히 하고 있나?"라고 묻게 했다. 세 번째 그룹에서는 성실한 타인을 떠올리게 했는데, 예를 들어 배트맨 같은 인물을 생각하며 "배트맨은 열심히 하고 있나?"라고 묻게 했다. 세 번째 그룹 아이들에게는 그 효과를 강화하기 위해 망토도 함께 지급했다.

예상대로 배트맨 그룹 아이들이 가장 오래 과제를 지속했고, 다음은 이름 그룹, 마지막으로 자기 몰입 그룹 아이들 순이었다. 당연히 6세 아이들이 4세 아이들보다 대체로 더 오래 버텼지만, 배트맨 그룹의 4세 아이들은 자기 몰입 그룹의 6세 아이들과 거의 비슷한 시간 동안 과제를 수행했다. 아이들은 배트맨이 되었을 때 가장 성실하게 과제를 수행했던 것이다.

우리는 자신을 다른 사람으로 상상할 때, 그 또 다른 자아의 강점을 활용하고 자기의식이나 이전 결정에 대한 집착에서 벗어난다. 하지만 이 효과를 일상생활에 적용하려면 이러한 관점을 포착해 우리의 일상 현실 속에, 적어도 지금 당면한 결정 상황에까지 옮겨 와야 한다.

"다른 사람이 되라" 혹은 "코치가 되라"라고 말하는 것은 그리 어렵지 않다. 하지만 '내가 아닌 존재'가 되기 위해서는, 구체적으로 어떤 사람이 될지 떠올릴 수 있어야 한다.

외국어로
사고하라

코치처럼 다른 사람이 되는 전략이 효과적인 이유는 우리가 자기 몰입 상태에서 벗어나면서 과거의 결정, 선입견 그리고 자신이 어떤 사람이라는 이미지 같은 짐을 내려놓게 되어서다. 이 전략은 심지어 우리가 문화적·사회적 배경 속에서 형성한 뿌리 깊은 신념까지도 어느 정도 무력화할 수 있다.

경험 기반의 편향을 벗어날 수 있는 능력을 보여주는 놀라운 증거는 문제를 외국어로 사고할 때 의사 결정에 어떤 변화가 일어나는지 연구한 결과에서 확인할 수 있다. 알베르트 코스타Albert Costa와 동료 연구자들은 '다시 생각하라Piensa Twice'라는 제목의 연구에서 영어와 스페인어를 모두 사용하는 이중 언어 구사자들을 대상으로 문제 해결 과제를 제시했다.[10] 참가자 중 일부는 영어가 모국어였고, 일부는 스페인어가 모국어였다. 연구팀은 과제를 영어 혹은 스페인어로 풀게 했다.

연구의 초점은 '손실 회피 편향loss aversion bias'이라는 특정한 의사 결정 편향에 있었다. 손실 회피 편향이란 우리가 이미 소유하고 있는 것을 그렇지 않은 것보다 더 소중하게 여기는 경향을 말한다. 예를 들어, 가지고 있던 20달러를 잃어버렸을 때 갖게 되는 부정적인 느낌은 길에서 20달러를 주웠을 때 갖게 되는 긍정적인 느낌보다 훨씬 강하다. 이런 편향은 의사 결정 과정에서 다양한 왜곡을 일으킨다. 지나치게 투자에 집착하거나 손절 타이밍을 놓치는 것도 이 편향 때문이다. 심지어 우리는 사회보장연금을 언제부터 받기 시작할지 결정할 때도 이 편향의 영향을 받는다. 그런데 이 연구에서는 사람들이 문제를 모국어가 아닌 외국어로 사고할 때 이러한 보편적인 손실 회피 효과가 줄어든다는 사실을 발견했다.

통증 지각에 관한 연구에서도 이와 유사하게 사회적·정서적 반응을 탈색시키는 효과가 나타난다는 사실이 밝혀졌다. 사람들은 모국어로 보고할 때 외국어로 보고할 때보다 통증을 더 강하게 인식하는 경향을 보인다. 연구자들은 이것이 손실 회피가 완화되는 이유와 동일한 원리에서 비롯된다고 추정한다. 즉 우리가 외국어로 사고를 전환할 때, 아무리 유창하게 그 외국어를 구사하더라도 완전한 자기

몰입 상태로부터 일종의 분리가 일어난다.[11]

코치의 모습을
선택하라

생전에 대니얼 카너먼은 인지 행동과 의사 결정에 관한 책을 쓰는 전
직 프로 포커 선수 애니 듀크Annie Duke와, '언제 그만두어야 하는가'라
는 결정의 비밀에 대해 이야기한 적이 있다. 이는 듀크의 베스트셀러
『퀫』의 주제이기도 하다. 카너먼은 듀크에게 이렇게 말했다. "모든 사
람에게 꼭 필요한 친구는, 진심으로 사랑하면서도 그 순간 상처받은
감정에는 크게 개의치 않는 사람입니다."[12] 이 조언의 가장 놀라운 점
은 사실 우리 모두가 그런 친구가 될 수 있는 능력을 지니고 있다는
데 있다.

당신은 아마 가까운 친구나 가족이 명백한 문제를 인지하지 못하
는 모습을 여러 번 본 적이 있을 것이다. 그렇다면 알아두어야 할 것
이 있다. 당신이 그런 장면을 본 만큼, 당신의 친구나 가족도 당신의
행동에서 당신이 보지 못하는 문제를 분명히 본 적이 있을 것이다.
아이 양육에 대해 생각해보자. 남의 아이를 키우는 것이 훨씬 쉬운
법이다. 자기 아이가 공공장소에서 떼를 쓸 때는 그저 부모로서 늘
겪는 또 다른 하루의 일처럼 여겨진다. 반면 다른 사람의 아이가 그
러는 모습을 보면 부모가 왜 그렇게 나쁜 행동을 부추기는지 의아해

진다. 이처럼 우리는 타인의 행동과 결정에서 문제를 더 잘 보고, 자신의 문제는 잘 보지 못한다.

이와 같은 자기 인식의 맹목성을 보여주는 대표적인 예로 자주 인용되는 이야기가 고대 이스라엘의 왕 솔로몬에 관한 것이다. 당시 널리 알려진 세계 곳곳의 귀족들이 그의 지혜를 구하려 찾아왔고, 솔로몬은 그들의 문제에 탁월한 조언을 내놓았다. 하지만 그가 그렇게 지혜로웠던 것은 어디까지나 남의 일을 마주할 때였다. 솔로몬은 형편없는 부모였고, 그의 아들들은 폭군으로 성장했다. 그는 수많은 정부情婦를 두었고, 근시안적인 사치 속에 살았다. 생의 말년에는 탐욕스러운 왕으로 전락했으며, 오늘날까지도 비난받는 다른 군주들과 다를 바 없는 인물로 남았다. 그의 이런 모습은 타인의 문제에는 탁월한 지혜를 발휘하지만, 자신의 결정에는 어리석음을 드러내는 현상을 뜻하는 '솔로몬의 역설Solomon's paradox'이라는 용어를 탄생시켰다.[13]

코치가 되는 것은 이런 잔인한 운명을 피하는 데 도움이 된다. 코치는 어떤 상황이든 거리감을 두고 평가할 수 있게 해준다. 코치는 독립적인 관찰자다. 코치는 당신과 분리되어 있으며 당신을 있는 그대로 객관적으로 바라본다. 코치는 당신이 최선의 이익을 얻는 것을 염두에 두고 있다. 코치는 현실적인 태도를 유지하면서도 당신을 지지하고 격려한다. 코치는 여러분의 실수와 핑계를 비판 없이 바라보며 완벽보다는 발전을 중시한다.

당신에게 코치는 누구인가? 어머니 같은 존재인가, 아버지 같은 존재인가? 아니면 당신이 사랑하고 신뢰하는 이들의 긍정적인 면모를 조합한 인물인가? 코치는 어떤 성품과 특성을 지니고 있는가? 어떤 모습인가?

코치가 반드시 실제 인물일 필요는 없지만, 실존 인물에서 영감을 받아도 좋다. 많은 사람이 코치로 삼는 인물로는 넬슨 만델라, 오프라 윈프리, 빌 벨리칙Bill Belichick, 역사상 가장 위대한 프로 미식축구 감독, 붓다, 척 노리스Chuck Norris, 미국의 유명 배우, 돌리 파튼Dolly Parton, 여성 컨트리 팝의 선구자, 데일 카네기, 말랄라 유사프자이Malala Yousafzai, 파키스탄의 여성 교육 운동가이자 노벨 평화상 수상자, 간디, 예수, 미셸 오바마, 존 웨인, 존 우든John Wooden, 미국의 전설적인 농구 선수, 마더 테레사, 무함마드, 피터 드러커, 멀린다 게이츠, 필 잭슨Phil Jackson, NBA 역사상 가장 위대한 감독 중 한 명, 스티븐 스필버그, 토니 던지Tony Dungy, 미국의 유명 미식축구 감독, 워런 버핏 등이 있다. 허구의 인물이어도 좋다. 요다, 캣니스 에버딘, 로빈 후드, 블랙 팬서, 조 마치, 슈퍼걸, 잭 리처 같은 캐릭터도 가능하다.

중요한 점은 코치는 당신이 아니라는 것이다. 그러니 당신이 아닌 누구라도 지금보다는 나은 선택을 할 수 있다. 그리고 코치의 모습은 상황마다 달라도 된다. 예를 들어 재정 문제를 다룰 때는 수즈 오먼Suze Orman, 미국의 유명한 자산 관리 전문가이 되어볼 수 있고, 형제 간 갈등을 중재할 때는 판사 주디Judge Judy, 동명의 리얼리티 법정 TV 프로그램의 주인공가 되어볼 수도 있다.

우리가 다시 본래의 자아로 돌아왔을 때도 코치라는 이미지는 여전히 '저 너머'에 남아 우리를 공정한 시선으로 지켜보고 있다. 우리는 코치의 이미지를 책임감을 유지하는 데 활용할 수 있다. 우리는 계획을 따르고 코치를 자랑스럽게 만들고 싶어 한다. 동기가 떨어질 때는 코치가 우리를 격려한다. "자, 할 수 있어!" 우리는 코치가 됨으로써 평소라면 스스로에게 해줄 수 없는 방식으로 자신을 도울 수 있다.

실천 방법 9: 코치의 관점으로 결정하라

지금 여러분이 직면한 결정을 하나 떠올려보라. 이 특정 상황에서 코치가 될 인물을 선택하라. 정신적으로 그 페르소나를 입어보라. 코치라면 무엇을 볼까? 코치라면 어떤 질문을 던질까? 코치라면 어떤 조언을 할까? 코치라면 무엇에 가장 집중하라고 말할까? 이 모든 질문에 대한 답을 적어보라. 그런 다음 본래의 자아로 돌아와 실행하라.

혹은 어떤 퍼포먼스를 앞두고 있다면 필요한 관점과 침착함을 얻기 위해 여러분의 또 다른 자아가 되어보라.

분명히 해두자. 여러분이 인생 전체를 코치나 다른 누구로서 살아가라고 권장하는 것이 아니다. 또 다른 자아가 되는 상태를 장기간 유지하라는 뜻도 아니다. 우리의 권고는 여러분이 일시적으로 다른 사람이 되어 거리감, 관점, 명료함을 얻고 중요한 결정을 내리라는 것이다. 그런 다음 다시 본래의 자아로 돌아와 코치가 제공해준 더 넓은 시각으로 그 결정을 실행하라.

1. 후임자가 되라.

   결정을 내려야 할 때는, 무어와 그로브가 했던 것처럼 자신
   이 후임자라고 상상하라.

2. 새롭게 시작하라.

   휴가 후, 근속 기념일 후, 혹은 현재 자리에서 잠시 떠났다가
   돌아온 후에는 새로운 눈으로 업무를 바라보라.

3. 무지의 베일을 써보라.

   조직 변화에 착수할 때는 자신과 팀 모두에게 무지의 베일을
   적용하라.

4. 외부의 시선으로 보라.

   성과 평가를 진행할 때는, 다른 팀이 여러분 팀의 성과를 지
   켜본다면 어떤 인상을 받을지 생각해보라.

5. 먼저 타인의 기여를 생각하라.

   자신의 기여도를 추정하기 전에 상대방의 관점에서 그들의
   기여를 바라보라.

6. 증거를 요청하라.

   다른 사람이 되어, 자신의 신념이 사실임을 뒷받침하는 증거
   가 무엇인지 객관적으로 검토하라.

7. 옐로카드를 꺼내라.

   행동에 대한 피드백을 원하거나 습관을 바꾸려 할 때는 신뢰
   할 수 있는 사람에게 옐로카드를 들어달라고 요청하라.

8. 스스로를 위한 채점 기준을 만들라.

   코치가 되어 자신의 과제를 위한 채점 기준을 만들고 이를 적
   용하라.

9. 코치의 관점으로 결정하라.

    자신에게서 벗어나 특정한 모습의 코치가 되어보라. 코치의
    관점에서 결정을 내린 뒤, 본래의 자아로 돌아와 실행하라.

**이 장의
요약**

코치가 되는 목적은 지금까지 여러분 곁에 있어준 다른 코치들
이나 멘토들의 말을 그만 듣는 데 있는 것이 아니다. 오히려 대
개의 경우 여러분 안에 이미 중요한 질문에 대한 답이 있다는 점
을 인식하기 위한 것이다. 단지 너무 자기 몰입 상태에 빠져 있
어 그 답을 보지 못할 뿐이다. 이는 잠망경을 고배율 모드로 해
놓고 한쪽 방향으로만 들여다보는 것과 비슷하다. 답은 다른 방
향에 있는데 말이다. 코치는 올바른 시야를 확보하도록 도와준
다. 코치는 여러분을 지지한다. 코치는 계획을 갖고 있다. 단순
한 전술 차원의 계획이 아니라, 전략적 계획이다. 여러분이 낙담
하거나 흥분하거나 화가 날 때, 자기 파괴적인 행동을 하려 하거
나 자신의 최선에 미치지 못할 때, 코치는 언제나 침착하고 냉정
하며 지지적인 태도를 유지한다.

Chapter 4

코치처럼
말하라

"시몬, 진정해. 앉아. 우리는 이걸 하지 않을 거야."

_시몬 바일스, 2020 올림픽 경기에서 기권하며

이선 크로스Ethan Kross는 뉴욕 브루클린의 카너시에서 태어나고 자랐다. 카너시는 브루클린 남동부에 있는 노동자 계층 지역이다. 현재 그는 미시간 대학교 심리학과와 로스 경영대학원에서 교수로 재직 중이며, 2008년 자신이 설립한 감정 및 자기통제 연구소Emotion and Self-Control Laboratory의 소장도 맡고 있다. 그는 자신의 책『채터, 당신 안의 훼방꾼』에서 어린 시절 아버지가 늘 이렇게 말하던 일을 회상한다. "문제가 생기면 스스로에게 질문을 던져라."[1] 어린 이선은 아버지의 말을 시도해보았고, 점차 자기 자신과 익숙하게 대화를 나누게 되었다.

10대 시절 크로스는 자신이 여러 결정, 예를 들면 사회적 상호작용이나 대학 진학 계획 같은 결정을 내려야 할 때 이러한 내적 대화에 더 큰 관심을 가졌다. 그는 그 내면의 목소리를 신뢰했고, 그 목소리는 그 시절에 그를 현명하게 이끌어주었다. 그런 그가 심리학 학위를 선택한 것은 매우 자연스러운 일이었다. 의도적으로 자기 성찰을 하며 현명하고 유익한 선택과 긍정적 정서를 경험해온 그였지만, 심리학 수업을 통해 다른 사람들은 그렇지 않은 경우가 많다는 사실을 알게 되었다. 사람들은 대개 자신과 대화를 나눌 때 과거의 부당했던 일을 곱씹으며 부정적인 감정을 키우고 고통을 증폭시킨다. 그 결과는 감정적 취약성, 잘못된 결정, 손상된 인간관계, 성과 저하로 이어지기 일쑤였다.

크로스는 왜 결과가 이렇게 다른지 알고 싶었다. 긍정적인 자기 성찰과 도움이 되지 않는 반추^{rumination}를 구분 짓는 요소는 무엇일까? 답은 명확했다. 자기 몰입 상태에서 벗어나 거리감을 확보할 수 있었던 사람들이 그렇지 못한 사람들보다 더 기분이 좋고, 더 높은 성과를 내며, 더 좋은 결정을 내리고, 더 나은 삶을 살았다. 그는 긍정적인 자기 성찰을 해낸 사람들 가운데 일부가 자신을 3인칭으로 지칭하며 대화했다는 점에 주목했다. 마치 다른 사람이 된 것처럼 말이다. 그는 이를 '일레이즘^{illeism}'이라 부른다. 예를 들어 "나는 결정을 내려야 해"라고 말하는 대신 "데이비드는 결정을 내려야 해" 또는 "그는 결정을 내려야 해"라고 말하는 식이다. 그는 일레이즘이라는 거리감을 둔 자기 대화^{distanced self-talk}가 심리적 거리를 형성하는 데 효과적인 방법이라고 생각했다.

코치처럼 말하라

크로스는 일레이즘의 잠재적 이점을 깨닫고 나서, 동료들과 함께 고의적으로 내적 잡음을 1인칭에서 3인칭으로 전환하는 것이 자신과 거리감이 있는 상태로 유도하는 데 얼마나 도움이 되는지 알아보고자 했다.[2] 이 연구들에서 참가자들은 스트레스 상황에 놓였다. 일부 참가자는 과거에 겪은 고통스러운 사건을 떠올리도록 요청받거나 실험실에서 유도한 스트레스를 경험하기도 했다. 일부는 몰입된 1인칭 관점에서 스트레스 요인을 반추하도록 지시받았고, 일부는 거리감을 둔 3인칭 관점에서 이를 반추하도록 요청받았다.

한 연구에서는 학생들에게 자신이 꿈꾸는 직장에 지원하기 위한 자격이 있는지를 주제로 면접관 앞에서 발표를 하도록 했다. 주어진 준비 시간은 단 5분이었고, 메모도 허용되지 않았다. 심리학 실험에서 준비되지 않은 상태로 공개 연설을 하게 하는 것은 스트레스를 유발하는 확실한 방법이다. 스트레스는 우리를 더 몰입된 상태, 즉 '지금 여기의 나 자신'에 집중된 방식으로 세상을 인식하게 한다. 이 상태에서는 실제 위협을 받든 가상의 위협을 받든 과도하게 민감해진다. 그 결과 두려움과 불안이 활성화된다. 자기 몰입 상태의 학생들에게는 자기 성찰을 할 때 '나'라는 표현을 사용하도록 지시했고, 자기와 거리를 둔 그룹에게는 3인칭(그, 그녀 또는 자기 이름)을 사용하도록 했다. 일레이즘을 사용한 그룹은 불안, 수치심, 반추가 덜했고, 발표 점수도 1인칭을 사용한 참가자들보다 더 높았다.

또 다른 연구에서는 여대생들에게 남성 참가자와의 대화에서 좋은 첫인상을 주는 것이 목표라고 설명하고, 그 대화가 비디오로 녹화되어 훈련받은 심리학자가 사회적 기술을 평가할 것이라고 알렸다. 절반에게는 '나', '나의'라는 대명사를 최대한 사용하며 이 경험을 생각하라고 지시했고, 나머지 절반에게는 자신의 이름이나 '너'라는 표현을 사용하라고 지시했다. 그런 다음 이들을 남성 파트너에게 소개하고 관찰했다. 결과는 마찬가지였다. 일레이즘을 사용해 거리감을 둔 그룹이 더 나은 성과를 보였고, 상호작용 이후 불안 수준도 더 낮았다.

크로스의 연구는 대부분의 사람이 과거 사건, 특히 불쾌했던 사건을 반추할 때 일레이즘을 잘 활용하지 않는다는 사실을 밝혀냈다. 우리는 대개 그 경험을 1인칭, 즉 자기 몰입적 관점에서 '다시 경험한다relive'(크로스는 '다시 설명한다recount'라는 용어를 사용했다). 그러면 스트레스를 반복해서 다시 경험하고, 정신적인 수렁에 더 깊이 빠지며, 사건을 새로운 시각으로 바라볼 가능성이 낮아진다. 이러한 반복적 반추에는 장기적으로 부정적인 결과가 따른다. 감정적 폭주emotional hijacking에 더 쉽게 휘둘리고, 부정적 사고가 반복될 가능성이 높아지며, 반추가 심화된다.

크로스의 연구 참가자 가운데 일레이즘을 사용한 사람들은 단순히 사건을 반복해서 재경험한 것이 아니라 그 사건에 대한 내러티브를 새롭게 해석하는 경험을 했다. 특히 우울증을 겪는 이들에게는 증상이 심할수록 일레이즘의 효과가 더 컸다. 이는 주목할 만한 발견이다. 2023년 미국 아동 건강 국가 조사National Survey of Children's Health에 따르면 청소년 가운데 8.4퍼센트가 우울증 진단을 받았는데, 이는

2016년의 5.8퍼센트에서 대폭 증가한 수치다.[3]

이를 해석 수준 이론과 연결해보면, 일레이즘이 사람들로 하여금 사건을 '재해석reconstrue'하게 한다는 사실을 알 수 있다. 이는 매우 강력한 재구성 효과로, 사건을 새로운 시각에서 보다 균형 잡힌 관점으로 바라볼 수 있게 해준다. 그 결과 스트레스가 감소하고, 감정적 폭주에 휘말릴 가능성도 줄어든다.[4]

1인칭에서 3인칭으로
전환하라

이 간단한 언어적 연습은 '지금 여기의 나 자신' 중심의 자기 몰입된 관점에서 벗어나는 가장 쉬운 방법 중 하나다. 자신을 설명할 때 쓰는 1인칭 표현, 즉 '내가', '나를', '나의'를 3인칭으로 바꿔보라. 예를 들어 자신의 이름이나 그, 그녀, 그들 같은 표현을 사용하는 것이다. 이 방법은 우리가 다른 사람이 된 것처럼 자신에 대해 말하거나 글을 쓸 때, 실제로도 그렇게 느끼게 하기에 효과가 있다.

우리는 일레이즘을 매우 좋아한다. 일레이즘은 지금까지 발견한 방법 중 '공짜 점심'에 가까운 방법이다. 쉽게 실천할 수 있고, 다양한 상황에 적용할 수 있으며, 대부분의 사람은 2인칭이나 3인칭으로 자신에 대해 말하거나 글을 쓰기 시작하자마자 색다른 느낌이 든다고 말한다. 우리만 이 방법을 좋아하는 것이 아니다. 배우 제니퍼

로런스는 인터뷰 도중 당황했을 때 마음을 다잡기 위해 일레이즘을 사용했다. "제니퍼, 괜찮아. 정신 차리면 돼."[5]

앤 해서웨이의 사례도 자기 몰입 상태에서 벗어나 자기와의 거리감을 확보하고 다시 집중하는 과정과 그 효과를 잘 보여준다. 그녀는 2012년 영화 〈레미제라블〉을 촬영하던 당시의 일화를 AP와의 인터뷰에서 이렇게 전했다. 촬영에 앞서 이미 머리를 짧게 깎아 부담을 느끼고 있었고, 상징적인 곡 〈아이 드림드 어 드림 I Dreamed a Dream〉을 불러야 하는 상황이었다.[6] 그녀는 큰 용기를 냈지만, 카메라 앞에 서자 다시 불안해졌다. "영화가 개봉하면 이 장면은 영원히 남게 될 거야." 실수하면 얼마나 망신스러울지 생각하게 되면서 긴장감은 더욱 커졌다. 첫 촬영 결과에 만족하지 못한 그녀는 촬영 중단을 요청했다. 그녀는 당시를 이렇게 회상한다.

"미안해요. 멈춰주세요. 균형이 안 맞아요." 그때 이어폰을 귀에 꽂고 눈을 감았죠. 그리고 이렇게 생각했던 기억이 나요. "해서웨이, 지금 이 순간 해내지 못한다면 스스로를 배우라고 부를 자격도 없어. 쓸데없는 생각은 다 접어두고 그냥 네 일을 해." 그러고 나서 눈을 다시 크게 뜨고는 [손가락 튕기는 소리를 내면서] "이제 해봅시다"라고 말했어요. 그리고 해냈죠. 그 장면은 제대로 터진 테이크였고, 최종 편집본에 들어갔어요.

해서웨이는 거리두기된 자기와의 대화를 통해 관점을 전환하고

집중력을 되찾았다. 여기서 주목할 점은 자기 몰입 상태에서 공연을 준비하면서 스트레스를 받던 그녀가 3인칭으로 자신에게 말하며 스스로가 코치가 된 것처럼 거리감을 두었다는 사실이다. 그런 뒤 그녀는 다시 '지금 여기'로 돌아와 연기를 완성했다.

미국 체조 역사상 최다 메달을 획득한 시몬 바일스^{Simone Biles}도 2020 도쿄 올림픽에서 고통스러운 결정을 내려야 했던 순간, 자신에게 이렇게 말했다. "시몬, 진정해. 앉아. 우리는 이걸 하지 않을 거야."[7] 그녀는 자신의 정신 상태가 최상의 아님을 알고 있었고, 자신과 거리감을 둔 시각을 통해 마음속 깊은 곳에서 알고 있던 진실을 스스로에게 확신시켰다.

우리 모두 한 번쯤은 스트레스가 큰 상황에서 스스로를 다잡으려고 이런 방식의 자기 대화를 해본 적이 있을 것이다. 발표나 연설을 앞두고 "넌 할 수 있어"라고 스스로를 격려하며 코치나 교사, 부모님의 목소리를 되새겼던 경험 말이다. 하지만 일상에서는 '나'라는 표현을 더 많이 사용한다. 특히 자신의 감정에 대해 이야기할 때 그렇다.[8] 문제는 '나'라는 표현이 우리의 기본 상태인 자기 몰입 상태를 더욱 깊이 고착시킨다는 데 있다. 힘겨운 상황일수록 더욱 그렇다. 우리의 실행 기능^{executive function}이 이미 압박을 받고 있을 때, 재앙화 사고^{catastrophizing, 문제나 불확실한 상황을 과장해서 최악의 결과를 상상하는 사고방식}는 도움이 되지 않는다. 이런 방식의 반추는 자아 감각과 관련된 신경 회로에 변화를 일으켜, 부정적인 피드백을 내면화하게 하고 반응속도, 집행 기능, 주의 통제 능력을 떨어뜨린다.[9]

반면, 자신에 대해 2인칭이나 3인칭으로 생각하면서 말을 하거나 글을 쓰면 자연스럽게 자기와의 거리가 형성된다. 이는 평소에는 하기 쉽지 않은 자기 성찰을 유도한다. 이 연습은 우리가 자신을 타인의 시선으로 바라보도록 부드럽게 이끌며, 자연스럽게 '지금 여기의 나 자신'에 몰입된 상태에서 벗어나게 한다. 시몬 바일스가 실제로 도쿄 올림픽 경기 출전을 포기하기로 결정했던 순간에는 비참했겠지만, 이는 매우 현명한 선택이었다. 그녀는 심각한 부상의 위험으로부터 자신을 지켰고, 자신의 사례를 통해 다른 선수들이 무언가 이상하다고 느낄 때 목소리를 내고 정신 건강을 우선시하는 것이 괜찮다는 인식을 확산시켰다.

바일스는 2023년 USA 클래식 대회에서 복귀전을 치렀고, 출전 종목에서 손쉽게 우승했다. 이어서 그녀는 벨기에 앤트워프에서 열린 2023 세계기계체조선수권대회에 출전했다. 그때 바일스는 경기 결과에 크게 연연하지 않았다. "다시 공중에서 몸을 회전시키면서 체조의 즐거움을 되찾고 있다면 그걸로 충분해. 결과가 뭐가 중요하겠어?"[10] 그녀는 이 대회에서 금메달 네 개를 목에 걸었다. 그리고 2024 파리 올림픽에서도 상승세를 이어갔다. 개인 종합, 단체, 여자 도마(그녀의 시그니처 기술인 유르첸코 더블 파이크로 결승을 장식해 가장 난이도 높은 도마 기술을 성공시키며) 종목에서 금메달 세 개를 추가로 따냈다.

시몬 바일스는 올림픽 메달 통산 열한 개(금메달 일곱 개, 은메달 두 개, 동메달 두 개), 세계선수권대회 메달 서른 개를 보유한 역사상 가

장 많은 상을 수상한 체조 선수이며, 역대 최고의 체조 선수로 평가받고 있다.

우리도 바일스처럼 일레이즘을 활용해 자기 몰입 상태에서 벗어나 심리적 거리두기가 제공하는 관점을 얻을 수 있다. 이는 장기적으로 우리에게 가장 유익한 결정을 내리는 데 큰 도움이 된다.

젠 피어스Jen Pierce는 빠르게 돌아가는 원자재 트레이딩 업계를 떠나 임원 코치로 전향했다. 우리와의 인터뷰에서 피어스는 자신과 클라이언트에게 일레이즘을 어떻게 활용하는지 설명하며 이렇게 말했다.

3인칭으로 나 자신에게 말하면 내가 지금 얼마나 감정적으로 무너지고 있는지 훨씬 더 쉽게 알아차릴 수 있어요. '어쩌면 좋지? 모두가 나를 싫어해. 다 나 때문이야'라고만 생각하는 대신 '자, 관찰자가 되어보자. 지금 나는 나를 관리하고 있어. 나는 코치로서 이 사람(나 자신)을 지켜보고 있어'라고 생각하는 거죠. 이렇게 하면 내가 관찰자가 될 수 있어요. 나는 이 방법을 클라이언트들에게도 가르쳐요. 대단히 공상적인 이야기를 하는 게 아니라, 그냥 3인칭으로 자신에게 말해보는 거예요. '잠깐, 제니퍼가 지금 정말 감정적으로 행동하고 있네. 지금 이렇게 반응하는 게 제니퍼에게 좋은 결정일까?'라고요.

마지막으로, 세상에 남아 있는 이성적 균형을 조금이나마 지키기 위해 중요한 주의 사항을 덧붙이고자 한다. 열정이 지나친 독자들이 이 정신적 도구를 사용하는 방식을 잘못 받아들이지 않기를 바라기 때문이다. 로런스, 해서웨이, 바일스, 피어스 모두 자신과 나눈 개인적인 내적 대화를 이야기한 것이다. 우리는 모든 사람이 3인칭으로 자신에 대해 남에게 떠들고 다니라고 권장하는 것이 아니다(그렇게 한다면 사람들이 정말 짜증을 낼 것이다). 거리두기된 자기와의 대화는 철저하게 자기 자신과 대화하기 위한 전략이다. 이를 통해 자신을 더 나은 방향으로 이끌 수 있도록 스스로 코칭하라는 것이다.

성과는 높이고
불안은 줄이는 방법

일레이즘의 효과는 분명하다. 다양한 분야에서 성공적인 성취를 이룬 사람들은 일레이즘이 더 나은 성과로 이어진다고 말하며, 이선 크로스를 비롯한 여러 연구자가 수년간 한 연구에 따르면 거리두기된 자기와의 대화는 다음과 같은 효과를 낳는다.

- 고차원적 사고 촉진
- 불안과 수치심 감소
- 미래의 스트레스를 위협에서 도전으로 인식하는 관점으로의 전환
- 어떤 일이 벌어진 후 그것에 대해 반복적으로 곱씹는 경향의 감소

코치처럼 말하라

실천 방법 1: [자신의 이름]을 부르며 자신에게 말해보자

어려운 결정을 해야 해서 고민이 될 때, 자신의 이름을 사용해 상황을 되짚어보자. 즉각적인 변화를 느낄 수 있을 것이다. 자신을 이름으로 부르며 스스로에게 말하면, 이야기를 건네는 사람이 자연스럽게 자신과 분리된 존재가 되어 정신적·정서적 짐에서 벗어날 수 있다. 일레이즘은 말하거나 글을 쓰는 것처럼 단순한 언어 도구가 얼마나 강력한 힘을 지닐 수 있는지 보여주며, 우리가 상황을 더 맑은 정신으로 더 고차원적인 시각에서 바라보고, 그 경험을 새롭게 재구성할 수 있도록 돕는다.

많은 사람이 공감할 수 있는 예로는 건강한 식습관을 선택하려고 노력하는 상황을 들 수 있다. 우리는 매일같이 건강에 좋은 음식과 맛있지만 건강에 좋지 않은 음식 사이에서 선택의 순간을 맞이한다. 식사를 준비할 때마다, 간식을 고를 때마다, 배가 고플 때마다 이런 선택의 상황이 찾아온다. 하루 종일 반복되는 이런 선택 과정은 우리의 자기통제력을 점차 소모시키고, 결국에는 유혹에 굴복하게 하기도 한다.

무엇을 먹을지 매번 고민하다 보면, 아침 식사 시간처럼 단순한 순간조차 스트레스를 준다. 버터 바른 토스트를 한 조각 더 먹을지, 베이컨은 건너뛸지, 오렌지주스 대신 오렌지를 먹을지, 탄수화물을 아예 피할지, 과일 스무디를 마실지, 아니면 아예 아침을 거를지와 같은 선택들이 머릿속을 맴돈다. 식사 시간 자체를 앞두고 다가

올 불안을 예상하며 두려움을 느낄 수도 있다. 그러나 연구에 따르면, 일레이즘이라는 제3자 관점의 심리적 거리두기를 활용하면 하루 동안 더 건강한 식사를 선택하는 데 실제로 도움이 된다.

거리두기는 우리가 진정으로 되고 싶은 사람이 되는 것 혹은 건강을 회복하거나 철인 3종 경기에 도전하는 것처럼 장기적인 목표는 물론, 더 추상적이고 상위의 목표에 더 쉽게 접근할 수 있도록 돕는다. 다시 말해, 자기 거리두기 언어는 우리의 삶을 더 넓은 시야에서 깊이 있게 성찰하도록 이끌어준다. 다음에 팬트리나 냉장고 앞에 섰을 때 "음, 뭘 먹을까?"라고 묻기보다 "[자신의 이름]은 지금 무엇을 먹고 싶을까?"라고 스스로에게 물어보라. 더 건강하게 먹고자 하는 목표가 있다면, 자연스럽게 더 나은 선택 쪽으로 마음이 기울어지는 자신을 발견하게 될 것이다. 물론 장기적으로 건강에 어떤 영향을 줄지 크게 걱정하지 않고 원하는 대로 먹는 사람도 있다. 하지만 대체로 다이어트를 하는 사람들은 음식을 선택할 때 복잡한 감정을 느낀다. 맛있는 음식을 먹고 싶은 욕구와 더 건강한 선택을 해야 한다는 압박 사이에서 예민하게 갈등하는 것이다. 다이어트를 하고 있기 때문일 수도 있고, 그런 갈등이 다이어트를 시작하게 만든 원인일 수도 있다.

이 때문에 크로스와 동료들이 다이어트와 거리두기된 자기와의 대화에 관한 연구를 진행할 때는 먼저 참가자들에게 건강하고 활동적인 삶의 중요성을 강조하는 2분짜리 영상을 보여주는 사전 자극 과정을 포함시켰다.[11] 건강 관련 정보와 자기와의 거리두기를 결합

코치처럼 말하라

했을 때 더 건강한 선택이 이뤄졌기 때문이다. 다시 말해, 거리두기 된 자기와의 대화가 식습관을 개선하는 데 도움을 주긴 하지만, 그 혜택을 누리려면 먼저 자신에게 솔직해야 한다. [자신의 이름]은 자신 의 삶에서 진정 무엇을 원하는가? 원하는 대로 아무 때나 먹고 싶지 만 건강한 식단의 필요성도 인식하고 있다면, 제3자 관점으로 접근 하기 전에 가끔은 건강 목표를 상기시키는 은근한 자극이 필요하다. 예를 들어, 냉장고에 건강 목표를 기억할 만한 단서를 두는 것이다. '[자신의 이름]은 무엇을 먹고 싶어 할까?'라는 메모를 붙여두고 그에 따라 선택하는 것도 좋은 방법이다.

이 방식이 효과적인 이유는 거리두기된 자기와의 대화가 높은 해 석 수준의 사고를 활성화해 행동을 더 큰 의미와 목적과 연결시키 며, 그로 인해 장기적으로 더 안정적인 행동 변화가 뒤따르기 때문 이다. 다음의 대조적인 사례들을 생각해보자. 자기 몰입적 관점에서 는 "나는 설탕을 끊었기 때문에 건강하게 먹는다"라고 말할 수 있다. 반면, 자기와 거리를 두는 관점을 거친 후에는 다시 1인칭으로 돌아 와 "나는 더 풍요롭고 활기찬 삶을 살기 위해 건강하게 먹는다"라고 말하게 된다. 자기 몰입적 관점에서는 건강한 식사가 보다 낮은 해 석 수준의 구체적 행동과 연결되는 반면, 거리두기 관점에서는 더 높은 목적에서 비롯된 행동으로 재구성된다. 이 재구성이 구체적 행 동을 더 자연스럽게 실천하도록 유도한다. 그래서 데이비드는 나보 다 음식에 대해 더 나은 결정을 내릴 수 있는 것이다.

대체로 건강한 습관은 혼자 힘으로 들이기가 어렵다. 하지만 제

3자 관점을 사용하면 코치가 나에게 말하듯 스스로에게 말하게 된다. 든든한 조력자가 생기는 것이다. 예를 들어, 퇴근길에 헬스장에 가는 습관을 들이고 싶다고 해보자. 펜실베이니아 대학교 경영대학원인 와튼 스쿨의 교수이자 습관 형성 연구의 저자인 케이티 밀크먼Katy Milkman에 따르면 이런 새로운 습관을 확립하는 데는 4~7개월이 걸린다.[12] 점심에 과일을 먹는 것처럼 단순한 습관도 들이는 데 평균 66일이 걸린다는 연구 결과도 있다.[13] 어느 쪽이든, 근육 기억으로 각인시키는 동안에는 이 과정을 흐트러지지 말고 계속해서 이어가야 한다.

실천 방법 2: 코치가 결정하게 하자

코치의 입장에서, 무엇을 먹을지 혹은 헬스장에 갈지 말지 단 한 번만 결정하라. 퇴근 후 헬스장에 갈지 말지 매번 다시 고민하거나, 집으로 가는 길목마다 갈림길에서 다시 생각한다면, 결국에는 헬스장을 건너뛰게 될 것이다. 여러 번의 기회 중 단 한 번만 유혹에 져도 집으로 향하게 되기 때문이다. 결정은 코치에게 맡기고, 그 결정에 따르라. 코치(즉, 코치로서의 여러분)가 계획을 세우고, 나중에 여러분(여러분 본연의 모습)이 그것을 실행에 옮긴다. 그 계획은 미리 써둘 수도 있다. 운동 계획의 경우, 그저 계획을 따르겠다고 마음먹는 것만으로도 더 이상의 결정은 필요 없게 된다.

시간적 간격을 약간 두는 것도 도움이 된다. 예를 들어, 운동 계획

을 하루 전에 작성해두면 좋다. 코치의 계획 없이 하루를 즉흥적으로 시작하면 자칫 '지금 여기의 나 자신' 관점에 빠져 계획에서 벗어나기 쉽다.

몸으로도 느껴지는
거리두기의 효과

자기 몰입 상태에 빠지면 자신이 옳다고 생각하기 쉽다. 이는 몸으로도 확실하게 느껴진다.

"내가 누군지 알아?"라는 꽤 우스꽝스러운 말이 통하지 않겠다는 걸 깨달았을 때 나는 입을 다물고 상황을 넘겼어야 했다. 하지만 그러지 못했다. 안타깝게도 절제와 약간의 겸손 대신, 나를 지배한 것은 온몸을 휘감은 의로운 분노였다.[14]

새러소타의 정치인 마틴 하이드Martin Hyde는 정치적 무대에서 도전을 받으면 주저 없이 공격적으로 반응한다. 과연 이게 효과적일까? 어쩌면 그렇다. 하지만 그의 자아도취적인 대립 행동은 가벼운 교통단속 상황에서 완전히 역풍을 맞았다.

하이드는 최고급 검은색 레인지로버를 몰고 시속 65킬로미터 제한 구역에서 시속 92킬로미터로 주행하다 단속에 걸렸다. 그와 동시에 문자메시지를 보내는 그의 모습이 목격됐다. 경찰관의 바디캠 영상에는 두 사람이 대화를 시작한 지 30초 만에 하이드가 "내가 누군지 알아?"라고 묻는 장면이 담겼다.[15] 보는 것만으로도 민망한 순간이다.

그는 이어서 지위를 박탈하겠다고 위협하면서 경찰관의 말을 무시했으며, 차량 등록증 제시 요구에도 응하지 않았다. 경찰관은 차분하게 임무를 이어가며 "그래도 제 할 일을 해야 합니다"라고 대응했다. 그러자 하이드는 "나는 법을 잘 지키는 시민입니다"라며 자신을 변호하는 한편, 그녀의 의도를 비꼬듯 공격했다. "지금 장난하는 건가?" "왜 거짓말을 하는 거지? 뭔가 의도가 있는 거 아냐?" 이후 다른 경찰관에게 그는 "그 경찰관이 내게 무례하게 군 대가를 반드시 치르게 할 거야. 난 그녀가 누군지 정확히 알고 있어"라고 말했다. 영상을 보면 무례했던 쪽은 경찰관이 아니라는 사실이 분명히 드러난다.

이 사건은 SNS를 통해 퍼지며 '수백 통의 항의 전화'를 불러왔다. 하이드는 지역신문에 사과문 비슷한 글을 실었다.[16] 정치인답게 교묘하게 포장한 내용이었다. "사람들은 든든하게 기대고 싶어 하는 사람을 원합니다. 체격이나 인격 면에서 나는 그런 사람입니다. 나는 불만 있는 사람들이 자기 편에 두고 싶어 하는 사람이기도 합니다." 하지만 그의 글은 우리가 '지금 여기의 나 자신'에 갇혔을 때 어떤 느낌을 받는지 아주 명확하고 직설적인 언어로 표현한 글이었다. "나를 지배한 것은 온몸을 휘감은 의로운 분노였다." 이처럼 온몸으

로 느껴지는 강렬한 감정은 자신이 지나치게 자기 몰입 상태에 빠졌다는 확실한 경고 신호로 볼 수 있다.

자기와의 거리두기는 생리적 수준에서도 긍정적인 효과를 일으킨다. 사회심리학자 린지 스트리머Lindsey Streamer와 동료들이 실시한 연구에서, 참가자들은 '자신이 꿈꾸는 직업에 자신이 왜 적합한지'를 주제로 심사위원단 앞에서 이야기하도록 요청받았다.[17] 연구자들은 참가자들이 1인칭 대명사 또는 3인칭 대명사를 사용해 발표문을 작성하게 함으로써, 자기 몰입 상태 또는 자기와의 거리두기 상태가 되도록 유도했다. 참가자들은 심장혈관계 반응을 측정하는 심전도 ECG 장비를 착용한 채 발표를 진행했다.

자기 몰입 상태 그룹의 심혈관계는 위협에 반응하는 듯한 모습을 보였다. 위협을 받을 때 우리는 경계심이 극도로 높아지고 시야가 좁아지며 아드레날린이 분출된다. 두려움을 느낄 때와 같은 상태다. 또한 심혈관계 일부가 수축해 혈액을 심장 쪽으로 밀어내며 몸을 싸움 또는 도주에 대비하도록 한다.

반면, 거리두기된 자기와의 대화 그룹의 심혈관계는 도전에 반응하는 듯한 모습을 보였다. 도전에 반응할 때 우리는 자신이 확장되는 느낌을 받는다. 이 상태에서 우리는 호기심이 생기고 의욕이 솟으며 적극적으로 주변을 살핀다. 시야가 넓어지고 상황 전체를 더 잘 인식하게 된다. 이는 즐거운 경험이다. 단순히 '지지 않을 가능성'이 아니라 '이길 가능성'을 느끼는 것이다.

이 효과는 상당한 지속력을 지닌다. 연구진은 이러한 경향이 완전히 다른 주제에 관한 참가자의 다음 발표에서도 이어지는 것을 확인했다. 이는 거리두기된 자기와의 대화가 한 가지 과업을 마친 뒤에도 다른 활동에까지 영향을 미칠 만큼 효과가 강력하다는 뜻이다.

실천 방법 3: 마음을 가다듬자

스트레스가 예상되는 상황을 일레이즘을 활용해 준비해보자. 글로 써도 좋고, 머릿속으로 말해도 좋다. 거리두기된 관점을 통해 마음의 평정을 얻는 것이 핵심이다. 지금 여러분이 말하고 있는 '그 사람'은 곧 이 도전에 맞설 기회를 얻게 된다. 그것은 위협이 아니라, 흥미진진한 기회다.

거리두기된 자기와의 대화는 스트레스를 줄이는 데에도 효과적이다. 사고를 흐리게 하는 감정적 짐을 덜어냄으로써 수행 능력을 저하시키는 요인을 줄여주기 때문이다. 미시간 주립대학교의 제이슨 모저Jason Moser가 이끄는 연구팀은 이 개념을 검증하기 위해 참가자들을 기능적 자기공명영상fMRI 장치에 연결하고 사건 관련 전위ERP라는 뇌 신호를 측정했다.[18] ERP는 특정 자극이나 사건에 대한 뇌의 반응을 보여주는 신호다. 이후 참가자들에게 불쾌하거나 매우 혐오스러운 이미지를 보여주었다. 모저는 참가자들이 거리두기된 자기와의 대화를 활용했을 때 감정적 반응성이 약 절반 정도 감소한다는 사실을 발견했다. 이때 인지 통제와 관련된 신호는 증가하지 않았다. 이는 특별한 노력 없이 거리두기된 자기와의 대화만으로도 감정

적인 반응을 줄일 수 있다는 사실을 보여준다.

일레이즘을 활용한
일기 쓰기

2021년에 워털루 대학교의 이고르 그로스만Igor Grossmann이 발표한 연구는 일레이즘을 활용한 일기 쓰기가 관점을 전환하고 지혜를 늘리는 데 어떤 효과를 미치는지 살펴보았다.[19] 참가자들은 자기와의 거리두기 그룹과 자기 몰입 그룹으로 나뉘었다. 거리두기 그룹은 다음과 같은 지시를 받았다. "오늘 있었던 사회적 사건에 대한 생각의 흐름을 제3자 관점에서 상세히 기술해주세요. 제3자 관점을 취하는 데 도움이 되도록 자신의 이름을 최대한 많이 사용해 사건과 생각의 흐름을 설명해주세요. 예를 들어 이름이 크리스라면 '크리스는 이렇게 생각한다…… 크리스는 이렇게 느낀다……'처럼 쓰면 됩니다." 반면 자기 몰입 그룹은 다음과 같이 요청받았다. "오늘 있었던 사회적 사건에 대한 생각의 흐름을 1인칭 관점에서 상세히 기술해주세요. 1인칭 관점을 유지하기 위해 글을 쓸 때 '나' 또는 '나를' 같은 1인칭 대명사를 최대한 많이 사용해주세요. 예를 들어 '나는 이렇게 생각한다…… 나는 이렇게 느낀다……'처럼 쓰면 됩니다."

평가자들은 참가자들이 작성한 모든 일기를 지적인 겸손, 열린 사고, 다양한 관점의 인식, 갈등 해결 시 타협에 대한 개방성 등의 항목으로 평가했다. 심리학자들은 이러한 특성들을 '지혜로운 사고^{wise} ^{reasoning}'라 부르며, 이는 개인의 웰빙 및 삶의 만족도와 밀접하게 연관된다. 4주 후, 이름을 사용한 거리두기 그룹은 이전 4주와 비교해 지혜로운 사고가 향상된 반면, 1인칭 몰입 그룹은 변화가 없었다. 이는 일레이즘이 삶의 다양한 영역에서 도움이 될 수 있다는 또 하나의 명확한 증거다. 연구 결과도 확고하지만, 우리가 직접 이를 시도해본 경험 그리고 비슷한 효과를 체험한 다른 사람들의 경험에서도 일레이즘의 효용이 얼마나 강력한지 확인되었다. 특히 일기 쓰기에서 그 효과가 탁월했다.

데이비드가 몰디브에서 열린 수영 캠프에 참석했을 때, 참가자들은 자기와의 거리두기 언어에 대해 이야기를 나눴다. 세계 곳곳에서 이런 캠프를 운영하는 수영 코치 브렌턴 포드^{Brenton Ford}는 그 주의 수업을 평가하고 다음 그룹을 위해 무엇을 달리할 수 있을지 생각하는 과정에서 자신이 어떻게 일레이즘을 활용하는지 다음과 같이 설명했다.

저는 지난주 캠프가 어떻게 진행되었는지, 그리고 어떤 점을 더 잘할 수 있었는지 3인칭 시점으로 작성해보았습니다. 이 방식을 사용했을 때 전과 가장 큰 차이점은, 다른 사람을 평가하는 것처럼 느껴져서 내용을 훨씬 깊이 있게 분석하게 되었다는 것이었습니다. 그렇게 하니 자연스럽게 더 객관적으로 바라보게 되었고, 평가도 훨씬 솔직해졌습니다. 제가 작성한 내용을 다시 읽어보면, 더 잘할 수 있었던 부분이 보입니다. 그럼 기분이 나쁘기보다는, 오히려 다음 주에는 그 부분을 바꿔볼 수 있다는 기대감이 생깁니다.

마이크는 자신의 수업에서 학생들에게 이 방법을 시도해보게 했다. 몇몇 수업에서 학생들에게 3인칭 시점으로 일기를 쓰게 한 것이다. 처음에는 조금 어색해했지만 시간이 지나자 다들 긍정적인 반응을 보였다. 학생들은 이 거리두기 접근법이 주는 효과를 직접 경험하면서 자신을 더 명확하게 바라보고, 감정적 반응을 줄이며, 더 객관적으로 스스로를 지도할 수 있었다. 학생들의 반응 중 일부는 다음과 같았다.

- "우리는 스스로에게 거짓말을 하곤 하는데, 이 방법은 그런 허울을 걷어낼 수 있게 도와준다."
- "나 자신에게 더 책임감을 갖게 해준다. 예를 들면 '네가 정말 그렇게 믿는 거야?'라고 스스로 묻는 식이다."
- "힘든 일도 별거 아닌 것처럼 바라볼 수 있게 해준다."
- "나 자신을 더 자비로운 시선으로 볼 수 있다."
- "나 자신을 더 진실하게 바라볼 수 있다."

연습을 거듭할수록 학생들은 훨씬 수월하게 자기와 거리를 두고, 관찰자의 시점으로 자연스럽게 진입할 수 있게 되었다. 당장 필요하지 않더라도 이 습관을 길러두면 정말 필요할 때 자동으로 사용할 수 있으므로 충분히 연습해둘 가치가 있다.

실천 방법 4: 일기를 쓰자

일레이즘을 활용해 일기를 써보자. 오늘 하루 동안 있었던 일이나, 내려야 할 결정, 마음을 괴롭히는 문제, 가까운 혹은 먼 미래에 마주할 수 있는 기회에 대해 써보는 것이다. 이때 중요한 점은 자신을 2인칭이나 3인칭으로 표현하는 것으로, 즉 자신이 아닌 다른 사람이 되어 '코치'의 시각에서 자신을 바라봐야 한다. 나, 나를, 나의 같은 1인칭 표현 대신, [자신의 이름] 또는 그, 그녀, 그들 같은 3인칭 표현을 사용하자. 이 연습은 일주일에 몇 번씩 시도하다 보면 점차 자연스러워진다. 이미 매일 일기를 쓰고 있다면, 그 안에 일레이즘 방식의 단락을 하나씩 추가해보자. 시간이 지나면 코치의 시각으로 자신을 바라보는 일이 훨씬 쉬워지고, 자기 생각의 틀에서 벗어날 수 있는 힘이 생길 것이다.

일기를 쓰다 보면 자신의 느낌이나 관점을 설명하거나 정당화하고 싶은 충동이 들 때가 있을 것이다. 괜찮다. 다만 거리두기 언어만은 반드시 유지하도록 하자. 예를 들어 "나는 좌절감을 느꼈다"라고 쓰는 대신 "마이크는 좌절감을 느꼈다. 오랜 시간 고민하고 준비했던 일이 결국 성과를 내지 못했기 때문이다"라고 쓴다. 이 방식을 사용하면 감정이나 자기변호, 방어적 태도를 상황에 대한 객관적 시각에서 분리해내는 효과가 있다. 그러면 코치가 상황에 대한 의견을

덧붙일 여지가 생긴다. 감정을 인정하되 감정에 지나치게 특권을 부여하거나 평가하지 않는 것이다. 그러면 자신에 대한 공감을 유지하면서도 책임감을 갖고 현재의 행동과 결정에 집중할 수 있게 된다.

자신을 '너'라고
불러보라

지금까지 소개한 여러 연구에서 참가자들은 자기와의 거리두기 상태에서 3인칭 또는 2인칭 대명사를 사용했으며, 두 방식 간에 효과 차이는 거의 없는 것으로 나타났다. 2인칭인 '너'는 3인칭 대명사를 활용해 거리감을 조성하는 방법의 한 가지 변형이며, 대부분의 사람에게 더 익숙한 표현이다. 실제로 어려운 과제를 수행할 때 스스로를 격려하며 '너'라는 말을 사용해본 경험이 있을 것이다. 예를 들어, 장거리 달리기 도중 기운이 다 빠졌을 때나 늦은 시간까지 직장에서 마감과 싸울 때 "너라면 할 수 있어!"라고 말하는 식이다. 상황에 따라 자연스럽게 나오는 위와 같은 표현은 거리두기 관점을 형성하고 추가적인 동기부여 효과를 일으킨다.

고강도 스포츠에 익숙한 남성을 대상으로 한 연구에서는 10킬로미터 실내 사이클링 타임트라이얼에서 거리두기된 자기와의 대화가 수행 능력에 어떤 영향을 미치는지 실험했다.[21] 연구에서는 각 운동선수가 얼마나 노력했는지도 함께 평가했는데, 이는 활동 중 자신의 노력 강도를 나타내는 '지각된 운동 강도'RPE, rating of perceived exertion'로 측정했다. 초기 훈련 기간 동안 참가자들은 동기 유발적인 자기 대화를 연습했으며, 자기만의 언어와 생각을 최대한 활용하도록 유도됐다. 실험에서 한 번은 1인칭 자기 대화를 사용하고, 한 번은 2인칭 거리두기 표현을 사용했으며, 참가자들은 두 조건을 무작위 순서로 모두 경험했다.

예상대로 '나' 대신 '너'를 사용할 때 선수들의 기록이 향상됐다. '너'를 사용할 때 기록이 평균 23초 더 빨랐다. 전체 타임트라이얼은 약 17분 30초가 소요됐으니 결코 작은 차이가 아니었다. 게다가 RPE 평가에 따르면 '너'를 사용할 때 더 큰 노력감이 느껴지지는 않았다. 23초가 별것 아닌 것처럼 보일 수도 있지만, 프로 사이클링의 정점인 투르 드 프랑스에서는 단 한 번의 경기에서 1초 이하의 차이로 승패가 갈리는 경우가 많다. 또한, 총 거리 약 3,200킬로미터에 달하는 21일간의 대회 전체가 1분 미만 차이로 결정된 적도 열 번이나 있다.

연구진은 우리가 자기 대화에서 2인칭 '너'를 사용할 때 부모, 교사, 코치 등 신뢰받는 권위자로부터 수없이 들어온 격려의 목소리를 모방하게 된다고 보았다. "너라면 할 수 있어." "너는 준비됐어." 이러한 격려의 모방은 순응성과 계획 실행 가능성을 높인다. 이는 코치로서 결정을 내리고, 이후에는 '너'의 입장으로 돌아가 그 조언을 실행하는 방식의 추가적인 이점을 시사한다. 일단 여러분(코치)이 해야 할 일을 결정하면, 여러분(본래의 자기)이 그 계획을 실천할 때

코치처럼 말하라

코치의 기대에 부응하고 싶어 하는 심리가 작용한다. 이제 단순히 자신을 위해서만 노력하는 것이 아니라, 코치를 위해서도 노력하게 되는 것이다.

실천 방법 5: 자신을 '너'라고 부르자

이 방법은 바로 지금 이 순간 수행 능력을 끌어올리고 스트레스를 극복하는 데 도움이 된다. 이 방법은 상황을 도망쳐야 할 위협이 아니라 도전할 기회로 바라보게 해준다. 코치가 되어 자신에게 격려의 말을 건네자.

- "너라면 할 수 있어."
- "지금 아주 잘하고 있어."
- "페이스도 잘 유지하고 있네."
- "리듬을 잘 타고 있어."
- "몸이 편안해지고 있어."

이러한 언어 패턴을 평소에 연습해두면, 실제 상황에서도 자연스럽게 활용할 수 있다. 실시간으로 하든, 일기에 쓰든, 소리 내어 말하든, 속으로 말하든, 말로 하든 글로 하든 꾸준히 익혀두면 점차 몸에 배어 두 번째 천성처럼 활용하게 될 것이다.

1. [자신의 이름]을 부르며 자신에게 말해보자.

   스트레스 상황에서는 코치나 친구가 하듯 자신의 이름을 불러가며 말하자.

2. 코치가 결정하게 하자.

   결정을 내려야 할 때는 코치가 되어 결정을 내리고, 그런 다음 [자신의 이름]에게 그 결정을 따르도록 조언하자.

3. 마음을 가다듬자.

   스트레스가 예상되는 사건을 앞두고 '나' 중심 사고에서 벗어나 의도적으로 제3자 시점으로 글을 쓰거나 스스로에게 말해보자. 긴장을 가라앉히는 데 도움이 될 것이다.

4. 일기를 쓰자.

   시야를 넓히고 객관성을 높이며 책임감을 갖기 위해 3인칭(그녀, 그, 그들, 또는 자신의 이름)을 사용해 일기를 써보자.

5. 자신을 '너'라고 부르자.

   실전 상황에서 자신을 격려할 때는 1인칭 '나' 대신, 2인칭 '너'나 자신의 이름을 사용하는 것이 효과적이다.

이 장의
요약

우리의 기본 심리 상태는 '지금 여기의 나 자신'에 몰입된 상태다. 이 상태는 언어적으로는 '나'와 '나를' 같은 1인칭 표현을 사용해 자신을 지칭하는 방식으로 나타난다. 이런 자기 몰입 상태는 우리의 인식을 편협하게 하고, 위협에 민감하며 하고, 방어적이고 자기중심적인 태도를 불러와 다양한 문제를 일으킨다. 반면, 코치가 사용할 법한 언어나 다른 사람을 격려하고 지지할 때 쓰는 언어로 스스로에게 말하면 자기와의 심리적 거리두기가 촉

진된다. 이렇게 거리두기 방식의 언어, 특히 자신에게 거리두기 된 언어는 우리 내면에서 심리적 거리를 만들어낸다. 자기와의 심리적 거리는 마음을 더 열고, 호기심을 가지며, 도전을 기꺼이 받아들이는 사고방식을 지니도록 이끈다. 이런 태도는 삶의 모든 영역에 영향을 미치며 학습, 의사 결정, 과제 수행, 관계 그리고 전반적인 삶의 만족도에 긍정적인 변화를 가져온다.

PART 3

다른 곳에 존재하라

Chapter 5

발코니에
올라서라

중요한 협상을 해야 할 때는 여러분 마음의 일부가 조용하고
차분한 발코니 위로 올라가 그 상황을 바라보게 하세요. 그곳
에서 여러분은 감정에 휩쓸리지 않고 냉정한 시각과 침착함을
유지할 수 있을 것입니다.

_윌리엄 유리, 도슨 칼리지 졸업식 연설문 중에서1

국제 크리켓에는 확실한 위계가 있다. 오스트레일리아, 잉글랜드, 남
아프리카공화국을 비롯해 아프가니스탄, 방글라데시, 인도, 아일랜
드, 뉴질랜드, 파키스탄, 스리랑카, 서인도제도, 짐바브웨가 그 최상
위 그룹에 속한다. 이 나라들은 1909년에 설립된 국제 크리켓 위원회
ICC의 정회원국으로, 크리켓은 이들 국가에서 매우 인기 있는 스포츠
로 자리 잡아 엄청난 관중을 끌어모으고 있다. 실제로 주요 국제 크리
켓 대회에서도 우승을 차지하는 나라는 대부분 이들 나라다. 그 아래
에는 언더독으로 네덜란드, 나미비아, 캐나다, 미국, 케냐 등의 나라
가 있다. 인구 규모, 문화, 역사적 배경 등 여러 이유로 크리켓은 이들

국가에서는 정회원국들에서만큼 중요한 위치를 차지하지 않는다. 이 국가들과 또 다른 92개국은 전통적으로 ICC 준회원국으로 분류되어 '어소시에이트 네이션associate nations'이라 불린다. 물론 일부 준회원국은 승격해 정회원국이 되기도 한다. 아프가니스탄과 아일랜드는 2017년에 정회원국이 되었다. 팬들은 언더독을 응원하는 것을 좋아한다. 준회원국들이 기량을 끌어올려 강팀들과 어깨를 나란히 하게 되면 팬들, 준회원국, 정회원국 모두에게 긍정적인 효과를 낳는다. 더 뛰어난 경쟁자는 결국 스포츠 전체의 수준을 높여주기 때문이다.

국제 대회에서 언더독 선수들이 자주 겪는 문제 중 하나는 강팀의 수준 높은(그리고 높은 연봉을 받는) 선수들을 상대로 타석에 설 때 느끼는 압박감에 대처하는 일이다. 일반적으로 크리켓에서는 감독이 타순을 성적순으로 구성하기 때문에, 가장 뛰어난 타자가 첫 번째로 나선다. 그 결과 앞선 타자들이 아웃되면, 그들보다 실력이 떨어지는 팀원들이 남은 짧은 시간 동안 승부를 뒤집어야 하는 상황에 처하게 된다. 이는 압박을 더욱 가중시키는 요인이다.

영국 프로 크리켓 선수 출신 스포츠심리학자 제러미 스네이프Jeremy Snape는 타석에 설 때의 감정을 이렇게 묘사했다. "헬멧은 땀으로 흠뻑 젖어 있고, 관중은 고함을 지르며, 수비수들은 점점 다가와 타점을 내지 못하도록 압박하죠. 선수들의 자신감을 꺾기 위해 할 수 있는 모든 말을 퍼붓습니다." 모든 것이 걸려 있는 순간이며, 모든 책임이 바로 지금, 바로 여기에서 자신에게 쏠려 있다. 그러면 자기 몰입 상태가 발동한다. 자신이 아웃되었을 때의 장면을 떠올리고,

그로 인해 팀의 타선이 약화될 것을 걱정한다. 팬들은 어떤 반응을 보일까? 프로 선수로서의 명성과 연봉 전망에 어떤 영향을 줄까? 이런 생각이 밀려들며 압박감이 커진다. 이런 생각은 주의가 현재 과업에서 벗어나 자기 이미지로 향하게 하기 때문에 자기 패배적인 효과를 낳는다. 이는 도움이 되지 않는 변화로 그 자리에서 해야 할 일, 즉 투수가 던지는 다음 공을 치는 데 필요한 자원을 고갈시킨다. 아무리 수없이 연습했다 해도 이런 상황에서는 압박에 무너지고 만다.

정회원국 팀들은 모두 스포츠심리학자를 포함한 대규모 스태프를 보유하고 있다. 반면 준회원국들은 리그 측에서 파견한 단 한 명의 스포츠심리학자를 모든 팀이 공동으로 지원받는다. 이런 구성은 팀들 간에 경쟁 관계가 존재하는 만큼 이해 충돌을 불러올 수 있지만, 실은 오히려 효과를 거두고 있다. 준회원국들이 정회원국들에 맞서 '우리 대 그들'이라는 공통된 감각을 공유하고 있기 때문이다.

2007년 바베이도스에서 열린 월드컵에서 스네이프는 준회원국 선수들을 위한 스포츠심리학자로 활동했다. 그는 국제 크리켓 선수였던 자신의 경험을 통해 극도의 스트레스가 어떤 느낌인지 누구보다 잘 알고 있었다. 현역 시절 한번은 인도 팬 12만 명이 야유하는 경기장에서 극심한 압박감 속에 타석에 섰다가 타격에 실패한 적이 있었다. 고개를 숙이고 어깨를 축 늘어뜨린 채 경기장을 빠져나온 그는 다음 타자를 지켜보기 위해 팀 선수들과 감독, 코치가 머무는 발코니로 올라갔다. 그 순간 자신이 다음 타자에게 이렇게 조언하는 목소리를 들었다. "몸을 풀어. 숨을 고르고, 공에 집중해. 서두를 필

발코니에 올라서라

요 없어." 바로 그 직전, 자신이 타석에 있을 때 꼭 필요했던 조언이었다. 그런데 왜 그때는 이런 마음가짐을 지닐 수 없었을까? 발코니에서는 마치 다른 사람이 된 듯한 느낌이었다. 그는 이와 같이 차분하고 자기와의 거리두기가 된 심리 상태를 '발코니 보이Balcony Boy' 상태라고 부르기 시작했다.

스네이프는 발코니 보이 상태를 언제든지 발동시킬 수 있게 선수들을 훈련하고자 스포츠심리학을 공부하기 시작했다. 마음가짐이 경기 성과에 어떤 영향을 미치는지 연구하면서 그는 중요한 사실을 깨달았다. 경기에서 패배했을 때 느끼는 감정보다 더 나쁜 감정은 최고의 경기를 펼치지 못했다는 자괴감이었다. 또한 그는 우리가 머릿속에서 그리는 이상적인 경기와 실제로 벌이는 경기 사이의 차이가 그저 우리의 심리 상태에서 비롯된다는 사실을 깨달았다. 바로 그 심리 상태가 인텔의 무어와 그로브를 1년 동안 멈춰 세우고, 이강국 기장의 비극적인 착륙을 초래한 원인이었다.

스네이프는 학업을 이어가면서 레스터셔의 잉글랜드 카운티 팀에서 선수 생활을 계속했다. 그 덕분에 자신의 연구를 실전에 적용하고 실용적인 교훈을 얻을 수 있었다. 그는 일련의 프리샷 루틴pre-shot routine을 개발해 투구 사이사이 발코니 보이 상태를 재현할 수 있도록 연습했다. 그러던 어느 날 결승전 경기에 참가하게 됐다. 관중석에는 2만 8,000명이 운집했고, 경기는 전 세계에 생중계되고 있었다. 모든 것이 스네이프의 손에 달려 있었다. 그는 이렇게 회상했다. "우리 팀이 이기려면 마지막 몇 번의 투구 만에 4점을 더 내야 했어요. 저는 샷을 준비하며 호흡과 숫자 세기 루틴에 대한 '정신 집중'을 9까지 끌어올렸고, 점수나 상금, 언론의 반응 같은 결과에 대한 집중은 1까지 낮췄죠." 그는 자신의 이미지가 아니라 오직 자신이 해야 할 일에만 집중했다.

그가 상대해야 할 선수는 노련한 파키스탄 국가대표 투수 아자르 마흐무드Azhar Mahmood였다. 마흐무드는 '정확도가 치명적'이었으므로, 스네이프는 3년 전 인도에서의 패배가 다시 반복될까 두려웠다. 그럼에도 그는 발코니 보이 상태에 완전히 몰입했다. "그 결과, 본능적으로 경기를 풀어가는 뇌의 영역이 활성화되었고, 제 커리어에서 가장 뛰어난 샷 중 하나를 터뜨려 경기를 승리로 이끌었죠. 그리고 팀 동료들에게 들려 나왔어요." 스네이프는 확신했다. 발코니 보이 상태는 확실히 효과가 있었다.

2007 크리켓 월드컵에서 스네이프는 준회원국 선수들 사이에서 심리 상태로 인한 문제, 즉 압박감 속에서 집중력을 잃고 결과에 집착하다 실수를 범하는 문제를 목격했다. 압박감 속에서 실수를 저지른 뒤 선수들은 로커룸에서 배트를 내던지고 욕설을 퍼붓곤 했다. 그러고 나서 얼굴을 닦고 발코니로 나가 경기 막판에 팀 동료들을 응원했다. 그런데 발코니에 올라간 뒤에 그들에게 뭔가 변화가 일어났다. 점수 대비 남은 공의 비율이 더 나빠진 상황임에도, 타석에 있는 동료를 완전히 다른 시각으로 바라보게 된 것이다.

스네이프는 발코니 보이 개념을 준회원국 팀들에게 소개했다. 선수들은 열광했다. 발코니 보이 티셔츠를 맞춰 입고, 발코니 보이에

발코니에 올라서라

대해 이야기하며, 타석에 나서기 전에 스스로를 발코니 보이로 상상해보았다. 투구 사이에도 마찬가지였다. 선수들은 마음을 가다듬고, '지금 여기의 나 자신' 중심의 자기 몰입 상태에서 벗어나 감정적 납치emotional hijack, 이성적 태도와 자기 통제를 압도하는 강렬한 정서적 반응에 휘둘리는 위험에서 벗어날 수 있었다. 발코니 보이 상태는 역시 효과가 있었다. 스네이프는 코치로서 선수들이 최고의 경기력을 발휘하는 데 가장 큰 장애물인 '자기 자신'을 다루는 방법을 제시한 셈이었다.

왜 발코니에 앉아 있을 때의 관점이 타석에 있을 때와는 다른지 여러분도 쉽게 이해할 수 있을 것이다. 타석에서는 투수를 정면으로 마주하고 있는 데다 상대 팀 선수들에게 둘러싸인 상태라 시야가 좁아진다. 하지만 자신이 발코니에 앉아 그 장면을 내려다보는 모습을 상상하는 것만으로 동일한 효과를 얻을 수 있을까? 그렇다. 매우 그렇다!

발코니 보이가 된다는 것은 단지 다른 사람이 되는 것만이 아니다. 발코니 보이는 또한 다른 곳에 위치한다. 이 심상은 발코니에 올라서서 자신을 내려다보는 모습이다. 마치 코치가 경기장 옆에서 여러분을 바라보듯 말이다. 코치는 필드 밖에서 바라본다. 코치가 보는 시점은 발코니 보이의 시점과 같다. 코치는 경기장이라는 무대에서 물리적으로 떨어져 있다. 이런 정신적 위치 이동을 공간적 거리두기spatial distancing라고 부른다. 발코니에 올라간다는 것은 물리적으로 다른 곳으로 가는 것인 동시에 심리적으로도 다른 존재가 되어 코치가 보듯 자신을 바라보는 것이다.

발코니에서
협상하기

전략적으로 시의적절하게 공간적 거리두기를 활용하면 수행 능력뿐 아니라 의사 결정 능력도 개선된다. 자신을 전체의 일부로 바라보는 외부적 시점과 그로 인해 생기는 차분한 마음가짐이 의사 결정의 질을 높여준다. 국제 크리켓 경기에서 타석에 서는 것처럼, 협상은 자연스럽게 자기 몰입을 유발한다. 하버드 대학교 협상 프로젝트의 최고 연구 위원인 윌리엄 유리William Ury는 자신의 저서인 『윌리엄 유리 하버드 협상법』에서 협상 과정에서 자기 몰입적인 입장에 집착하게 될 때 어떤 문제가 발생하는지 설명한다. 우리는 한번 어떤 입장을 취하면, 그 입장을 주장하고 방어하기 시작한다. 그러고 나면 그 입장은 우리 자신과 동일시되며 자기 이미지의 일부로 흡수된다. 기업의 전략적 인수를 위한 1억 달러 고수 입장(그 금액보다 한 푼도 더 줄 수 없다는 입장)일 수도 있고, 특정 국가가 핵무기의 부재를 확인하기 위해 허용하는 사찰 횟수에 관한 입장일 수도 있다. 우리가 그 입장을 양보한다는 것은, 우리 자신의 일부를 내어준다는 것과 같다. 곧 손실을 뜻한다. 그러면 협상의 본래 목적을 벗어난, 혹은 그 목적을 대체할 정도로 새로운 목표가 생겨난다. 바로 체면을 지키는 것이다. 이 과정은 우리가 이미 보았던 과업 중심에서 이미지 중심으로 초점이 이동할 때와 똑같은 양상으로 전개된다.

하지만 유리에게는 자신이 당면한 과업에 집중할 수 있도록 돕는

비법이 있다. 바로 스네이프가 사용했던 것과 같은 방법, 즉 발코니로 가는 것이다. 유리는 미국과 러시아 간 핵 위험 감소 협정과 같은 고난도의 국제 협상에 직접 참여한 경험이 있다. 그는 협상 과정에서 자신과 협상 상황 사이에 거리를 둔 방법을 다음과 같이 설명했다. 상황이 고조될 때 잠시 정신을 멈추고, 협상 테이블에 앉아 있는 것이 아니라 발코니에 올라서 협상 장면을 내려다보는 자신의 모습을 상상하라.[2]

협상가들 역시 우리와 같은 인간적 편향을 지니고 있다. 앵커링 편향, 확증 편향, 몰입 상승 편향_{분명히 잘못된 결정이나 실패할 것이 확실한 일에 고집스럽게 집착하는 심리} 등이 대표적이다. 이런 편향들은 상황이 긴박해지거나 개인적인 감정이 개입될수록 더 쉽게 증폭된다. 당연히 이런 문제들은 협상의 양측 모두에게 더 나쁜 결과를 초래한다.[3]

그래서 유리는 잠시 멈춰 발코니로 올라가 정신적 여유를 가진다. 그 멈춤은 한 번의 숨을 들이쉬는 짧은 순간일 수도 있고, 대화 중 자연스러운 멈춤일 수도 있다. 유리는 이를 이렇게 설명한다. "여러분 마음의 일부가 조용하고 차분한 발코니 위로 올라가 그 상황을 바라보게 하세요. 그곳에서 여러분은 감정에 휩쓸리지 않고 냉정한 시각과 침착함을 유지할 수 있을 것입니다." 발코니로 올라가는 것은 '지금 여기의 나 자신' 중심의 자기 몰입적 시각에서 벗어나, 거리 두기된 자기, 즉 코치의 관점을 지니도록 돕는다.

실천 방법 1: 발코니 보이가 되라

여러분도 할 수 있다. 스트레스 상황으로 진입하기 전에 미리 시도해보자. 경쟁자가 여러분을 도발하고 있거나 머릿속에서 비판적인 목소리가 괴롭히고 있거나, 논쟁 중 특정 입장에 지나치게 고착되어 있을 때도 이 방법을 사용할 수 있다. 발코니로 올라가라. 상황의 흐름이 잠시 멈추는 순간, 또는 본격적인 행동에 나서기 전에 마음속으로 발코니에 걸어 올라가 그곳에서 자신을 관찰해보라. 그러면 마음이 한결 편안해지고, 이미지를 의식하지 않고 당면한 과제에 집중할 수 있으며, 차분하면서도 유연하고 단호한 마음가짐을 지닐 수 있다. 이런 종류의 정신적 순간 이동은 인간이 잘 활용하지 않는 초능력 중 하나다.

벽에 붙은 파리가 되어
바라보라

연구자 외즐렘 아이두크Özlem Ayduk와 이선 크로스는 공간적 자기 거리 두기가 신체에 어떤 영향을 미치는지 탐구하고자 했다.[4] 실험 참가자들은 과거에 자신을 분노하게 했던 사건을 떠올리고, 그 사건에서 느꼈던 감정을 이해하려고 노력하라는 지시를 받았다. 자기 몰입 그룹에 배정된 참가자 절반에게는 다음과 같은 지시가 내려졌다. "그 상황을 마치 지금 다시 겪는 것처럼 떠올려보세요……. 머릿속에서 그 상호작용이 어떻게 전개되었는지 다시 경험해보세요." 자기 거리두기 그룹에 배정된 나머지 참가자들에게는 다음과 같은 지시가 내려졌다. "몇 걸음 물러서세요…… 그 상황에서 벗어나 갈등을 멀리서 지켜볼 수 있는 지점으로 이동하세요…… 그렇게 상황에서 멀리 떨어진 상태에서 갈등이 전개되는 것을 다시 지켜본다고 상상하세요." 발코니에서 자신을 내려다보는 방식과 매우 유사하지만, 이 실험에서는 현재가 아닌 과거의 사건을 대상으로 삼았다는 점이 다르다.

두 조건 모두에서 참가자들은 그 사건이 과거에 실제로 일어났던 일임을 인정했다. 차이점은 자기 거리두기 그룹에 배정된 참가자들은 그 일이 '지금 여기의 나 자신'에게 일어나는 것이 아니라, 자기와 거리를 둔 또 다른 자신에게 일어나는 것으로 상상했다는 점이다. 그들은 그 사건을 마치 다른 사람에게 벌어지는 일인 것처럼 다시 지켜보았다.

예상대로, 자기와 거리를 둔 관점에서 자신의 이야기를 다시 떠올린 사람들은 원래의 느낌을 다시 경험하는 정도가 더 낮다고 보고했다. 다시 말해, 그들은 고통스러운 사건을 반복해서 떠올리고 곱씹는 것을 멈출 수 있었다. 거리두기를 통해 그들은 사건을 새롭게 해석하고, 상황을 재평가했으며, 일정 정도의 이해 또는 수용에 도달했다. 이런 재구성이 더 높은 시각에서의 통찰을 가능하게 한 것이다. 그들은 괴로운 일을 극복했을 뿐 아니라, 실제로 혈압까지 낮아졌다. 몸도 그 메시지를 받아들인 것이다.

그렇다면 실제로 무슨 일이 일어나는 걸까? 우리는 나쁜 일이 일어났다는 사실을 부정하는 것이 아니다. 부정은 도움이 되지 않으며 효과도 없다. 또한 가해자들에게 책임을 묻지 말자는 것도 아니다. 그것은 별개의 문제다. 하지만 과거 사건은 어디까지나 과거의 일일 뿐이다. 이미 일어난 일이므로 되돌릴 수 없다. 이를 인정하는 것은 바람직하지만, 그 사건들이 여전히 우리 삶에 부정적인 영향을 끼치도록 내버려두는 것은 고통이 더 깊어지게 할 뿐이다. 거리를 두고, 인정하고, 받아들이기로 결정한 뒤, 앞으로 나아가야 한다.

　그렇다면 정신적·생리적으로 더 차분해졌을 때, 공격성 역시 줄어들지 않을까? 이 의문은 오하이오 주립대학교 박사 과정 연구생 도미닉 미슈코프스키^{Dominik Mischkowski}의 논문 주제가 되었다. 그는 이선 크로스와 함께 이 연구를 진행했다.[5] 이들은 거리두기 관점을 "벽에 붙어 있는 파리처럼 자신을 바라보는 것"에 비유해 설명했다. 이 연구에는 저명한 공격성 연구자 브래드 부시먼^{Brad Bushman}도 공동 연구자로 참여했다. 부시먼은 실험실 환경에서 윤리적인 방식으로 공격 행동을 유도하고 측정하는 독창적인 기법을 개발해왔다. 이번 실험에서도 그는 핵심 역할을 맡았다. 또한 이 실험에서 참가자들은 자신이 다른 참가자의 헤드폰으로 들려줄 소음의 볼륨과 지속 시간을 직접 선택했는데, 이 선택이 공격성의 척도로 활용되었다.

　참가자들은 통제 집단, 거리두기 집단, 자기 몰입 집단의 세 그룹으로 나뉘었다. 실험 시작과 함께 모든 참가자에게 어려운 애너그램^{anagram} 문제 열네 개를 풀라는 과제가 주어졌다. 한 단어의 글자들을 이용해 새로운 단어를 만드는 방식이었다. 이 과제를 수행하는 동안 참가자들은 강렬한 클래식 음악을 들어야 했으며, 문제 하나당 주어진 시간은 단 7초였다. 또한 문제를 하나 풀 때마다 인터폰을 통해 실험자에게 알려야 했다. 네 번째 문제를 풀고 난 뒤 실험자가 끼어들며 다음과 같이 말했다. "저기요, 거의 안 들려요. 좀 더 크게 말씀해주세요." 여덟 번째 문제를 풀고 난 뒤 다시 말했다. "아직도 잘 안 들려요. 더 크게 말해주세요!" 열두 번째 문제를 풀고 난 다음에는 이렇게 말했다. "이제 세 번째 말씀드리는 겁니다! 지시에 못 따르겠어요? 더 크게 말하세요!" 그 결과, 자기 몰입 집단에 속한 참가자들은 더 강한 분노를 느꼈고, 실제 행동도 더 공격적이었다. 실제로, 이들은 다른 참가자에게 소음을 들려줄 기회가 주어졌을 때, 더 높은 볼륨을 선택했다.

공간적 자기 거리두기라는 이 간단한 심리 기법에 관한 연구들은 이 기법이 분노나 우울 같은 부정적인 감정을 덜 경험하게 하고, 고통스러운 사건을 반복해서 떠올리게 할 가능성도 낮춰준다는 사실을 일관되게 보여준다. 또한 이 기법을 활용한 사람들은 혈압이 더 낮아졌으며, 공격적인 행동이 줄어들었다. 이 기법을 실제로 수행하는 데 필요한 시간은 약 15초에 불과하지만, 그 효과는 일주일 넘게 지속되기도 한다.[6] 자기와 거리를 둔 관점을 취하는 데에는 약간의 시간과 노력이 들 수 있지만, 충분히 그만한 가치가 있다.

실천 방법 2: 벽에 붙은 파리가 되라

감정적으로 고통스러운 과거 사건을 떠올릴 때는, 그 사건을 거리두기의 관점에서 바라보라. 과거의 부정적인 경험이 반복적으로 떠오르지만, 그 일을 받아들일 수도 극복할 수도 없을 때 이 기법을 활용해보라. 그 상황에서 한 걸음 물러나, 마치 방 안의 벽에 붙은 파리가 된 것처럼 멀리서 바라보는 시점으로 전환해보라. 그 사건이 '지금 여기의 나 자신'이 아니라, 멀리 떨어진 '거리두기된 자기'에게 일어나는 일이라고 상상하며 지켜보라. 또한, 그렇게 거리두기된 자기가 어떤 감정을 느끼고 있는지, 왜 그런 감정을 느끼는지도 함께 이해하려고 시도해보라. 이렇게 하면 그 사건을 새로운 시각으로 재구성해, 사건을 이해하고 앞으로 나아갈 수 있는 힘을 얻을 수 있다.

벽에 붙은 파리의 시점이 되거나 발코니에서 자신을 바라볼 때, 우리는 자신이 다른 사람이 된 것처럼 인식하게 된다. 이렇게 공간적 거리두기 상태에 들어가면 자신에 대한 3인칭 언어 사용, 즉 일레이즘의 사용이 자연스러워진다. 다른 곳에 있다는 느낌은 다른 사람이 되는 경험까지도 가능하게 해준다.

당신을 관찰하면
무엇을 보게 될까

다시 젠 피어스의 이야기로 돌아가보자. 원자재 트레이딩 업계를 떠나 임원 코치로 전향한 그녀는 자신의 고객 중 한 명인 카슨 박사에 대한 이야기를 들려주었다(카슨 박사의 사생활 보호를 위해 일부 세부 사

항은 수정되었다). 심장 전문의인 카슨 박사가 필요로 했던 것은 의학 분야에서의 코칭이 아니었다. 그녀는 끊이지 않는 압박감과 스트레스로 고통받고 있었다. 그로 인해 가정생활까지 흔들려, 일과 삶의 균형이 절실하다는 사실을 자각하고 있었다. 겉으로 보기엔 이것이 그녀가 코칭을 받게 된 이유였다.

카슨 박사의 병원 운영에는 보험 문제, 청구 업무, 직원 이직, 인력 관리 같은 예상 가능한 골칫거리들이 잇따랐다. 하지만 그녀는 이 모든 것이 자신의 잘못이 아니라 업계의 본질적인 특성 때문이라고 생각했다. 겉보기에 그녀는 자신이 통제할 수 없는 이런 표면적인 요인들에 스트레스를 받거나 불만을 가진 것으로 보였다. 하지만, 피어스는 그것들이 진짜 문제가 아니라 더 깊은 차원의 문제를 드러내는 징후에 불과하다는 사실을 간파했다. 피어스는 카슨 박사가 진짜 문제와 해답 모두 자신의 마음 안에 있다는 것을 깨닫도록 돕고자 했다.

카슨 박사가 직원과 관련된 문제를 불평하기 시작하자, 피어스는 듣고 싶지 않다고 말했다. 대신 다른 출발점에서 이야기를 풀어나갔다. 피어스는 일련의 질문을 통해 카슨 박사가 받는 스트레스의 근원을 파악하고자 했다. 먼저 카슨 박사의 하루 일과부터 물었다. 아침에 몇 시에 일어나는지, 가장 먼저 무엇을 하는지, 몇 시에 출근하는지, 하루에 몇 명의 환자를 몇 분 동안 진료하는지 등을 차근차근 질문했다. 그런 다음 그녀에게 그날의 첫 번째 진료를 떠올려보라고 말했다.

"지금 어디에 있나요?" 피어스가 물었다. "뭘 하고 있죠? 누구와 이야기하고 있나요? 여러 가지 일을 동시에 하고 있나요? 커피를 마시고 있나요?" 그런 다음에는 더 구체적으로 물었다. "진료실에 들어갈 때는 어떻게 하죠? 노크를 하나요? 그냥 문을 열고 들어가나요? 진료실에서는 서 있나요, 아니면 앉아 있나요? 뭔가를 메모하나요? 아니면 컴퓨터에만 기록하고 있나요? 환자의 눈을 보고 있나요? 함께 앉아 있나요? 이야기를 나누고 있나요?"

카슨 박사가 환자 한 명에게 할애할 수 있는 시간이 고작해야 10~15분에 불과하다는 점을 파악한 피어스는 그 짧은 순간에 무엇을 이룰 수 있을지 그녀가 다시 생각해보길 바랐다. "저한테 진료받으려면 몇 주는 기다려야 해요." 그녀가 말했다. "그래서 환자들은 불평을 하거나 아예 진료 예약조차 못 잡고 돌아가요. 그런데 저는 막상 환자들을 마주하면, 컴퓨터에 입력된 메모를 들여다보느라 시간을 허비하게 되죠. 환자와 보낼 수 있는 그 소중한 시간을 컴퓨터 화면을 들여다보면서 보내는 게 너무 싫어요. 그러다 직원 중 누군가가 아프다고 결근이라도 하면, 세상이 다 싫어져요."

피어스는 카슨 박사가 한 걸음 더 나아가도록 유도했다. "그때 속으로는 어떤 느낌이 드나요? 그때 심장박동은 어떤가요? 커피는 보통 얼마나 드시나요? 짜증이 나나요? 행복한가요? 하루 일과를 하나하나 얘기해봐요. 언제 기분이 좋은가요? 언제 편안함을 느끼나요?" 그러자 카슨 박사는 전혀 편안함을 느끼지 못한다고 대답했다. 늘 다음 예약에 늦는다고 했다. "간호사가 '이제 마치셔야 합니다'라

발코니에 올라서라

고 말하면 저는 문손잡이를 잡으면서 진료실에서 나가려고 준비하는데, 환자는 계속 말을 해요. 그러면 점점 더 조급해지고 짜증이 나요. 그럴수록 다음 환자 진료가 늦어지게 되니까요.”

코치로서 피어스는 외부 관찰자 입장이었다. 하지만 중요한 것은, 모든 정보가 카슨 박사 본인으로부터 직접 나왔다는 점이다. 피어스는 카슨 박사가 자기 몰입 상태에서는 생각도 하지 못했을 행동을 제안했다. “다음번에는 문손잡이를 잡지 말고, 그냥 계속 앉아서 환자와 마주 보세요. 속으로는 당장이라도 뛰쳐나가고 싶겠지만요. 단 하루, 한 타임의 환자들과만 그렇게 해보는 거예요. 그러고 나서 확인해보세요. 어떤 느낌이 들었는지, 환자들은 어떻게 느꼈는지, 하루가 끝났을 때 진료는 얼마나 밀려 있었는지를요.”

환자와 단 몇 분이라도 온전히 함께하겠다는 선택은 카슨 박사가 속도를 늦추고 이전보다 더 깊은 수준에서 환자에게 집중하며 환자와 진심으로 연결될 수 있게 해주었다. 피어스는 그녀에게 직원들에게도 같은 방법을 시도해보라고 제안했다. “아침에 직원들과 눈을 마주치나요? ‘좋은 아침이에요’라고 인사하나요? 이름을 불러주나요? 일이 밀려 있다는 이유로 정신없이 뛰어다니며, 이건 아직 안 됐고 저건 빨리 처리하라고 지시만 내리고 있진 않나요?”

피어스는 한 걸음 떨어진 관찰자의 시선으로 상황을 바라볼 수 있었지만, 그녀가 의지할 수 있었던 정보는 전적으로 카슨 박사가 스스로 털어놓은 이야기뿐이었다. 피어스는 마치 친구에게 건네듯, 가까이에선 보이지 않던 것을 멀리서 더 또렷이 보는 사람만이 할 수 있는 조언을 전했다. 그녀의 제안을 실천한 뒤, 카슨 박사는 스스로 느끼는 스트레스가 줄었다고 말했다. 병원 직원의 이직률도 실제로 낮아졌고, 환자 평가도 더 좋아졌다. 이런 변화는 우리 스스로도 충분히 만들어낼 수 있다.

실천 방법 3: [자신의 이름]의 행동을 관찰하라

피어스가 카슨 박사에게 던졌던 질문들과 비슷한 질문을 스스로에게 해보자. 그리고 여기에 하나의 변형을 더해보자. 질문을 3인칭 시점으로 자신에게 제시해보는 것이다. 시작할 때 참고할 만한 질문 몇 가지를 아래에 적었다. 자신만의 질문도 추가할 수 있을 것이다. 가능하다면 질문은 구체적인 행동에 초점을 맞춰 구성하자.

- [자신의 이름]은 언제 출근하는가? 그곳에 도착했을 때 [자신의 이름]은 어떤 느낌이 드는가?
- [자신의 이름]은 실제로 언제부터 일을 시작하는가? 그것은 무엇을 의미하는가? 일을 시작하기 전에 [자신의 이름]은 무엇을 하는가?
- [자신의 이름]은 다른 사람들과 어떻게 상호작용하고 소통하는가?
- 누군가 [자신의 이름]을 관찰한다면, 무엇을 보게 될까?
- [자신의 이름]은 대부분의 시간을 무엇을 하며 보내는가? 어떤 활동들이 가장 중요한가?
- 하루 근무가 끝날 때 [자신의 이름]은 어떤 느낌이 드는가? 어떤 생각들이 머릿속을 가득 채우는가?

베스트셀러『아주 작은 습관의 힘』의 저자 제임스 클리어^{James Clear}는 관찰의 힘에 대해 이렇게 이야기한다.[7] 관찰은 나쁜 습관을 알아차리고, 그것을 끊고, 더 나은 습관을 만들어가는 과정의 핵심적인 출발점이다. 이 모든 과정은 자신을 마치 다른 사람을 바라보듯 관찰하는 것에서 시작된다. 예를 들어, 여러분은 자신을 관찰하면서 이렇게 말할 수 있다. "내게는 그가 아무와도 눈을 마주치지 않고 곧장 사무실로 들어가는 모습이 보인다", "나는 그가 책상에 앉자마자 휴대전화를 집어 들고 몇 분 동안 화면을 스크롤하는 모습을 본다", "나는 그가 신선한 과일 대신 간식을 먹으러 팬트리로 가는 모습을 본다". 행동을 이렇게 담담하게 관찰한 뒤에야 여러분은 비로소 그 것을 바꿀지 여부를 결정할 수 있다. 이는 자신이 찍힌 영상을 공정하면서도 자신을 지지하는 마음을 지닌 코치의 시선으로 바라보며, 개선할 수 있는 부분을 관찰하는 일과 비슷하다.

다시 보기
효과

데이비드는 어느 저녁, NFL 경기가 끝난 후 비행기에 탑승했다. 그는 자리에 앉자마자 그 경기에서 활약했던 심판들이 그의 주변 좌석에 앉아 있다는 걸 알았다. 객실 문이 닫히기도 전에 그들은 아이패드를 꺼내 자신들이 판정을 내리는 장면을 다시 보면서 평가하기 시작했다. 그들은 경기가 끝나자마자 공항으로 곧장 이동해 마지막 항공편에 몸을 실은 것이었다. 그들 중 일부는 기내에서 술을 마시기도 했는데, 필드 위에서의 자기 모습을 다시 보는 고통을 조금이나마 잊기 위해서 그러는지도 몰랐다. 그 시즌 슈퍼볼 경기에서, 그는 그때 비행기에서 봤던 심판들의 모습을 다시 보게 됐다. 그들은 그 자리에 있을 만한 사람들이었다.

프로스포츠 팀이나 대학 스포츠 팀, 심지어 일부 고등학교 팀에서도 선수들과 코치들은 경기나 시합 영상을 반복적으로 다시 본다. 영상을 본다고 선수들의 의도를 정확히 파악할 수는 없겠지만, 적어도 코치는 이들의 행동을 다시 관찰할 수 있다.

경기 일지나 시간대별 행동 기록표, 회의 녹음, 연설 영상 등은 자신의 수행을 정확하게 보여주는 자료로서, 학습 속도를 높이고 실력을 향상시키며 앞으로 더 나은 결정을 내릴 수 있도록 돕는다. 이 도구들은 여러분의 기억이 해주지 못하는 방식으로 여러분을 사실에 기반한 현실 인식으로 이끈다. "내가 이 일의 몇 퍼센트를 했지?"처럼 단순한 질문 하나만 던져도, 우리의 마음은 자신을 좋은 팀 플레이어로 기억하고자 의식적으로 기억을 선별한다. 주말에 출근했던 기억은 저절로 그리고 또렷하게 떠오른다. 그게 어느 주말이었는지, 얼마나 오래 있었는지, 무엇을 포기했는지까지 기억날지도 모른다. 반면, 동료가 주말에 출근했던 일은 (여러분이 그 자리에 없었다면 말할 것도 없고) 기억해내려는 자극이 없으면 떠올리지도 못할 가능성이 크다.

발코니에 올라서라

외과 의사 아툴 가완디는 수술실에서 자신의 기량이 정체된 것을 느꼈을 때, 한때 자신의 멘토였던 인물을 코치로 초빙해 실시간으로 자신의 수술을 관찰하게 했다. 가완디는 코치가 자신이 전혀 인지하지 못했던 수술의 세부 사항들을 어떻게 포착했는지 설명한다. 예를 들어, 수술 부위에 집중되어 있어야 할 조명이 옮겨졌는데도 이를 눈치채지 못했고, 팔꿈치가 어깨 높이까지 올라갔으며, 이로 인해 수술 도구를 정밀하게 다루는 능력이 떨어지고 있었다. 그의 코치는 훌륭한 코치들이 하는 일을 해냈다. 바로 '외부의 눈과 귀가 되어 현실을 더 정확하게 보여주는 것'이었다.

가완디는 2017년 TED 강연에서 자신의 코치가 해준 말을 전했다. "가끔 팔꿈치가 공중으로 올라가더군요. 그건 완전한 통제 상태가 아니라는 뜻이에요. 외과 의사의 팔꿈치는 옆구리에 자연스럽게 붙어 있어야 해요. 그러니 팔꿈치가 올라가는 느낌이 들면 수술 도구를 바꾸거나 발 위치를 옮겨보세요."[8] 가완디는 이 깨달음을 '전혀 새로운 수준의 인식'이라고 설명했다. 코칭의 효과를 확신한 가완디는 이 모델을 인도의 출산 관리 개선에도 적용했다. 코칭을 받지 않은 경우, 기본적인 출산 관리 절차가 실행된 비율이 3분의 1도 되지 않았고, 시간이 지나도 개선되지 않았다. 하지만 코칭을 도입한 뒤에 4개월 동안 16만 건의 출산을 분석한 결과, 협업한 팀들이 기본 절차의 3분의 2 이상을 준수하기 시작했다.

그 뒤로 가완디는 코칭의 열렬한 지지자가 되었고, 이 주제를 면밀히 연구해왔다.《뉴요커》기고문에서 그는 세계적인 바이올리니스트 이츠하크 펄먼과 대화를 나눴다. 그는 펄먼에게 물었다. "수많은 정상급 운동선수들은 코치를 두는데, 왜 콘서트 바이올리니스트 같은 음악가들은 그러지 않을까요?"[9] 펄먼은 확신에 찬 답을 내놓지는 못했지만, 잘 알려지지 않은 비밀 하나를 털어놓았다. 40년 넘게 인연을 맺어온 줄리아드 음악대학 동문이자 아내인 토비가 말하자면 자신의 코치 역할을 해왔다는 것이었다. 펄먼은 가완디에게 이렇게 설명했다. "연주에서 가장 큰 어려움은 스스로의 연주를 듣는 일이에요. 연주할 때 느끼는 신체 감각과 바이올린을 다루는 감각이 청취의 정확성을 방해하죠." 연주자가 연주 중에 느끼는 음악적 인상과 청중이 듣는 인상 사이에는 큰 차이가 있을 수 있다. 그는 자신의 아내가 '추가적인 귀' 역할을 해주며 외부적인 의견을 제공한다고 말했다. 물론 이러한 경우에는 독립적인 관찰자가 필요하다. 하지만 우리가 거리감을 유지하는 관점을 취할 수 있다면, 자신의 행동 대부분을 스스로 효과적으로 관찰할 수 있다. 또한 이로써 자기 개선에 도움이 되는 통찰을 얻을 수 있다.

실천 방법 4: 자신의 게임 영상을 시청하라

하루를 되돌아보라. 지금 필요한 것은 객관적인 정보와 증거다. 코치의 시선으로 장면들을 지켜보며 좋은 점이든 나쁜 점이든 보기 민망한 점이든 필요한 피드백을 스스로에게 제공하라. 코치가 여러분의 문서 기록이나 디지털 흔적을 살펴본다면 어떤 이야기가 드러날까? 코치는 여러분을 지지하지만 객관적이기도 하다. 수영을 할 때 여러

분의 팔이 왜 특정한 방식으로 물속에 들어가는지, 왜 퇴근 후에 바로 간식 찬장을 향해 가는지에는 관심이 없다. 단지 그 행동을 또렷하고 담담하게 관찰할 뿐이다. 그러고 나서, 그 대신 어떤 행동을 취해야 할지 스스로에게 조언하라.

데이비드는 자신이 수영하는 모습을 녹화해본 경험을 활용해, 강연을 준비할 때도 자신의 모습을 촬영해서 시청한다. 수영 영상을 볼 때처럼 호기심을 갖고 배우고자 하는 마음으로, 그보다 더 의미 있는 활동인 기조연설이나 고객과의 대화에 접근해보는 것이다. 그는 또한 어려운 대화를 앞두고도 이 자기 관찰 기법을 사용한다. 이런 대화에서는 분노나 좌절 같은 감정이 판단력을 흐리기 쉽기 때문이다. 이 방식을 적용하면 그런 부정적인 감정에 휩싸일 가능성이 한결 줄어든다. 새로운 언어를 배우고 있는가? 자신이 말하는 모습을 녹음하고 다시 들어보라.

핵심은
당신이 아니다

우리가 자신을 일정한 거리에서 관찰한다고 상상할 때, 의도적이고 발전적인 방식으로 관찰하는 것과 자기 이미지를 의식하며 셀카를 찍듯 자신을 바라보는 것 사이에는 중요한 차이가 있다. 여기서 핵심은 여러분의 이미지가 아니다. 여러분 자신도 아니다. 중요한 것은 여러분이 지금 마주한 과제와 상황, 그리고 내려야 할 결정이다.

체스 신동으로서 영화 〈위대한 승부〉에 영감을 주었고 이후 세계적인 무술가이자 『배움의 기술』의 저자가 된 조시 웨이츠킨Josh Waitzkin은 자기의식을 동반한 관찰 시각이 얼마나 위험한지 잘 알고 있었다.[10] "가끔 나는 마치 방 건너편에서 체스를 두는 듯한 기분으로, 나 자신이 생각하는 모습을 바라보곤 했다." 그는 자신이 자기 거리두기를 충분히 하지 못하고 있다는 사실을 깨달았다. 다른 플레이어들을 관찰하듯 자신을 중립적으로 보는 것이 아니라, 여전히 자기 몰입적 관점에서 자신을 보고 있었던 것이다. 유명세를 의식한 그는 사람들이 자신을 어떻게 생각할지, 체스를 두는 동안 자신이 어떻게 보일지에 신경 쓰고 있었다. 이미지를 의식한 나머지 과제에 집중하지 못했다.

여러분이 지금 자신이 어떻게 보일지, 다른 사람들이 자신을 어떻게 생각할지 고민하고 있다면, 방향이 잘못된 것이다. 아직도 자기 머릿속에 갇혀 있다는 뜻이다. 그 자리에서 벗어나야 한다. 그리고 진짜로 발코니에 서 있는 사람이 되어야 한다. 진짜로 '코치'가 되어야 한다. 여러분을 평가하는 사람도, 관중도, 언론도 아닌, 거리를 두고 바라보는 공정한 관찰자가 되어야 한다.

정신적으로 발코니에 올라서거나 벽에 붙은 파리가 된 것처럼 관찰할 때, 여러분은 코치의 객관적이고 담담한 관점을 취하게 된다는 사실을 다시 한번 기억하라. 그때의 관점은 여러분 자신의 관점이 아니다. 상황의 중심에 있는 사람은 여러분이 아닌 다른 어떤 사람이다. 여러분은 그 사람을 관찰하고 그 사람에게 조언하고 있는 것이다. 코치는 이미지가 아니라 과제에 집중한다.

아직도 자기 몰입에서 벗어나지 못하겠는가? 계속해서 시야를 넓혀라. 아폴로 14호 우주 비행사 에드거 미첼^{Edgar Mitchell}은 달에서 돌아온 뒤 이렇게 말했다. "순식간에 지구적 의식, 인류 중심적 사고방식이 생겨났고, 세상의 상태에 대한 강렬한 불만과 무언가를 해야겠다는 강한 충동이 생겼다. 달에서 보면 국제 정치 따위는 한없이 하찮아 보인다. 정치인의 멱살을 잡아 끌고 40만 킬로미터 밖까지 데려가 이렇게 말하고 싶어진다. '저걸 봐, 이 망할 자식아.'"[11] 다른 우주 비행사들이나 우주 여행자들도 비슷한 경험을 보고했다. 이런 경험은 '조망 효과^{overview effect}'라는 이름까지 붙어 있을 정도로 흔하다.

우주에서 지구를 바라보면 우리는 작고 보잘것없어 보인다. 우리의 문제들은 그저 미세한 흔적에 불과하게 느껴진다. 사소한 차이보다 우리가 공유하는 것들이 훨씬 더 크게 다가온다. 구글 어스에서 자신의 위치를 중심에 두고 계속해서 줌아웃해보면 이 감각을 간접적으로나마 체험할 수 있다. 그렇게 하면, 여러분은 위대한 동행들과 나란히 서 있게 된다. 뉴턴은 별들 사이에 떠 있는 자신을 상상하며 지구를 내려다보았다. 아인슈타인은 광선 위를 타고 달리면 어떤 느낌일지 떠올렸다.

거리두기로
피드백을 수용하라

거리를 두고 멀어질수록 구체적인 세부 사항은 희미해지고, 그 아래 숨어 있던 기본적인 형태와 패턴이 드러난다. 바로 그 세부에 집착하는 시선이 더 큰 그림을 가리는 것이다. 예를 들어, 여러분이 카드 게임을 하기로 했다고 치자. 그런데 막상 카드들이 공개되었을 때, 카드에 그려진 그림들이 낯설다. 두 카드 중 하나를 골라야 하는데, 어떤 카드를 골라야 이길 수 있는지 알 수가 없다. 무작위처럼 보이지만, 완전히 그런 건 아니다. 어떤 카드는 다른 카드보다 이길 확률이 높다. 다행히 여러분은 매번 카드를 고를 때마다 "좋아요. 25점을 획득하셨습니다" 또는 "안타깝군요"와 같은 피드백을 받는다. 이렇게 여러분은 피드백을 통해 점차 패턴을 학습하며 선택을 조정하게 된다. 운이 좋다면, 여러분은 케임브리지 대학교의 연구원 퀜틴 더컨^{Quentin} Dercon이 주도한 실험의 그룹에 속해 있을 것이다.[12] 이 그룹은 카드를 처음 나눠주기 전, 인지적 거리두기의 힘에 관한 90초 분량의 영상을 시청했고, 매 라운드가 끝날 때마다 다음과 같은 지침을 받았다. "지금 느끼는 반응에서 한 걸음 물러나 조금 떨어진 위치에서 자신을 바라보세요." 반면 통제 집단은 같은 게임을 했지만, 거리두기 영상을 시청하지 않았고, 거리두기 지침도 받지 않았다.

이 단순한 인지 조작이 사람들이 승리의 패턴을 더 쉽게 파악하도록 도왔다는 사실은 매우 놀랍다. 연구에 따르면 그 이유는, 거리두기 집단이 부정적인 피드백으로부터 더 많은 것을 학습해서였다. 그래서 그들은 과제를 더 잘 수행할 수 있었다. 이 효과는 과제가 어려워질수록 더욱 뚜렷하게 나타났다. 우리는 발코니에서 자신을 바라보듯 거리를 두고 관찰할 때, 부정적일지라도 더 나은 수행을 위한 피드백을 얻을 수 있으며, 이 연구에 따르면 오히려 부정적일수록 더 잘 받아들일 수 있다.

거리두기의 효과는 부분적으로는 우리가 자신에 대해 받은 피드백이나 스스로 관찰한 내용을 통해 실제로 배우고 성장하려는 태도를 얼마나 지니느냐에 달려 있다. 공간적 거리두기는 우리가 덜 방어적이 되게 해 부정적인 피드백으로부터 더 많은 것을 배우도록 돕는다. 우리가 피드백을 본능적으로 거부하는 것은 자기 몰입 상태에 너무 깊이 빠져 있기 때문이다. 반면 자기 거리두기는 피드백을 기꺼이 받아들이고, 방향을 수정하고, 앞으로 나아가게 해준다. 여기서 말하는 피드백은 "혹시 피드백 좀 드려도 될까요?"와 같은 어색한 대화나 직장에서의 연례 성과 평가 같은 것에 국한되지 않는다. 더 넓은 의미에서, 과제 자체에서 비롯되는 정보를 모두 피드백으로 본다. 예를 들어, 수영 스트로크 시작 시 손 위치를 바꾸었을 때 스트로크당 거리에 어떤 변화가 일어나는가 같은 것이 피드백이다.

인생에서 만난 최고의 코치, 강사, 교사, 상사, 멘토를 떠올려보라. 그들은 단지 여러분을 응원하는 것에 그치지 않고, 성장과 발전에 실질적인 도움이 되는 불편한 진실도 말해준 사람들이다. 일정한 공간적 거리를 두고 자신을 관찰하면, 자아가 방어적으로 개입하지 않는 정신적 공간이 열려 솔직한 피드백을 수용하고 실행할 수 있게 된다.

다른 사람들도 우리와 똑같은 자아 중심적 방어 메커니즘을 지니고 있다. 이는 직장에서 명확하고 솔직한 피드백이 오가기 어렵게 하는 커다란 장애물이다. 우리가 피드백을 요청하더라도, 상대방이 가장 유용하고 솔직한 평가를 전해줄 가능성은 높지 않다.

대니얼 유드킨Daniel Yudkin과 테사 웨스트Tessa West는《월스트리트저널》에 실린〈당신이 직장의 민폐인지 알아보는 법〉이라는 기사에서, 자신의 실제 행동에 대한 피드백을 구하기보다 '이상적인 행동'을 기준으로 질문을 던지는 방식이 더 효과적이라고 제안했다.[13] 예를 들어, "내가 그 문서 수정할 시간을 충분히 줬어?"라고 묻기보다는 "그런 문서를 수정할 때는 얼마 정도의 시간이 있어야 가장 이상적으로 작업할 수 있어?"라고 묻는 식이다. 이 방법이 효과적인 이유는 피드백을 주는 사람이 그 피드백과 여러분을 어느 정도 분리할 수 있게 해주어서다. 이렇게 질문하면, 상대방의 반응은 여러분의 행동에 대한 직접적인 판단이나 평가가 되지 않는다. 따라서 여러분이 방어적으로 반응할 가능성이 줄어들고, 상대방의 피드백을 실제로 받아들여 행동에 옮길 가능성이 높아지며, 무엇보다 관계가 손상될 위험이 줄어든다.

1. 발코니 보이가 되라.

   스트레스가 예상되는 상황을 앞두고 있거나 스트레스 상황 속에 있다면, 잠시 멈춰 발코니 위에서 아래를 내려다보듯 그 장면을 관찰하라. 이렇게 거리두기 시점을 확보하면, '내가 어떻게 보일까'라는 걱정보다 당면한 일에 집중할 수 있다.

2. 벽에 붙은 파리가 되라.

   부정적인 사건을 다시 떠올릴 때는 그 경험 속으로 빠져들기보다 멀리서 자신을 관찰하듯 바라보라. 그러면 고통스러운 과거의 경험을 다시 하는 대신, 그 기억을 새롭게 해석하고 재구성할 수 있다. 이러한 전환은 시야를 넓히고, 이해와 수용을 가능하게 하며, 결국 그 경험을 딛고 앞으로 나아갈 수 있는 힘을 준다.

3. [자신의 이름]의 행동을 관찰하라.

   자신의 행동을 되돌아볼 때는, 제3자의 행동을 지켜보듯 하라. 마치 타인에게 묻듯이 질문을 던지며 관찰하는 것이다.

4. 자신의 게임 영상을 시청하라.

   코치가 된 마음으로 자신의 행동을 다시 떠올려보라. 이 경우 의도나 변명을 고려하지 말고, 여러분이 한 행동을 오직 객관적으로 기록된 행동으로만 보아야 한다.이메일, 메시지, 녹화된 자료 등을 다시 검토하며 자신의 행동을 있는 그대로 살펴본 뒤 자신에게 실질적인 피드백을 제공하라.

발코니에 올라서거나 벽에 붙은 파리의 시선으로 자신을 관찰하는 방식은, '지금 여기의 나 자신'이라는 몰입된 시점에서 벗어나 자연스럽게 코치의 시점을 불러온다. 장소를 달리하면 존재

방식도 달라지고, 그로 인해 에고가 기능 장애를 일으킬 위험도 줄어든다. 이렇게 거리를 두고 자신을 바라보면 마치 타인을 관찰하는 것처럼 느껴지며, 왜곡 없이 더 명료하게 자신을 볼 수 있다. 그 결과, 우리는 이미지 관리가 아닌 과업 자체에 집중하게 되고, 피드백을 더 잘 받아들이며 더 나은 결정을 내릴 수 있다.

거리를 두고 자신을 바라보는 것에는 또 하나 중요한 이점이 있다. 바로 더 큰 그림을 볼 수 있게 된다는 것이다.

발코니에 올라서라

Chapter 6

큰 그림을
보라

거리를 두고 보면 모든 게 작아 보여서 날 두렵게 했던 것들이
겁나지 않아.

_엘사, <겨울왕국>

우리의 글로벌 파트너 중 하나인 4Results는 폴란드 바르샤바에 본사
를 둔 컨설팅 기업으로, 의도 기반 리더십^{Intent-Based Leadership} 훈련과 조직
전환 프로그램을 제공하고 있다. 이 회사는 마치에이 트리불레츠^{Maciej}
^{Trybulec}와 스와베크 브와슈차크^{Sławek Błaszczak}가 공동 설립했다^{의도 기반 리더십}
^{이란 전통적인 지시 중심 방식에서 벗어나, 조직 구성원들이 스스로 판단하고 책임 있게 행동할 수 있도록 자}
^{율성과 사고력을 부여하는 리더십을 말한다. 이 개념은 이 책의 공저자인 L. 데이비드 마르케가 자신의 경험을}
^{바탕으로 제시한 모델로, 그의 책 『턴어라운드』를 통해 널리 알려졌다.} 트리불레츠의 기업 고객
들은 대개 조직 문화를 전환하기를 원하거나, 특정한 전략적 결정을
앞두고 방향을 모색할 때 그를 찾는다. 이 경우 트리불레츠는 고객에

게 댄스 플로어에서 춤을 추고 있다고 상상하게 한다. 그는 우리에게 이렇게 설명했다. "여러분은 어떤지 모르겠지만, 저는 아직도 춤을 출 때면 자신이 조금 의식됩니다. 그리고 싶지 않아도 그렇게 됩니다. 춤을 출 때면 마치 제가 무대 위에서 공연을 하는 듯한 느낌이 듭니다. 춤을 추면서 저는 어떤 강한 힘에 이끌려 내 자신에게 몰입되는 상태로 진입하게 됩니다." 그는 고객들에게 바로 이 느낌을 자각하게 하려는 것이다.

우선 트리불레츠는 고객에게 춤을 추는 동안 무엇이 보이고, 무엇을 생각하게 되고, 어떤 느낌이 드는지 글로 적어보라고 한다. 이 경우 대부분은 자연스럽게 1인칭 시점에 몰입해 '나', '나를' 같은 표현을 사용한다. 예를 들어, 이런 자기 몰입 상태에서 고객들은 다음과 같은 문장들을 적곤 한다. "내 주변에 사람들이 보입니다." "나는 내가 어떻게 움직이고 있는지 생각합니다." "다른 사람들과 나를 비교하고 있는 것 같은 느낌이 듭니다."

다음으로 트리불레츠는 고객에게 지금 자신이 있는 댄스 플로어를 위에서 내려다보는 발코니에 서 있다고 상상하면서, 앞서 했던 연습을 그 자리에서 다시 해보라고 지시한다. 이 새로운 지시를 받은 고객은 댄스 플로어 전체의 풍경을 조망하게 되고, "댄스 플로어 한쪽 끝에서는 더 많은 사람이 춤을 추고 있고, 스피커 가까이에서는 사람들이 줄지어 춤을 추고 있어요"처럼 장면 전체를 묘사하기 시작한다. 고객이 이렇게 더 넓은 관점을 확보한 다음에야 트리불레츠는 고객이 당면한 비즈니스 문제에 대한 해법을 떠올려보라고 요

큰 그림을 보라

청한다. 그는 이처럼 한발 물러나 바라보는 관점을 취할 때, 고객들이 감정에 덜 휘말리며 더 창의적인 해결책을 떠올린다고 말한다.

이 연습은 공간적 거리두기가 주는 또 하나의 이점을 잘 보여준다. 발코니에 선다는 것은 단지 심리적 거리를 만드는 데 그치지 않고, 전체적인 그림을 볼 수 있게 해준다. 이는 지극히 자연스러운 일이다. 우리는 어떤 대상이나 장면, 문제로부터 물리적 거리가 멀어질수록 그것을 더 넓고 전체적인 시각으로 바라보게 된다. 어떤 상황을 멀리 떨어진 것으로 상상할 때, 그 상황을 낮은 수준의 구체적이고 특수한 세부 요소보다는 본질적이고 추상적이며 보편적인 특성에서 해석하게 되는 것이다. 다시 말해, 공간적 거리두기는 우리가 상황을 해석하는 방식을 더 높은 수준으로 끌어올린다.[1]

실천 방법 1: 시야를 확장하라

여러분이 댄스 플로어에 있는 모습 또는 어떤 상황에 처해 있는 모습을 자신이 멀리서 보고 있다고 상상해보자. 단, 이때 자신에게 초점을 맞추지 말고, 여러분이 있는 댄스 플로어 전체를 바라보아야 한다. 여러분은 단지 그 장면의 일부일 뿐이다. 그렇게 하면 상황 전체가 더 명확하게 보이기 시작한다. 개별적인 세부 사항들은 다소 흐릿해질 수 있지만, 전체적인 윤곽과 구조가 어떻게 맞물려 있는지는 훨씬 뚜렷하게 보이면서, 시야가 트이고 큰 그림이 보인다는 느낌이 든다. 이 효과를 직접 체감해보고 싶다면, 다음번에 광활한 풍경이나 도시 전경을 바라볼 때 눈의 초점을 잠시 풀어보라. 구체적인 부분들은 흐릿해지지만, 전체적인 색감과 주요한 형태들이 드러날 것이다. 개별적인 디테일은 사라지고, 전체의 구조가 보이는 것이다.

공간적 거리두기를 통해 관점을 바꾸면, '지금 여기의 나 자신' 중심의 좁은 시야에서 벗어나 자신을 더 큰 전체의 일부로 바라볼 수 있고, 고유한 자아감이나 자기중심성이 희미해진다. 팀의 일부, 장면의 일부, 사건의 일부로 자신을 바라볼 수 있게 되는 것이다. 자신을 코치라고 상상하면 이런 인식의 전환이 자연스럽게 일어난다. 코치는 필드 밖에 있기 때문이다. 코치의 관점, 즉 발코니 위에서 내려다보는 시선을 취하면 세상이 전혀 다르게 보인다. 그 결과, 경기장에서도, 댄스 플로어에서도, 협상 테이블에서도 새로운 관점으로 더 나은 결정을 내릴 수 있다. 이 상태에서는 자신을 상황의 일부로 생각하면서 상황 전체를 객관적으로 바라볼 수 있기 때문이다.

가장 중요한 것을
드러내는 힘

자동차를 사는 일은 중요한 결정이다. 대부분의 가정에서는 주택 구매 다음으로 큰 지출이기도 하다. 이 선택은 우리의 일상은 물론 장기적인 재정 상태에도 오랫동안 영향을 끼친다. 그런데도 렌딩트리닷컴lendingtree.com에 따르면, 새 차를 산 사람 가운데 39퍼센트가 자신의 선택을 후회한다고 한다. 왜 그런지 살펴보자.

자동차를 사러 갈 때, 보통 어떤 일이 벌어질까? 우리는 특정 모델을 사기로 마음먹고 매장에 도착한다. 온라인에서 차량 정보를 꼼꼼히 찾아보고, '컨슈머 리포트Consumer Reports'도 확인하고, 믿을 만한 조언을 해줄 수 있는 가족이나 친구들과 이야기도 나눈다. 우리는 자신감 있게 전시장으로 들어가 어떤 차를 원하는지 설명한다. 하지만 정작 그 모델은 품절이다. 그러면 영업 사원이 미소를 지으며 말한다. "하지만, 다른 좋은 차가 있습니다……." 이제 협상이 시작된다. 한 시간쯤 후, 우리는 원래 생각했던 것보다 더 비싼 모델을 계약하거나, 필요하지도 않은 옵션을 포함한 차량을 선택하거나, 월 납입금은 적지만 총 비용은 훨씬 커지는 금융 상품을 떠안은 채 밖으로 나온다.

우리가 매장에서 차를 샀던 바로 그 순간, 우리는 협상 테이블 앞에 앉아 있었고, '지금 여기'에 깊이 몰입해 있었다. 심리적으로도 육체적으로도 완전히 그 상황에 휘말려 있었던 것이다. 우리는 차량의 다양한 옵션과 패키지, 금융 조건 등 과도한 정보에 압도된 채 몰입한 상태였다. 그때 공간적 여유를 갖고 한발 떨어져 바라볼 수 있었더라면, 우리는 아마도 협상에서 진짜로 원했던 것을 더 많이 얻어낼 수 있었을 것이다.

준 후쿠쿠라Jun Fukukura와 동료 연구자들은 왜 이런 일이 일어나는지 더 깊이 탐구하기 위해 일련의 연구를 진행했다.[2] 그들은 심리적 거리두기가 의사 결정을 어떻게 개선하는지 살펴보고자, 거리두기 유도 기법 및 세부 사항과 선택지가 과도하게 많은 의사 결정 과제를 활용해 학생들의 선택을 비교했다.

참가자들은 두 그룹으로 나뉘었다. 한 그룹은 자신이 거주하는 뉴욕주 이타카에서, 한 그룹은 미국 서부 오리건주 포틀랜드에서 자동차를 구입한다고 상상하도록 요청받았다. 통제 그룹은 지역에 대한 아무런 유도 없이 과제를 수행했다. 두 그룹 모두에게 동일하게 과도한 정보가 주어졌다. 가상의 자동차에 관한 수많은 기능 정보가 제공된 것이다. 잠시 후 이들은 어떤 차를 구입할지 선택해야 했다. 열두 가지 속성(연비, 오디오 시스템, 컵홀더 등)이 네 가지 가상의 브랜드(예를 들어, 해츠던Hatsdun, 나부시Nabusi)별로 다르게 구성되어 있어 주어진 시간 안에 모든 정보를 완벽하게 분석하기는 어려운 구조였다. 하지만 최적의 선택은 명확했다. 일반 소비자들이 더 중요하게 생각하는 속성이 더 많이 포함된 브랜드가 선택되었다. 예를 들어, 대부분의 사람에게 연비는 컵홀더 개수보다 더 중요한 속성이다.

이런 정보 과부하는 결과에 영향을 미쳤다. 자신이 사는 지역 내에서 자동차를 구입한다고 생각한 참가자의 63퍼센트가 최적의 선택을 하지 못했다. 반면 3,200킬로미터 이상 떨어진 포틀랜드에서 자동차를 구입한다고 상상한 거리두기 그룹에서는 31퍼센트만이 최적이 아닌 선택을 했다. 그렇다면 아무런 유도 없이 과제를 수행한 통제 그룹은 어땠을까? 결과는 지역 그룹과 거의 같았다. 61퍼센트가 최적의 선택을 하지 못한 것이다. 통제 그룹의 결과가 지역 그룹과 비슷하게 나타난 것은 전혀 놀라운 일이 아니다. 이는 자기 몰입 상태가 우리의 기본 상태라는 점을 뒷받침하는 증거다. '어디서 차를 사야 하는지'에 대한 유도가 없으면 우리는 자동으로 자신이 현재 있는 곳에서 차를 사는 상황을 떠올린다. 연구진은 이 연구를 이렇게 요약했다. "따라서 정보가 많은 결정을 앞두고 있을 때 사람들은 스스로 심리적 거리를 유도함으로써 더 나은 의사 결정 결과를 얻을 수 있다."

이러한 개선 효과는 '요점 기억gist memory'을 더 많이 활용한 덕분이다. 거리두기 조건에서는 학생들이 복잡하고 혼란스러운 세부 사항에 덜 사로잡혔고, 가장 중요한 특징을 인식하고, 기억하고, 떠올릴 수 있었다. 요컨대, 이 실험은 거리를 두면 더 추상적이고 일반적인 원칙에 집중할 수 있게 되어 더 나은 결정을 내릴 수 있다는 사실을 보여준다. 즉 시야를 넓히는 것은 단지 자기 자신을 더 잘 보는 데 그치지 않고, 주어진 전체 상황을 더 잘 이해하게 해준다.

휴대전화의 크기를 예로 들어보자. 휴대전화의 크기가 높이 11.43센티미터, 폭 5.84센티미터, 두께 0.76센티미터라는 설명을 들었다고 해보자. 시간이 지나면 숫자는 잊어버리겠지만, 그것이 '작고 간편하다'는 점은 기억에 남을 것이다.

다른 장소에 있다고
상상하라

윌리엄 유리 같은 최고의 협상가들이 '발코니에 올라서기'를 통해 공간적 거리두기를 활용한다는 사실은 이미 잘 알려져 있다. 이러한 거리두기의 목적은 심리적 거리감을 확보하고 감정을 조절하려는 데있다. 그런데 실제 거리와 인식된 거리 모두 큰 그림을 보는 데에도 도움이 된다. 텍사스 오스틴 대학교의 말론 D. 헨더슨^{Marlone D. Henderson} 교수는 공간적 거리가 협상 결과에 어떤 영향을 주는지 연구한다. 그는 한 연구에서 참가자들에게 맞춤형 오토바이 판매 협상을 진행하게 했다.[3] 이 오토바이는 구매 시 금융 조건, 세금, 보증, 배송 날짜 등 구매자와 판매자에게 중요한 여러 요소가 달라질 수 있었다. 이때 구매자와 판매자가 서로 다른 요소를 더 중요하게 여기면, '통합적 합의^{integrated resolutions}'라 불리는 원원 해결책을 도출할 가능성이 커진다. 예를 들어, 부동산 거래에서 판매자는 거래 시점을 더 중시하고 구매자는 가격을 더 중시할 수 있다. 효과적인 협상을 통해 판매자는 더 빠른 거래를 성사시키고, 구매자는 더 저렴한 가격에 집을 사는 식이다. 원원 상황이다.

헨더슨은 이 효과를 측정하기 위해 단순한 조작을 실험에 도입했다. 문자메시지로 가상의 협상을 진행하게 하고, 일부 참가자들에게는 상대방이 수천 킬로미터 떨어진 곳에 있다고 믿게 했으며, 다른 이들에게는 불과 몇 킬로미터 떨어진 가까운 곳에 있다고 생각하게 했다. 실제로는 문자로만 이루어진 협상이었고, 상대방을 직접 만나는 일도 없었기에 거리감이 무슨 의미가 있을까 싶지만, 결과는 놀라웠다. 상대방이 멀리 떨어져 있다고 믿었던 참가자들이 가까이 있다고 생각한 이들보다 훨씬 더 통합적이고 균형 잡힌 해결책을 이끌어낸 것이다. 믿기 어려운 일이었다. 거리감만을 상상하는 것만으로도 협상 참가자들은 구체적인 세부 사항보다 추상적인 원칙에 집중했고, 그 결과 더 나은 결정을 내릴 수 있었다.

멀리서 어떤 대상을 바라보면 작아 보인다. 세부적인 요소들은 흐려지지만 전체적인 형태는 여전히 인식할 수 있다. 비행기를 타고 파리 상공에 진입한다면 멀리서 에펠탑이 보일 것이다. 이때 에펠탑을 구성하는 각각의 강철 골조나 그것을 고정하는 리벳까지는 보이지 않지만, 도시 위로 솟아오른 첨탑은 단번에 알아볼 수 있다. 이처럼 구체적이고 세세한 디테일은 흐려지면서도 전체적인 형태는 유지될 때, 우리는 대상을 더 높은 수준, 즉 추상적으로 인식한다. 그 덕분에 1889년에 세워진 이 330미터 높이의 구조물이 지닌 상징적이고 우아한 아름다움을 더욱 깊이 느낄 수 있는 것이다.

이와 같이 생각의 수준이 추상적으로 올라가는 것은 '발코니에 올라가기'가 효과적인 또 하나의 이유다. 시야를 확장하면 우리는 협상이라는 현장에 깊이 몰입한 '지금 여기의 나 자신'으로부터 벗어나, 구체적인 입장보다 근본적인 이해관계에 집중할 수 있게 된다. 거리두기를 하려면 협상의 흐름을 잠시 멈추고 한 걸음 물러서는 여유가 필요하지만, 협상 전에 미리 공간적 거리두기를 연습할 수도 있고, 자연스럽게 휴식을 취하거나 아예 의도적으로 멈춤의 순간을 만들어낼 수도 있다.

흥미롭게도, 1986년 1월 챌린저호 발사 결정을 둘러싼 상황에서 실제로 발사에 반대한 이들은 나사^{NASA}와 물리적으로 떨어져 있던 추진체 제작업체 모턴 티오콜^{Morton Thiokol}의 엔지니어들이었다. 하지만 그들이 나사의 관리자들을 설득하기 위해 보낸 보고서는 세부 사항에 지나치게 얽매여 있었고, 나사는 결국 그 경고를 받아들이지 않았다. 발사는 예정대로 진행되었고, 챌린저호는 이륙 73초 만에 폭발해 탑승한 우주 비행사 일곱 명이 모두 사망했다.[4]

이 사고는 오늘날까지도 경영대학원에서 의사 결정 실패의 대표적 사례로 다뤄진다. 당시 미국 대통령은 로널드 레이건이었고, 미국과 소련은 여전히 냉전 중이었다. 1985년에는 미하일 고르바초프가 공산당 서기장에 취임했고, 1986년은 나사에게 특별한 해였다. 매달 한 차례씩, 총 12회의 셔틀 발사가 예정돼 있었으며, 1월의 이 발사 역시 그 일정의 일환이었다. 하지만 당시는 기온이 비정상적으로 낮았고, 이로 인해 O링 밀봉 고무에 문제가 생길 수 있다는 우려가 제기되어 이미 발사가 여러 차례 연기된 상태였다.

모턴 티오콜의 엔지니어들은 발사대와 의사 결정 현장으로부터 떨어져 있었지만, 발사에 불리한 징후가 있다고 느꼈다. 그들은 이러한 거리감 있는 시각 덕분에 상황을 더 넓게 조망할 수 있었지만, 문제는 그 의견을 나사의 결정권자들에게 설득력 있게 전달해야 한다는 데 있었다. 나사는 발사가 위험할 수 있다는 구체적이고 명확한 증거 없이는 발사를 취소하려 들지 않았다. 하지만 이 경우, 위험 신호는 세부 사항 속에서 분명하게 드러나는 것이 아니라, 전체적인 정황과 맥락 속에서 느껴지는 것이었다.

이는 후쿠쿠라의 자동차 구매 실험에 참여한 사람들에게 왜 그런 결정을 내렸는지 설명하라고 했을 때 그들이 어려움을 겪었던 상황과 비슷하다. 모턴 티오콜의 엔지니어들 또한 자신들의 판단을 뒷받침할 근거를 명확히 제시하기 어려웠다. 단지 "느낌이 좋지 않다"는 말만으로는 설득력이 부족했다. 여기서 중요한 점은, 이들이 단순한 외부 관찰자가 아니었다는 것이다. 그들은 고체 연료 로켓과 O 링의 설계 및 제조에 깊이 관여한 핵심 기술자들이었다.

결국 우리 모두가 알고 있듯, 발사는 실패했다. 미국 정부의 로저스 위원회Rogers Commission는 사고를 조사한 보고서에서 간결하게 이렇게 결론지었다. "조인트 실링 문제는 나사와 모턴 티오콜 엔지니어들에 의해 사고 이전인 1986년 1월 28일 전에 이미 인식되었으며, 재설계를 통해 새로운 조인트를 제작했다면 사고를 미연에 방지할 수 있었을 것이다."[5]

우리는 흔히, 우리가 손에 쥐고 있는 세부적인 정보들이 더 중요하다고 생각하는 경향이 있다. 반면, 멀리서 전체 그림을 보는 사람이 제시하는 비교나 판단은 덜 중요하게 여긴다. 그러나 이는 인지적 함정이다. 단지 누군가가 거리를 두고 있다는 이유만으로 그들의 정보나 조언을 무시하는 것은 현명하지 못한 판단이다.

실천 방법 2: 거리를 두고 결정하라

복잡한 요소가 많은 결정을 내려야 할 때는 잠시 멈추고 자신이 이 결정을 먼 거리에서 내리고 있다고 상상해보라. 그 장소는 어떤 모습인가? 정신적으로 그곳으로 이동해 즉각 떠오르는 통찰을 받아들이라. 그 통찰이 불편하게 느껴질 수도 있다. 하지만 결코 무시하지 마라. 이는 여러분의 요점 처리gist processing 메커니즘이 작동하고 있다는 신호다.

이 방법은 특히 대면 협상 상황에서 매우 유용하다. 자동차나 집을 팔려는 상대만이 협상의 대상은 아니다. 직장에서 충분한 정보 없이 결정을 내리라고 압박하는 동료가 협상 대상일 수도 있고, 가까운 친구가 곧 실행할 계획을 두고 당신을 설득하려 할 수도 있다. 이런 순간에는 잠시 멈추고 타임아웃을 선언하라. 그리고 정신적으로든 물리적으로든 공간적 거리를 두어 인지적 함정에서 벗어나라.

다른 장소에 있다고 상상하는 방법이 효과적인 이유는 근본적으로 심리적 거리를 만들어내기 때문이다. 이때 우리는 집중하고 있던 대상에서 한 걸음 떨어진 느낌을 받는다. 이 심리적 거리 덕분에 상황을 더 높은 수준의 추상으로 파악하게 된다. 더 높은 수준의 인지 처리 방식을 사용하면 전체적인 그림이 보이고 맥락이 읽힌다. 정신적으로 자리를 옮기는 것만으로도 우리는 전체 구도를 조망할 수 있고, 이때 비로소 핵심이 드러난다. 이러한 재구성은 중요한 결정을 내릴 때 우리에게 더 나은 관점을 제공한다.

세상을 바꿀 것인가,
내가 움직일 것인가?

여러분이 어떤 방 안에 서 있다고 상상해보자. 방 한가운데에는 간소하게 세팅된 사각 테이블이 있고, 그 위에는 촛대 두 개가 놓여 있다. 여러분이 서 있는 자리에서 보면 두 개의 촛대는 나란히, 즉 하나는 왼쪽에 하나는 오른쪽에 놓여 있다. 이제 그 두 촛대가 하나는 앞에, 하나는 그 뒤에 일렬로 놓인 상태로 바뀐다고 상상해보자.

여기서 중요한 점은 여러분이 방에 대한 시점을 바꾸지 않았다는 사실이다. 단지 머릿속에서 촛불의 위치를 옮겨, 그것들이 일렬로 놓여 있는 상태를 상상했을 뿐이다. 머릿속으로 촛대들의 위치를 재배치하거나, 촛대들이 놓인 테이블 자체를 회전시켰을 수도 있다. 이처럼 자신은 그대로 있으면서 촛불이나 테이블을 움직이는 방식을 '대상 회전object rotation'이라고 부른다. 이 방식은 자신을 고정된 기준점으로 삼고, 사물이 움직인다고 보는 방식이다. 다시 말해, 에고 중심적인 참조 틀 또는 자기중심적인 참조 틀이다.

이번에는 이 연습을 조금 다른 방식으로 해보자. 촛대와 식탁은 그대로 두고, 두 촛대가 일렬로 놓인 상태로 보이는 위치로 여러분이 이동했다고 상상해보는 것이다. 이 방식은 인지적으로 더 많은 노력을 요구한다. 그렇게 생각하는 데 약간 시간이 더 걸린다는 뜻이다. 촛대를 고정된 대상으로 보고 자신을 움직이는 것은 '관찰자 회전viewer rotation'의 예다. 이는 타자 중심적allocentric 참조 틀(allo-는 '다른'

을 뜻한다)로, 자신보다 타인이나 외부 환경에 주의를 집중하는 방식이다.

첫 번째 방식은 자신을 기본 참조 틀로 유지하고 세상을 조작하는 방식이다. 두 번째 방식은 세상은 그대로 두고, 자신이 그 안에서 위치를 바꾸는 방식이다. 두 번째 방식이 조금 더 노력을 요하지만, 훨씬 더 강력한 재구성 효과를 낸다.

뉴런이 작동할 때는 산소 요구량이 증가하고, 그에 따라 해당 뇌 부위로 가는 혈류도 늘어난다. 이 산소 소비 증가는 fMRI를 통해 외부에서 측정할 수 있다. 유니버시티 칼리지 런던의 사이먼 램브리Simon Lambrey와 동료들은 사람들이 두 가지 유형의 시각적 조작 과제를 수행하는 동안 fMRI로 뇌 활동을 측정했다. 하나는 사물을 회전시키는 에고 중심적egocentric 방식이고, 하나는 자신이 시점을 이동시키는 타자 중심적allocentric 방식이었다. 그 결과, 서로 다른 뇌 부위가 활성화되었으며, 이를 통해 두 방식이 서로 구별되는 인지 과정임이 확인되었다. 특히 시점을 이동시키는 방식이 더 강력한 인지적 효과를 낸다는 점이 밝혀졌다.[6]

우리 자신의 위치를 바꾸면 환경을 바라보는 시각도 바뀐다. 앞의 예시에서처럼, 우리가 위치를 바꾸면, 테이블 뒤쪽의 가구나 벽의 창문 같은 것들이 우리가 방 안에서 움직이는 위치에 따라 다르게 보인다. 반면, 단순히 테이블 위의 촛대를 옮기는 경우에는 이런 변화가 발생하지 않는다. 우리가 발코니에 올라선다고 상상하면 코치의 시점이 발동한다. 그러면 우리는 자신을 환경, 관계, 타인의 맥락 속에서 바라볼 수 있다.

여러분에게 코치가 되어 자신에게 조언하라고 권하는 이유는 이 과정이 더 강력한 정신적 전환을 수반하기 때문이다. 가상의 코치에게 단순히 "내가 지금 무엇을 해야 할까?"라고 묻는다면, 그 과정은 본질적으로 자아중심적인 과정에 머물 수밖에 없다. 이 경우 여러분의 시야는 바뀌지 않으므로 어떤 답을 듣더라도 그 답은 여전히 자기중심적 관점에서 나온 것일 수밖에 없는 것이다. 그러므로 반드시 스스로의 위치를 재배치해야 한다. 발코니에 올라가서 실제 코치의 시각으로 더 큰 그림을 자아의 방해 없이 바라볼 수 있어야 한다. 이러한 재구성을 통해 우리는 자기 몰입 상태에서 벗어나 현재 마주한 상황을 더 명확하게 파악할 수 있다.

실천 방법 3: 물체가 아니라 자신을 움직이라

심리적 거리를 최대화하려면 물체나 문제, 상황이 아니라 자신의 위치를 정신적으로 재배치해야 한다. 예를 들어 협상에 임하고 있거나 프로젝트를 시작할지 혹은 계속 실험과 개발을 이어갈지 결정을 내려야 하는 상황이라면, 정신적으로 자신을 발코니로 옮겨보라. 팀의 성과에 대한 평가나 최근 사건에 대한 검토를 이끄는 상황이라면, 마치 멀리 떨어진 곳에서 진행하는 것처럼 해보라. "자, 우리가 지금 자카르타에 새로 만들어진 팀이라고 상상해봅시다. 그렇다면 우리는 최근 우리 팀의 성과를 어떻게 평가할 수 있을까요?" 이런 식의 접근은 '다른 사람이 되어보기'와 '다른 곳에서 바라보기'라는 두 가지 재구성 기억하라. 공간적 재배치 연습의 핵심은 제자리에 머물면서 단순히 사물이 멀리 있다고 생각하는 것보다 자신의 정신적 위치를 바꾸는 것이 훨씬 더 큰 효과를 준다는 데 있다. 후자는 더 많은 정신적 노력을 요구하지만, 그만큼 더 효과적이다.

그저 멀어지는 것이 아니라
더 높이 올라가라

이러한 관점 전환에서는 '멀어짐'뿐 아니라 '높아짐'도 함께 작동하는 경우가 많다. 이러한 과정은 너무도 자연스럽게 일어나서, 우리가 실제로 더 높이 올라가고 있다는 사실조차 자각하기 어렵다. 대부분의 코치들은 경기장과 같은 높이의 사이드라인에 서 있지만, 이번엔 자신을 경기장보다 높은 곳에 있는 방송 중계석에서 경기를 지켜보는 코치라고 생각해보자. 더 높이 올라갈 수도 있다. 달에서 찍은 지구 사진을 떠올려보라. 허블 망원경의 시선으로 지구를 바라보는 것도 좋다. 여러분은 코치가 될 수도 있고, 우주 비행사가 될 수도 있으며, 심지어 화성인이 될 수도 있다. 그 시점에서 여러분은 훨씬 더 큰 무언가의 일부로서, 자신을 내려다보게 된다.

이것이 바로 '정신적 공중 부양mental levitation'이라는 개념이다. 출근

길을 떠올려보자. 앞차가 답답할 만큼 느리게 가고 있고, 추월도 불가능하다. 점점 짜증이 밀려온다. 앞차를 밀어내고 내 갈 길을 가버리고 싶다는 생각까지 든다. 이제 시점을 위로, 멀리 옮겨보자. 차 안에 앉은 당신이 보인다. 붉게 상기된 얼굴에 30초라도 더 일찍 도착하려는 조급함이 잔뜩 실려 있다. 그런데 앞차에는 한 가족이 타고 있고, 아이들은 오늘 처음 가는 학교 이야기를 하며 들떠 있다. 그런 가족의 뒤에서 얼굴을 찌푸리고 있는 당신이 조금은 우스꽝스럽게 보인다.

이제 시야를 더 넓혀보자. 이 두 대의 차는 긴 차량 행렬의 일부일 뿐이다. 차들의 행렬은 여러분의 사무실을 훨씬 지나서도 이어진다. 여러분은 그저 교통 체증의 한 부분일 뿐이다. 독일의 한 교통 캠페인은 이런 메시지를 도로 표지판에 담았다. "당신은 교통 체증에 갇힌 것이 아니다—당신이 곧 교통 체증이다."[7]

정신적 공중 부양은 더 큰 그림을 보게 해주고, 사고의 수준을 추상적으로 끌어올린다. 한 연구에서는 참가자들에게 고층 건물 꼭대기 층에서 취업 박람회에 참석한다고 상상하게 하거나, 낮은 층에서 같은 박람회에 있다고 상상하게 했다. 그런 뒤, 실행 중심의 관리직과 기획 중심의 관리직 중 하나를 고르게 했다. 높은 층을 상상한 집단일수록 큰 그림을 다루는 기획직을 선택할 가능성이 높았다. 상상 속에서 높이 올라간 것만으로도 사고의 수준이 높아진 것이다.[8]

우리가 어떤 대상을 멀리서 바라볼 때, 대상은 더 작게 보인다. 패트릭 하우스Patrick House는 『의식을 바라보는 열아홉 가지 방식Nineteen

Ways of Looking at Consciousness』에서 이렇게 말한다. 복도 끝에 있는 고양이는 내 옆에 있는 고양이와 크기가 같지만, 뇌는 그 고양이를 더 작게 인식한다. 멀리 있을수록 나와의 관련성이 줄고, 나에게 해를 끼칠 가능성도 적기 때문이다. 마찬가지로, 우리가 자신을 더 높고 멀리서 바라볼 때, 지금 우리의 결정에 영향을 미치는 주변의 실질적인 요소들, 예를 들어 복잡한 실무나 시급한 문제들이 더 작고 덜 중요하게 느껴진다. 위협은 멀어지고, 결국 우리에게 진짜로 중요한 것이 무엇인지가 또렷이 드러난다.

실천 방법 4: 정신적 공중 부양을 실천하라

결정을 내려야 할 때는, 단순히 멀리 떨어져 있는 것이 아니라 더 높은 곳에서 바라보는 시점으로 재구성해보라. 열기구 위, 산 정상, 혹은 우주 공간까지 상상해도 좋다. 멀리서, 위에서 내려다보며 자신을 전체 상황 속에 놓인 하나의 일부로 바라보는 것이다. 지금 여러분은 그저 교통 체증에 갇힌 사람인가, 아니면 교통 체증 그 자체인가? 이전에는 보이지 않던 것이 이제는 보이는가?

1. 시야를 확장하라.

   시야를 넓힐 때는 당신 자신이나 당신의 이미지가 아니라 상황 전체에 초점을 맞추라. 당신은 그저 그 장면의 일부일 뿐이다.

2. 거리를 두고 결정하라.

   복잡한 문제에 직면했을 때는 정신적으로 지금 있는 곳에서 멀리 떨어진 장소로 이동해 그곳에서라면 무엇을 할지 생각해보라.

3. 물체가 아니라 자신을 움직이라.

   상황을 자신으로부터 멀어지게 하는 대신, 자신이 상황으로부터 멀어지도록 정신적으로 이동해 공간적 거리를 확보하라. 인지적으로는 더 어렵지만 효과는 훨씬 크다.

4. 정신적 공중 부양을 실천하라.

   자신을 재배치할 때는 단순히 멀리 가는 것에 그치지 말고 더 높이 올라간 관점에서 바라보는 상상을 하라.

공간적 거리두기는 문제를 바라보는 방식을 바꾸고, 더 높은 수준의 해석으로 사고를 확장하는 강력한 방법이다. 우리의 시각 시스템은 인지 및 정서와 연결되어 있기 때문에, 정신적 이미지를 활용해 자신을 상황에서 멀리 떨어뜨려 거리를 두고 중립적인 시각에서 바라볼 수 있게 한다. 다른 곳에 있다는 상상은 더 큰 그림을 볼 수 있도록 사고를 촉진한다. 시야를 넓혀 전체 맥락을 더 명확하고 균형 있게 바라보면 우리는 더 나은 결정을 내릴 수 있게 된다.

PART 4

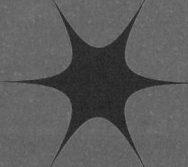

다른 시간대에
존재하라

Chapter 7

미래의
자신이 되라

나는 이 일을 시도한 것을 여든 살이 되었을 때 결코 후회하지
않을 거라는 사실을 알고 있었다.

_제프 베이조스, 아마존 창업을 회고하며

1994년, 제프 베이조스는 월스트리트의 한 금융회사에서 탄탄한 커리어를 쌓고 있었다. 수익률도 좋았고, 존경할 만한 상사 아래에서 미래가 보장된 삶을 살고 있었다. 그러던 중 그는 인터넷이라는 새로운 기술에 관한 글을 읽게 되었다. 당시 인터넷은 연간 2,300퍼센트라는 엄청난 속도로 성장하고 있었다. 그는 이 기술이 거대한 흐름이 될 것임을 직감했고, 그 기술의 성장 흐름에 올라타 무언가를 온라인으로 판매하는 회사를 창업하고 싶다는 생각이 들었다. 하지만 그것은 분명 모험이었다. 분명 위험한 선택이었다. 그는 이미 꽤 괜찮은 삶을 살고 있었으니 말이다. 이 상황에서 그는 어떻게 해야 했을까?

"그때 나는 한 가지 아이디어를 떠올렸어요." 베이조스는 이렇게 회상한다.[1] "처음엔 아주 단순했죠. 책을 온라인으로 파는 거였어요. 그래서 내가 정말 좋아했던 상사 데이비드에게 가서 말했어요. '인터넷으로 책을 파는 회사를 시작해보려고 해요.'" 데이비드는 그 계획을 열린 마음으로 들었고, 센트럴 파크를 함께 걸으며 베이조스의 아이디어를 자세히 듣고 싶다고 했다. 이야기를 들은 데이비드는 꽤 괜찮은 아이디어라고 인정하면서도 중요한 단서를 덧붙였다. "이미 좋은 직장을 갖고 있지 않은 누군가에게 더 좋은 아이디어일 수도 있겠네." 유능한 인재를 붙잡고 싶었던 것일 수도 있고, 단순히 예의상 한 말이었을 수도 있다. 하지만 그의 말은 베이조스의 생각을 깊이 뒤흔들었다.

"그 말은 나름 일리가 있었어요. 그리고 그는 이렇게 말했죠. '최종 결정을 내리기 전에 이틀 정도 생각해보는 게 어때?' 그래서 나는 자리에서 물러나 생각에 잠겼어요. 그 결정을 어떻게 내려야 할지 고민했죠. 삶에서 개인적인 결정을 내리는 순간들은 늘 어렵고 복잡하니까요. 결국 나는 내게 맞는 사고방식을 찾아냈어요. 바로, 후회하지 않는 쪽을 선택하자는 것이었죠."

베이조스는 자신이 여든 살이 되어 삶을 돌아보며, 그때까지 어떤 결정을 해왔고 어떤 길을 걸어왔는지 되새기는 모습을 상상했다. 그는 미래의 자신이 현재의 결정을 되돌아보며 '회사를 그만두고, 연간 보너스를 비롯한 지금 이 순간의 여러 혜택을 포기한 걸 과연 내가 후회할까?'라고 생각하는 상상을 했다. 그리고 곧 이렇게 결론 내렸다. '내가 여든 살이 되었을 땐 그런 건 전혀 생각도 나지 않을 거야. 기억조차 못 할 거야. 하지만 단 한 가지 확실한 건 있어. 내가 이 일을 시도조차 하지 않는다면, 반드시 후회하게 될 거라는 거야. 반대로, 시도했다가 실패하더라도 결코 후회하진 않을 거야.' 그렇게 생각하자마자 그는 반드시 시도해봐야겠다는 확신이 들었다.

베이조스는 '지금 여기의 나 자신'에서 벗어나, 미래의 자신이 되어보는 상상을 했다. 그는 여든 살의 자신이 되어 그 결정을 되돌아봤고, 그 시점에서 바라본 길은 너무도 분명했다. 그 선택은 결국 옳았다. 그는 오늘날 세계에서 가장 부유한 인물 중 한 명이며, 하루 매출이 15억 8,000만 달러, 초당 매출이 1,830만 달러를 기록하는 회사의 창업자이자 이사회 의장이 되었다.[2]

왜 이런 방식이 효과가 있었을까? 우리가 미래의 자신을 지금의 나와는 다른 사람으로 인식하게 되기 때문이다. 미래의 나 자신을 상상하는 순간, 우리는 자연스럽게 나와는 '다른 존재'가 된다. 게다가 그 미래의 자신은 더 가치 있는 관점을 지닌 또 하나의 '나'이며, 이상적인 자아에 더 가까운 시점으로 바라본다. 다시 말해, 미래의 자신은 더 나은 버전의 나다.

베이조스는 이 관점을 지님으로써 진정으로 중요한 것이 무엇인지 온전히 깨달을 수 있었다. 그것은 후회 없이 사는 삶이었다. 한편, 그 순간에 그는 이전에는 무척 중요해 보였던 것들, 말하자면 높은 연봉, 좋은 상사, 연말 보너스의 가치가 점점 떨어지고 있는 것을 느끼고 있었다.

미래의 자신이 되라

이처럼 우리가 미래의 자신이 되어 더 이상적인 자신의 모습을 떠올리는 과정은 세 가지 경로를 통해 진행된다. 첫째, 우리는 삶의 끝자락에 있는 자신을 상상하며 시간을 앞당긴다. 흔들의자에 앉아 인생을 되돌아보는 시점은 평소에는 얻기 어려운 관점으로 보게 해 준다. 인생의 마지막에 선 미래의 자신은 전체 삶의 맥락에서 진정으로 중요한 것이 무엇인지에 집중한다. 이렇게 가치 중심적인 시각으로 전환하면, 우리는 지금 당면한 결정을 이미 내린 이후의 시점에서 이 결정을 되돌아보는 셈이다.

그 결과, 우리는 타고난 위험 회피 본능이나 손실에 대한 두려움에서 벗어나 오히려 후회에 대한 두려움, 즉 놓칠지 모르는 기회에 민감해진다. 삶의 갈림길에서 현재의 길을 유지할지 새로운 방향을 시도할지 고민할 때, 예컨대 지금의 직장을 계속 다닐지 이직할지, 현재 사는 곳에 머물지 이사할지 등을 고민할 때 뇌는 대개 기존 경로를 안전한 선택으로 판단한다. 지금까지 해온 방식이 우리의 삶을 망쳐놓지 않았다는 사실만으로도 현상을 유지하려는 쪽이 설득력을 갖게 된다. 그 결과 우리의 생각은 행동을 회피하는 쪽으로 기울고, 이는 '비행동 편향anti-action bias, 무언가를 하지 않는 것이 더 안전하다고 느끼는 심리적 경향'으로 나타난다. 하지만 의사 결정을 이미 끝낸 미래의 자신이 되어 그 시점을 돌아보면, 오히려 행동하지 않았기에, 즉 새로운 선택을 시도하지 않아 기회를 놓쳤다고 생각하게 된다.

둘째, 미래의 자신이 되어 자기 자신과 거리를 둘 때, 우리는 일상적 현실과 실용적 고려보다 우리가 삶에서 진정으로 원하고 소중히 여기는 이상ideals을 더 뚜렷이 인식하게 된다. 이는 선택지를 저울질할 때 어떤 요소들을 고려하고, 각 요소의 비중을 어떻게 판단할지를 바꾸어놓는다. 시간의 기준점이 바뀌면, 지금 이 순간에 끌리는 '시간 할인' 편향에서 벗어날 수 있다. 시간적 거리가 생기면 당장의 제약이 덜 중요해지고 심지어 눈에 띄지도 않게 된다. 그 제약들을 체감하지 않을 때, 남는 것은 바로 우리의 이상적인 자아다. 이 자아는 대개 지금의 우리보다 더 나은 인간상을 품고 있으며, 일상의 긴급한 문제나 타협, 양보, 자기 정당화로부터 벗어나 진심으로 중요한 것에 집중하게 해준다.

반대로 자기 몰입 상태에 있을 때, 우리의 결정은 일상의 제약들에 얽매인다. 예를 들어, 우리는 헌혈이 의미 있는 일이라 믿고 스스로를 '헌혈하는 사람'이라고 여길 수도 있다. 그러나 막상 행동에 옮기지 못하는 이유는 헌혈 장소를 찾고 시간을 내는 등의 현실적인 문제에 영향을 받아서다. 결국 우리는 이상적인 상황이라면 어떻게 행동해야 할지 알고 있으면서도, 현실의 제약 때문에 그에 맞게 행동하지 못하고 타협해버린다.

셋째, 미래의 자신이 되는 것은 자기통제력self-control을 강화시킨다. 더 정확히 말하자면 자기통제의 필요 자체를 줄여준다고 할 수 있다. 자기통제 실패란 본래 원했던 바와 다른 선택을 하는 것이다. 화를 참지 못하고 분노를 폭발시키거나, 건강에 좋지 않은 음식을 충동적으로 선택하는 행동이 바로 그 예다. 이런 실패는 대개 미래의 자신에 대한 공감 부족에서 비롯된다. 우리는 미래의 자신을 별개의 사람으로 여기고, 오직 지금 이 순간에만 몰두한다. 하지만 미래의 자신이 되어보면, 우리의 결정과 행동이 지금보다 훨씬 더 명확하게 우리가 진심으로 중요하게 여기는 것들과 일치하게 된다. 이로써 우리는 더 의도적이고 일관된 삶을 살아갈 수 있다.

밤의 나는 항상
아침의 나를 이긴다

제리 사인펠드가 스탠드업 코미디에서 선보였고, 그의 히트 시트콤 〈사인펠드〉의 오프닝 크레딧을 통해 널리 알려진 이야기가 있다. 이 이야기는 우리의 '지금 여기의 나 자신'이 미래의 자신을 전혀 다른 사람으로 인식하는 방식을 보여준다.

나는 늘 잠이 모자란다. 나는 밤늦게까지 깨어 있는 '밤의 남자'이기 때문이다. 이 녀석은 늦은 밤에도 잠을 자려고 하지 않는다. 다섯 시간밖에 못 자면 아침에 힘들지 않냐고? 그건 '아침의 남자'가 알아서 하겠지. 내 문제가 아니야. 나는 '밤의 남자'니까 내가 원하는 만큼 늦게까지 깨어 있을 수 있어. 밤의 나는 항상 아침의 나를 이길 수 있어.

제리 사인펠드의 이 탁월한 유머에 우리가 깊이 공감하는 것은 이 유머가 우리가 미래의 자신을 마치 다른 사람처럼 여기는 자연스러운 경향을 정확히 포착했기 때문이다. 우리는 미래의 자신을 '나'가 아니라 미래에 존재하는 '다른 사람'이라고 생각한다.

우리가 자신을 바라보는 방식과 타인을 바라보는 방식 사이의 비대칭성을 연구하는 심리학자 에밀리 프로닌은 사람들이 수십 년 뒤 미래의 자신이 먹을 음식에 대해 이야기할 때, 자신을 '나'로 표현할 확률보다 3인칭 대명사 '그'나 '그녀'로 표현할 확률이 무려 네 배나 높다는 사실을 발견했다.[3] 물론 마음 한 켠으로는 미래에 그 음식을 먹는 사람이 '나'라는 걸 알고 있지만 실제로 우리가 말하거나 행동하는 방식은 그렇지 않다. 우리의 뇌 반응 역시 마찬가지다.

UCLA 앤더슨 경영대학원의 교수이자 행동과학자인 할 허시필드Hal Hershfield의 연구에 따르면, 우리가 3인칭 언어를 사용할 때 우리 뇌는 활동 패턴이 달라진다. 그는 『미래의 나를 만난 후 오늘이 달라졌다』에서,[4] 사람들이 미래의 자신을 떠올릴 때 나타나는 뇌 활동 MRI 스캔 결과가 낯선 사람을 생각할 때 나타나는 뇌 활동 스캔 결과와 유사한 패턴을 보인다고 설명한다.

후회 없는
삶

브로니 웨어Bronnie Ware는 호주의 호스피스 간호사였다. 특별히 원해서 선택한 일은 아니지만, 병이 말기에 이른 환자들을 돌보게 되었다. 환

자들은 대개 삶의 마지막 3주에서 12주 사이를 집에서 보내기로 선택한 이들이었다. 감정적으로 매우 고된 일이었지만, 웨어는 자신이 이 일을 잘해내고 있다고 느꼈다. 무엇보다 그녀는 환자들의 이야기를 경청할 줄 알았다. 그러면서 그녀는 삶의 끝자락에서 사람들이 하는 후회에는 일정한 패턴이 있다는 것을 발견했다. 웨어는 이 경험을 바탕으로 쓴 깊은 사유를 불러일으키는 책 『나의 오늘은 내일로 이어지지 않는다』에 그 내용을 담았다.[5]

책에 따르면, 환자들은 "다른 사람들의 기대에 맞춘 삶이 아니라, 내게 진실한 삶을 살 용기를 냈더라면 좋았을 텐데"라는 후회를 가장 많이 했다. 이는 어떤 행동을 한 것에 대한 후회가 아니라, 하지 않은 선택들에 대한 후회, 즉 걷지 못한 길들에 대한 아쉬움이다. 브로니 웨어는 이렇게 말한다. "사람들은 자신의 삶이 거의 끝나갈 무렵이 되어서야 비로소 명확하게 돌아보게 됩니다. 그제야 얼마나 많은 꿈이 이루어지지 못했는지 깨닫죠. 대부분의 사람은 자기 꿈의 절반도 실현하지 못했고, 그것이 자신이 한 선택 혹은 하지 않은 선택 때문이었다는 사실을 알게 된 채로 삶을 마무리합니다. 건강은 우리를 확실히 자유롭게 해주지만, 우리는 건강을 잃고 나서야 그 가치를 깨닫죠." 웨어는 우리가 이 후회들을 교훈 삼아 더 용기 있게, 더 충만한 삶을 살아가기를 바란다. 분명 가치 있는 바람이지만, 여기엔 문제가 있다. 더 용기 있게 행동하라는 권유만으로는 실제 변화를 이끌어내기 어렵다는 점이다. 바람만으로는 우리의 사고방식을 바꿀 수 없다. 이는 마치 스스로에게 "좀 더 잘해!"라고 외쳐놓고 결과가 달라지기를 기대하는 것과 같다.

우리가 진정 용기 있게 행동하려면, 즉 무기력이나 위험 회피 편향에서 벗어나 행동으로 나아가려면, 삶의 한 고비를 넘긴 시점에서 지금의 결정을 되돌아보는 상상을 해야 한다. 미래에서 현재를 바라보는 것이다. 그렇게 되돌아보면서 우리는 흔히 이렇게 자문하게 된다. "왜 그때 그렇게 하지 않았을까?", "그때 그렇게 했더라면 좋았을 텐데." 이러한 후회 프레이밍은 행동하지 않았을 때의 대가를 더욱 또렷이 인식하게 해준다.

미래로 시간을 빠르게 앞당겨보는 것은 또한 우리 자신의 죽음과도 가까워지게 한다. 아무리 받아들이고 싶지 않더라도 우리는 나이를 먹고, 움직임이 둔해지고, 활력이 줄어들게 된다. 이러한 죽음과의 근접성은 삶의 관점을 재정립하게 하고, 행동하려는 의지를 더쉽게 북돋운다. 애덤 윌리엄스Adam Willims의 사례를 보자. 그는 1996년부터 2000년까지 라이스 대학교에서 미식축구 선수로 활약했다. 대학 졸업 후 축구 선수 생활을 접었지만 몸 관리를 꾸준히 하며 내추럴 보디빌딩 대회에서 네 개의 메달을 따냈다. 그러고는 무려 18년 만인 마흔 살에 다시 유럽 무대에 미식축구 선수로 복귀해 암스테르담 크루세이더스 팀에서 2년간 활약하며 자신의 꿈을 실현했다. 그는 많은 이들에게 영감을 주는 존재가 되었고 현재는 퍼스널 트레이너로 활동 중이다. 그는 자신의 고객들과 소셜미디어 팔로어들에게 이런 질문을 던진다. "여든 살이 되어 흔들의자에 앉아 있을 때, 나는 내게 주어진 모든 것을 다 쏟아부었다고 말할 수 있을까요?"

찰스 디킨스의 1843년 소설 『크리스마스 캐럴』에도 비슷한 장면이 등장한다.[6] 미래에서 온 크리스마스 유령은 인색한 에비니저 스크루지를 그의 죽음 이후의 시간까지 끌고 간다. 먼 미래의 어느 시점에서 스크루지는 관리되지 않은 채 방치된 슬픈 묘비 하나를 보게 된다. 유령은 그를 런던 곳곳으로 데리고 다니며 사람들이 그의 죽음을 기뻐하고 불운을 조롱하는 소리를 들려준다. 눈앞에 펼쳐진 운명은 스크루지를 충격에 빠뜨린다. 더 끔찍한 것은, 그의 직원 밥 크래칫의 아들 타이니 팀이 치료비를 감당하지 못해 결국 목숨을 잃었다는 사실을 알게 되는 장면이다. 미래의 이 모습은 그가 되고 싶어 하는 사람의 모습과는 전혀 어울리지 않았다. 이 꿈은 의도한 대로 효과를 발휘한다. 잠에서 깨어났을 때(단지 상상이었는지 아니면 진짜 유령들이 나타난 것인지는 알 수 없지만) 그는 당장 자신의 삶을 바꾼다. 곧장 크래칫 가족을 도우러 간다. 미래로 시간 여행을 다녀온 그는 나중에 후회하지 않도록 현재를 바꿔야 한다는 사실을 깨닫는다.

실천 방법 1: 미래로 시간을 빠르게 앞당겨보라

인생에서 중요한 전략적 결정을 앞두고 있을 때(회사를 창업하거나, 직장을 옮기거나, 이사를 하거나, 은퇴를 고려할 때처럼 현상 유지와 행동 중에서 선택해야 하는 순간에) 먼 미래에서 이미 그 결정을 내린 자신이 지금의 상황을 되돌아본다고 상상해보자. 그때 무엇을 했기를 바라게 될까? 무엇을 하지 않은 것을 후회하게 될까? 그 답이 바로 지금 여러분이 선택해야 할 방향이다.

엘 코르도바^{El Cordova}는 음악가이자 작가이며 스스로 괴짜임을 자처하는 인물로, 기술과 삶, 문화가 만나는 지점을 재치 있게 풀어낸 논평으로 잘 알려져 있다. 그녀의 영상 가운데 가장 많은 인기를 끈 것 중 하나는 다양한 '폰트들이 즐겁게 어울려 노는' 모습을 코믹하게 연출한 영상이다. 그녀는 고전적인 기본 서체이자 여전히 많은 사랑을 받는 타임스 뉴 로먼부터, 미래지향적인 푸투라, 느긋한 느낌의 코믹 산스까지 다양한 폰트를 직접 연기한다.

코르도바가 2023년 11월 인스타그램에 올린 사진 한 장은 마치 우리가 시간 여행을 떠나는 듯한 느낌이 들게 한다. 이 사진에서 그녀는 우리를 미래로 이끈다. 지금 이 순간의 자신을 더 선명하게, 더 깊은 감사의 시선으로 바라보게 한다. 이 여정은 아주 천천히 시작된다. 그녀는 다음 날 아침을 상상하게 한 뒤, 그 상상이 반복되며 점차 속도를 내게 한다. 수년이 흐른다. 휴일이 지나고, 크고 작은 사건들이 이어지고, 친구와 가족의 죽음도 맞이한다. 우리는 점점 나이 들어간다. 그러다 마침내 마지막 정류장에 도착한다. 온몸에 기계가 연결된 채 병상에 누워, 내일을 맞이할 수 있을지 확신하지 못하는 상태에 이른다. 하지만 기억은 또렷하게 떠올릴 수 있고, 그중 하루를 선택해 다시 살아볼 수도 있다. 우리는 오늘을 고른다. 현재의 몸으로 오늘을 다시 살아내는 것이다. 그것도 미래의 나의 의식으로. 이것이 바로 현재의 삶을 더 깊이 이해하기 위해 미래의 내가 되어 보는 경험이다.

미래의 자신이 되라

미래를
과소평가하지 마라

사람들은 일반적으로 현재의 금전적 결정을 과대평가하고 먼 미래의 결정을 과소평가해 충분히 저축하지 않는다. 예컨대, 2021년 사우랍 바르가바Saurabh Bhargava와 린 코넬프라이스Lynn Conell-Price가 수행한 연구에서는 기업의 401(k) 퇴직연금 가입률을 높이기 위한 다양한 방법을 실험했다.[7] 그 결과, 즉시 받을 수 있는 10달러짜리 기프트카드가 몇 년 뒤에나 받을 수 있는 회사의 후한 매칭 기여금보다 가입 유인 효과가 더 크다는 사실을 밝혀냈다.

이러한 시간 할인 효과가 현실에서 얼마나 강력한지 데이비드는 냉전 종식 이후 해군에서 직접 목격했다. 당시 해군은 필요한 수보다 인력이 과잉된 상태였고 인원 감축이 진행되었다. 복무 20년을 목전에 두어 평생 건강보험과 물가 연동 연금이라는 은퇴 혜택을 받을 수 있는 이들에게는, 그 모든 것을 포기하는 대신 일시에 목돈을 받는 선택지가 제시되었다. 많은 이들이 그 유혹을 받아들였고, 결국 가치가 더 높은 (심지어 미래 가치로 환산해도 더 높은) 은퇴 혜택을 포기했다. 이는 결과적으로 세금 지출을 줄이기는 했지만 개인에게는 손해였다. 이후 군의 연금 제도는 변경되어, 현재는 일정 비율의 연금 수령액을 포기하는 조건으로 일시금을 일부 지급받는 방식이 표준 옵션이 되었다. 우리는 많은 퇴역 군인이 이 돈을 받아 투자를 통해 정부 연금보다 높은 수익을 얻고자 한다고 추측하지만, 실제로는 인플레이션

보호 기능과 미국 정부의 지급보증이 지닌 가치를 충분히 평가하지 못한 것으로 보인다. 그 결과, 손해를 보는 경우가 적지 않다. 기업의 구조 조정 과정에서도 이와 유사한 선택지가 제시된다. 직원들에게 장기적인 보상 대신 당장의 일시금을 제공하여 퇴직을 유도하는 방식이다.

미국 시민이라면 누구나 사회보장연금을 언제부터 수령할지 선택할 때 이와 유사한 결정을 내려야 한다. 미국의 사회보장제도에서는 62세부터 연금 수령이 가능하며, 70세가 되면 반드시 수령을 시작해야 한다. 수령 시점을 늦추면 그에 대한 보상으로 더 많은 금액을 받게 되는데, 예컨대 70세에 수령을 시작하면 62세에 시작할 때보다 약 75퍼센트 더 많은 연금을 받는다. 대부분의 사람에게 이 증가율은 수령 횟수 감소를 감안하더라도 상당히 높은 편이다.

《뉴욕타임스》보도에 따르면, 70세까지 기다리면 전체의 90퍼센트가 더 큰 혜택을 얻을 수 있음에도 실제로 그렇게 하는 사람은 단 10퍼센트에 불과하다.[8] 이때 사람들이 평생 잃게 되는 평균 금액은 18만 2,370달러(약 2억 5,000만 원)에 이른다. 그렇다면 누가 조기 수령을 선택할까? 바로 손실 회피 성향이 강한 사람들이다.

좋은 소식은 미래의 자아가 되는 것과 유사한 방법으로 사람들이 수령 시점을 늦추도록 유도할 수 있다는 점이다. 기다림으로 얻을 수 있는 잠재적 이익과 조기 수령 시 후회할 가능성을 강조하는 것이다. 결정을 내리기 전에 미래의 자아가 되어 시간적 거리를 두면, 미래의 자아를 해치는 선택을 하기가 더 어려워진다.

우리는 미래의 자아를 타인처럼 인식하기 때문에 오늘이나 내일 당장 하고 싶지 않은 일은 미래의 자신에게 떠넘기려는 경향이 있다. "이번 주부터 위원회 위원으로 활동하실 수 있나요?" "죄송합니다, 지금은 일정이 꽉 찼어요." "그럼 다음 학기부터는 어떠세요?" "좋아요."

사인펠드가 말한 '밤의 남자'처럼 우리는 불편하고 힘든 일은 미래의 나에게 떠넘기곤 한다. 예컨대 어떤 과학 실험에 참여해 고약한 맛의 액체를 마셔야 한다고 할 때, 지금 마시는 양보다 미래에 마시는 양을 스스로에게 더 많이 할당하는 것이다. '지금 여기의 나 자신'에 몰입할수록 미래의 자신과의 동일시 수준이 낮아지는데, 그 결과 저축은 줄고, 학업 성과는 떨어지며, 건강에 해로운 선택을 할 가능성이 높아진다. 전반적으로 더 나쁜 결정을 내리게 되는 것이다. 우리가 이상적 자아에 더 충실한 삶을 살기 위해서는 '지금 여기의 나 자신'으로부터 일정한 심리적 거리를 둘 필요가 있다. 그러나 그 목적은 하기 싫은 일을 억지로 하게 하려는 것이 아니다. 이러한 관점 전환을 통해 진정으로 하고 싶은 일이 무엇인지 더 분명히 보고, 덜 중요하지만 급해 보이는 집안일이나 방해 요소보다 그 일을 우선시할 수 있도록 돕는 것이다. '지금 여기의 나 자신'은 실용적 자아로서 당장의 현실적 문제와 실행 가능성에 집중한다. (예를 들어, "새벽 1시까지만 깨어 있으면 그래도 다섯 시간은 자고 내일 하루를 버틸 수 있어.") 반면 이상적 자아는 가치, 보상, 바람직함에서 더 큰 동기를 얻는다.

우리가 미래의 행동을 상상할 때, 그 행동에 수반되는 구체적이고 실질적인 조건들은 덜 분명하게 떠오르며, 그러한 조건들이 행동에 끼치는 영향도 덜 중요하게 여겨진다. 그 결과, 행동에 대한 설명은 상황적 제약이 아닌 성향적 동기로 대체된다. 그래서 우리는 미래의 행동에 있을 실질적 제약을 과소평가하고, 자신이나 타인이 가치에 따라 행동할 것이라고 더 쉽게 믿는다. 이러한 가치는 도덕적이고 이상적인 자아상을 반영한다. 이 때문에 현재의 행동보다 미래의 행동에 더 강한 도덕적 분노를 느끼거나 타인을 돕고자 하는 의지가 더 강하게 나타난다.[9] 미래의 나에게는 '올바른 일을 하지 않을' 어떤 변명도 허락되지 않는 것이다.

왜
미루는 걸까?

밤늦게까지 잠에 들지 않거나 중요한 프로젝트를 미루는 것 같은 지연 행동procrastination은 '지금 여기의 나 자신'이 미래의 자기를 방해하는 전형적인 사례다. 본질적으로 이는 자기 조절 실패다. 『상식 밖의 경제학』[10]의 저자이자 행동경제학자인 댄 애리얼리Dan Ariely의 연구에 따르면, 외부에서 정해준 마감일이 스스로 정한 마감일보다 학생의 진도와 성과를 더 효과적으로 이끈다. 단, 스스로 정한 마감일이 외부에서 정한 마감일처럼 고르게 배분된 경우는 예외다. 달력을 바라보는 미래의 자신이 지닌 냉정한 시각은 외부에서 정한 마감일과 유사한 효과를 내며 자기 조절 실패를 극복하도록 돕는다. 지연 행동의 정체는 분명하다. 자기 자신에 대한 공감 부족이다. 지연 행동은 도둑이다. 우리는 그 도둑을 들여보내 미래의 자아에게서 시간과 에너지, 성공을 빼앗도록 허락한다. 이제 우리는 미래의 자신이 되어, 그 존재에 감정을 깊이 이입해야 한다.

캐나다 윌프리드 로리에 대학교의 유타 치시마Yuta Chishima와 앤 E. 윌슨Anne E. Wilson이 2021년《자아와 정체성Self and Identity》[11]에 발표한 연구에 따르면, 고등학생들이 미래의 자신에게 편지를 쓰고, 다시 그 미래의 자아가 현재의 자신에게 답장을 쓰는 방식의 활동을 했을 때, 그들은 미래의 자신과 더 가까워졌다고 느꼈다. 이와 같은 심리적 친밀감은 더 나은 장기적 의사 결정으로 이어졌다.

실천 방법 2: 미래의 자신과 펜팔을 해보라

지금 직면한 문제나 내려야 할 결정을 구체적으로 적은 편지를 미래의 자신에게 보내라. 그 편지에는 고려해야 할 세부 사항, 그 결정이 자신과 조직에 미칠 영향, 현재 자신의 생각을 적으면 된다. 그런 다음 미래의 자신이 되어 답장을 보내보라.

미래의 자신과의 연결이 더 나은 장기적인 결정을 내리는 데 도움을 준다는 생각을 입증하기 위해, 할 허시필드는 사람들에게 두 개의 원으로 구성된 쌍들을 보여주었다. 첫 번째 원은 현재의 자신,

두 번째 원은 10년 후 미래의 자신을 나타냈다.[12] 총 일곱 쌍의 원이 있으며, 이들은 전혀 겹치지 않는 것부터 완전히 겹치는 것까지 다양한 정도로 구성되어 있었다. 허시필드는 참가자들에게 현재의 자신과 10년 후 미래의 자신 사이의 연결 정도를 가장 잘 나타내는 원의 쌍을 선택하도록 요청했다. 원의 겹침 정도가 크다고 선택한 사람들은 그렇지 않은 사람들보다 금융 자산을 35퍼센트 더 많이 축적한 것으로 나타났다. 허시필드는『미래의 나를 만난 후 오늘이 달라졌다』에서 미래의 자신을 상상한 실험 참가자들이 더 윤리적인 결정을 내리고, 삶의 만족도가 높으며, 건강에 더 좋은 선택을 하는 경향이 있다는 추가적인 증거도 제시했다.

좋은 소식은 이러한 미래의 자신과의 연속성, 즉 미래의 자신과의 연결감은 우리가 쉽게 조작할 수 있다는 것이다. 허시필드는 자신의 가상현실VR 실험실에서 학생들에게 거울을 마주하게 하고, 그 거울 속에 있는 디지털 아바타가 학생의 모든 움직임과 표정을 그대로 반영하게 했다.[13] 학생이 손을 들어 인사하거나, 웃거나 찡그리면 VR 아바타도 똑같이 반응했다. 참가자의 절반은 나이 조정이 되지 않은 현재의 모습 아바타를 보았고, 나머지 절반은 70세 버전의 노화된 아바타를 보았다. 최소 1분간 이 거울과 상호작용을 한 후, 연구 보조자가 "고향이 어디인가요?" 같은 질문을 던지며 학생들이 아바타와 더 깊이 동일시하도록 도왔다.

그 뒤 학생들은 VR 헤드셋을 벗고, 가상의 1,000달러(약 140만 원) 보너스를 다음 네 가지 항목에 배분하는 과제를 수행했다. 각각

미래의 자신이 되라

'다른 사람을 위해 좋은 것을 사기', '은퇴 자금에 투자하기', '재미있고 사치스러운 이벤트 계획하기', '당좌예금 계좌에 입금하기'였다. 미래 자아 아바타를 본 학생들은 현재 자아 아바타를 본 학생들보다 은퇴 자금 항목에 두 배 이상 많은 금액을 배분했다.

실천 방법 3: 스스로를 미래의 모습으로 투영해보라

그 시점은 6개월 후일 수도 있고 60년 후일 수도 있다. 그때 여러분은 무엇을 하고 있는가? 어떤 옷을 입고 있는가? 지금 무엇이 여러분을 걱정하게 하는가? 무엇이 가장 중요한가? 그 미래의 자아가 잘 그려지지 않는다면 허시필드의 방법을 참고해, 나이 드는 모습을 보여주는 소프트웨어를 활용해보라. 꼭 VR 고글을 사용할 필요는 없다. 스마트폰용 무료 앱만으로도 자신의 사진에 필터를 적용해 미래 모습을 대략적으로 확인할 수 있다.

우리는 본능적으로 미래의 자신에게 잘 공감하지 못한다. 하지만 마음속에서 미래의 자신이 되어보는 것만으로도 즉각적으로 이 문제를 해결할 수 있다. 바로 이런 관점이 삶에서 현명한 결정을 내리는 데 필요한 시각이다. 이 관점을 통해 지금 당장 행동을 취함으로써 미래의 자신에게 도움이 되는 결과를 만들어낼 수 있다. 예를 들어, 지금 미루고 나중에 해야겠다고 다짐하는 함정에 빠지지 않게 되는데 이는 매우 중요한 차이다.

이 경우 미래의 자신 관점에서 내리는 모든 결정이 나중에 실행할 때 쉽게 기본 선택이 되도록 만들어두는 것이 중요하다. 그러지 않으면 미래의 자신이 과거의 약속을 지키지 못해 실망하게 된다. 예를 들어, 스트리밍 서비스 무료 체험을 12개월 후에 해지하고 싶다면 그 일정을 캘린더에 기록해두고 해지에 필요한 모든 정보를 함께 적어두라. 이는 미래의 자신에게 보내는 메모이며, 해당 행동을 거의 자동적으로 수행할 수 있도록 돕는 방법이다. 이 방법을 활용해 우리는 하루아침에 고칠 수 없는 습관을 바꾸려 할 때에도 최소한 오늘부터 그 습관을 관찰하고 인식하기 시작할 수 있다.

실천 방법 4: 미래가 아닌 지금 행동하라

가능한 한 지금 바로 행동해야 한다. 예를 들어, 내일 먹을 도시락이나 작업 가방, 운동 가방을 미리 챙겨둘 수 있다. 방금 미래의 자신이 쓰기로 결정한 편지의 초안을 미리 작성할 수도 있다. 새로운 다짐은 할 일 목록이 아니라 달력에 바로 기록하라. 저축 계좌 자동이체도 지금 설정하라. 단 천 원으로 시작하더라도 괜찮다. 특히 적절한 시기를 노려야 한다. 예컨대 필요한 정보가 이미 눈앞에 있거나, 무언가에 대한 의욕이 한껏 올라온 순간이 바로 그때다.

미래의 자신을 위해 미리 행동할 방향을 정해두었다 해도, 시간이 흘러 그 미래의 자신이 되었을 때 처음 내렸던 결정을 다시 점검하거나 수정해야 할 수도 있다. 하지만 그 시점에서는 처음부터 새로 시작하는 것보다 실행을 조금 조정하는 편이 훨씬 수월하다. 관

성의 힘 때문이다. 미래의 자신은 분명 지금의 여러분에게 고마워할
것이다.

미래의
자신 되기

현재 시점과 공간에서 벗어나 자신을 분리된 존재로 상상할 수 있는
능력은 자아 개념의 핵심 요소다.[14] 일단 자신을 추상적 존재로 여기
게 되면, 그 이미지를 여러 방식으로 조작할 수 있다. 자신을 코치로
상상할 때처럼, 나이 든 모습의 자신을 떠올릴 때에도 마찬가지로 자
기 이미지를 변형하는 것이다.

　미래의 자신이 되어 지금 이 순간을 되돌아보며 "그날 무엇을 해
두었더라면 좋았을까?" 하고 묻는다면, 단순히 더 장기적인 관점에
서 결정을 바라보게 되는 것에 그치지 않고, 지금의 자신으로부터
심리적 거리를 두는 효과까지 얻을 수 있다. 실제로 이 방법을 시도
해보면 지금에서 미래로 사고를 확장할 때와 미래에서 지금을 되돌
아보며 사고할 때 생각하는 방식에 차이가 있다는 것을 알 수 있다.
후자의 접근은 더 많은 정신적 노력을 요구하지만, 이러한 추가적
노력 덕분에 우리는 '지금 여기의 나 자신'에서 벗어나 새로운 관점
으로 바라볼 수 있다.

　어떤 접근이 더 효과적인지 확인하기 위해 허시필드와 동료들은

또 다른 연구를 진행했다. 이번에는 대학 저축 앱인 'UNest'을 활용했다.[15] 연구팀은 앱 가입을 시작했으나 완료하지 않은 2만 5,000명에게 메시지를 보냈다. 한 그룹에는 "지금은 2021년입니다. 2031년으로 이동하세요"라며 빠르게 시간을 앞당기라는 메시지를, 다른 그룹에는 "지금은 2031년입니다. 2021년으로 되돌아가세요"라며 시간을 되돌리라는 메시지를 보냈다. 그 결과, 시간을 되돌리라는 메시지를 받은 그룹이 저축 계좌 등록을 완료할 확률이 빠르게 시간을 앞당기라는 메시지를 받은 그룹보다 두 배나 높았다.

마음속으로 촛대의 위치를 재설정하는 연습을 기억하는가? 그 경우, 촛대(대상)나 테이블을 마음속에서 회전시키는 것보다, 스스로 자리와 시점을 옮겨 촛불과 시야를 일치시키는 것이 더 어렵고 덜 자연스러웠다(관찰자 회전). 하지만 관찰자 회전은 더 깊은 관점 전환을 가져왔다. 마찬가지로, 2031년으로 마음속에서 이동한 뒤 다시 2021년으로 되돌아오는 사고(관찰자 회전)는, 2021년에 머무른 채 2031년으로 시간을 빠르게 앞당기는 사고(대상 회전)보다 더 많은 정신적 노력을 요구하지만, 그만큼 더 깊은 심리적 거리와 더 나은 관점을 얻을 수 있다. 미래의 자신이 되어 지금을 되돌아보는 방식이 훨씬 강력하다.

하버드 대학교의 심리학자 대니얼 길버트^{Daniel Gilbert}는 사람들이 미래의 변화 가능성을 어떻게 추정하는지 연구했다. 그는 사람들이 과거의 자신과 현재의 자신을 비교할 때는 큰 변화를 쉽게 인식하지만(과거를 되돌아볼 때), 미래의 자신은 거의 변화가 없을 것이라고 예

측한다는 점을 발견했다.[16] 그러나 자기 자신이 변화할 수 있다고 생각하는 것이 훨씬 더 적응력 있는 사고방식이다. 이러한 거꾸로 생각하기 연습은 앞으로 얼마나 성장할 수 있을지 더 잘 인식하게 해준다.

실천 방법 5: 시간을 거슬러 생각하라

10년 전의 자신을 떠올려보자. 그동안 얼마나 변했는가? 그때는 전혀 예상하지 못했던 일들이 얼마나 있었는가? 그 시점으로 돌아간다면 지금의 자신은 어떤 조언을 해주고 싶은가? 지난 10년 동안 자신이 얼마나 성장했는지 보이는가? 이제 그와 같은 성장 가능성을 미래의 자신에게도 적용해보라. 오늘 내리는 결정부터 그러한 가능성을 고려하라.

이 연습은 관점을 재정립하는 데 도움이 되지만, 때로는 10년이라는 시간이 너무 가깝거나 멀게 느껴질 수 있다. 결정의 유형에 따라 필요한 시간적 거리 역시 달라진다. 오늘 점심을 어디에서 먹을지 결정하는 일과 새로운 직장을 수락할지 여부를 고민하는 일은 중요성과 범위가 다르기 때문에, 각 결정을 제대로 바라보기 위해 요구되는 시간적 거리 역시 다를 수밖에 없다.

마리오 안드레티^{Mario Andretti}는 1940년 당시 이탈리아령이었던 크로아티아에서 태어났다. 전쟁이 끝난 뒤 가족은 토스카나의 국내 실향민 수용소로 옮겨 갔다. 15세가 되었을 때, 안드레티의 부모님은 미국으로 이민을 가기로 결심했다. 당시 안드레티는 레이싱 선수가 되겠다는 꿈을 품고 있었지만, 영어를 전혀 하지 못했고 미국에 자동차경주가 존재하는지조차 알지 못했다. 대서양을 건너는 9일간의 항해는 청소년이었던 그에게 매우 힘든 일이었다.

60년이 지난 뒤, 4대에 걸쳐 다양한 종류의 자동차와 트랙에서 승리를 거둔 그는 열다섯 살의 자신에게 편지를 썼다. 그 편지는 '플레이어스 트리뷴' 웹사이트 theplayerstribune.com/articles/2016-6-9-mario-andretti-racing-letter-to-my-younger-self. 에서 읽어볼 수 있다.

이 편지는 5,000자가 넘는 긴 글이다. 안드레티는 미국으로 이주하기로 한 고통스러운 결정에 초점을 맞추며, 그 뒤에 이어진 삶의 여정을 상세하게 회고한다. 첫 번째 랩에서 사고로 경기를 중단했던 순간, 쌍둥이 형제가 사고로 중상을 입었던 일, 좋은 친구가 화재로 목숨을 잃었던 일 등 인생의 고비들을 솔직하게 담아낸다. 무엇보다도, 젊은 시절의 자신을 짓누르던 불확실성과 불안에 대해 이야기한다.

그가 이렇게 구체적으로 쓸 수 있었던 것은 그 모든 일을 실제로 겪었기 때문이다. 하지만 지금 당신이 미래의 자신의 관점에서 현재의 자신에게 비슷한 편지를 쓴다고 상상해보라. 그것이 얼마나 강력하게 당신을 앞으로 나아가게 하는 행동 편향으로 이끌지 짐작해보라. 이는 실패에 대한 두려움을, 기회를 포기한 데 대한 후회의 두려움으로 대체함으로써 불안과 마비 상태를 완화시켜줄 것이다.

미래의 자신이 되라

실천 방법 6: 미래의 자신이 현재의 자신에게 편지를 쓰게 하라

인생의 중요한 결정을 내려야 할 때, 먼저 그 결정을 이미 내린 미래의 자신이 되어보라. 그리고 그 미래의 자신이 더 젊었던 자신, 즉 지금의 여러분에게 편지를 쓰도록 하라. 그 편지는 가능한 한 구체적으로 작성하라. 그래야 그 결정을 내린 이후에 삶이 어떻게 펼쳐질지를 생생하게 그려볼 수 있다.

세 가지
시간대

대체적으로 볼 때 결정이 중요할수록 더 먼 시간적 거리가 필요하다. 미래의 자신을 얼마나 앞선 시점까지 내다봐야 할지 모르겠다면 하루, 1년, 10년(또는 삶의 마지막까지)이라는 세 가지 시간 범위를 고려해볼 것을 권한다. 어느 정도의 유동성은 있지만, 이를 각각 가까운 미래, 중간 미래, 먼 미래라고 부르자. 구체적인 상황에 따라 세부 사항은 달라질 수 있지만, 이 기준은 각 상황에 맞는 최적의 시간 범위를 정하는 데 출발점이 되어준다.

가까운 미래

때로는 단지 지금 이 순간에서 벗어나기 위해, 아주 짧은 시간 미래의 자신을 떠올리는 것만으로도 충분하다. 가까운 미래라는 시간 범위는 자기 조절을 돕는 유용한 도구가 되어준다. 하루 정도면 적당하지만, 어떤 경우에는 한 시간 혹은 그보다 짧은 시간만으로도 현재의 순간에서 벗어나는 데 충분하다. 가까운 미래는 전술적인 판단을 내리기에 이상적인 시간대다. 이를테면 문자나 이메일을 보낼지, 주중에 자정을 넘겨 밖에 머물지, 견적서를 처음 받은 금액대로 수락할지 고민할 때가 그렇다.

실천 방법 7: 전술적인 결정을 내리기 위해 가까운 미래의 자신이 되라

이 방법은 눈앞의 결정처럼 즉각적인 결과나 보상이 따르는 상황에서 매우 효과적이다. 다음과 같은 질문을 스스로에게 던져보라. "내일 이 일이 나에게 얼마나 중요할까?", "한 시간 뒤 나는 이 일에 대해 어떻게 느낄까?", "지금 당장 이 결정을 내리는 게 과연 얼마나 중요할까?"

오하이오 북서부의 한 알츠하이머 환자 전문 요양 병동에서 심각한 문제가 있었다.[17] 이곳 간병인들은 도움이 필요한 이들을 돕고자 이 일을 시작했다. 그들은 연민을 지닌 사람들이었지만 점차 번아웃 상태에 이르고 있었다. 아무리 헌신해도 환자들은 그들을 무시하고 때리며, 그들이 누구인지조차 잊어버렸다. 간병인들은 시간에 쫓기고, 과중한 업무에 시달렸다. 설상가상으로, 거리 건너편 월마트에 가면 같은 수준이나 그 이상의 임금을 받을 수 있으며, 그런 학대를 견딜 필요도 없었다. 이러한 대우는 간병인들의 행복과 건강에 심각한 정서적 타격을 입혀 높은 이직률로 이어졌다.

병동은 새로운 방식을 시도하기로 했다. 간병인들이 환자를 돌보는 과정에서 좌절이나 분노를 느끼기 쉬운 고비를 맞이할 때, 잠시 멈춰 서서 지금 겪고 있는 상황에 대해 30분 뒤에는 어떤 감정을 느낄지 상상해보게 한 것이다. 길다고 할 수 있는 시간은 아니지만, 그 짧은 시간적 거리만으로도 지금 이 순간의 격렬한 감정이 사그라든 모습을 상상하며 현재의 상황을 다르게 바라볼 수 있었다.

인스타그램에서 @ImMrsSpaceCadet라는 아이디로 활동하는 에린 아자르Erin Azar는 자신을 "프로 고생 러너pro struggle runner"라고 부르며 유쾌한 유머와 영감을 능숙하게 결합하는 인물이다. 그녀는 달리기가 힘들다고 말하면서도, 그런 자신을 잘 다독이며 가까운 미래의 자신에게 의지해 운동을 시작하곤 한다. 그녀는 이 과정을 '플레잇 포워드play it forward'라 부른다. "한 시간 뒤의 미래로 빨리 감기 해서, 지금 뛰지 않았을 때의 느낌과 뛰었을 때의 느낌을 비교해보세요. 무엇이든 하기 싫을 때 이 방법은 100퍼센트 효과가 있어요."[18]

이처럼 가까운 미래의 시점으로 사고를 전환하는 방식은 건강과 인간관계에 우선순위를 두는 데 도움을 주며, 일시적인 유혹이나 타인의 조작으로부터 스스로를 보호한다. "이 세트 메뉴, 사이즈 업 해드릴까요?" 한 시간 후 미래의 자신이라면, 대답은 대개 "괜찮습니다"일 것이다. 귀찮은 일을 미루고 SNS를 계속 보고 싶은 마음이 든다면? 퇴근 직전의 자신을 떠올려보라. 지금 이 순간의 내가 어떤 행동을 해주길 바랐을까? 휴게실에 놓인 도넛이나 남은 피자가 고민될 때도 마찬가지다. 다음 날 아침 체중계 위에 서 있는 자신이 되면 거부하기가 훨씬 쉬워진다. 자녀, 배우자, 부모가 당신을 미치게 만드는 행동을 했을 때도 효과적이다. 두 시간쯤 미래로 마음을 이동시켜보라. (경우에 따라서는 하루 전체가 필요할 수도 있다!) 그 상황에 어떻게 대처했더라면 좋았을까? 최소한, 지금 당장 절박하게 느껴졌던 일이 더 이상 그렇게 급박하지 않다는 사실을 깨닫게 된다. 장기적으로 효과적인 대응이 순간적인 격한 반응보다 언제나 낫다. 이처럼 시간적으로 아주 조금 떨어져서 '가까운 미래의 나'가 되어보는 것만으로도 몰입된 현재의 자아로부터 벗어나 강력한 변화를 일으킬 수 있다.

중간 미래

중기적 시간 프레임은 명목상 '1년 후'를 가리키지만, 상황에 따라서 6개월이나 2년으로 설정해도 무방하다. 이는 계절적 요인이나 비즈니스 사이클에 따라 달라질 수 있다. 중요한 것은 의사 결정의 효과가 당장의 미래가 아닌 어느 정도 시간적 여유가 있는 시점에서 발휘되도록 시간을 미리 설정해두는 것이다. 이렇게 하면 실행 가능성이나 편의성 같은 단기적 고려는 내려놓고, 보다 이상적이고 가치 지향적인 기준에 집중할 수 있다. 물론 이때 우리가 상상하는 미래는 완전히 다른 삶의 국면이 아니라, 지금과 크게 다르지 않은 생활과 업무 환경 위에 놓여 있는 미래다.

버밍엄 대학교의 아네트 존Anett John과 옥스퍼드 대학교의 케이트 오킨Kate Orkin은 케냐 여성 3,750명을 대상으로 미래의 자신이 되어

보는 것이 어떤 효과를 발휘하는지 연구했다.[19] 케냐의 지역사회에서는 오염된 식수가 주요 문제였고, 이는 어린이 설사병과 탈수, 나아가 사망으로 이어지고 있었다. 사실 이 문제는 케냐에만 국한되지 않는다. 2024년 기준으로 설사병은 전 세계 5세 미만 아동의 사망 원인 가운데 세 번째로 순위가 높으며, 매년 50만 명에 가까운 어린이가 이 병으로 목숨을 잃는다.[20]

염소 처리된 식수는 매우 효과적인 해결책이었지만, 존과 오킨이 연구를 시작했을 당시 해당 지역에서 이를 실제로 사용하는 가정은 고작 3퍼센트에 불과했다. 연구진은 여성들에게 1년 후의 자신과 가족을 상상해보라고 요청했다. "눈을 감고 1분 동안 생각해보세요. 1년 뒤 당신은 어떤 사람일까요? 당신의 가족은 어떤 모습일까요?" 미래의 자신이 되어보기는 단순한 계획 세우기보다 더 큰 효과를 냈다. 염소 정수제 사용률이 계획 수립만 했을 때보다 22퍼센트 더 높아졌던 것이다. 이는 중기적 시간 거리 확보가 보다 구체적으로 보이는 계획보다 행동 변화에 더 강력한 영향을 미칠 수 있음을 보여준다.

운영 의사 결정operational decision, 일상적인 업무에서 반복적으로 내려야 하는 의사 결정을 내릴 때는 대략 6개월 후 자신의 미래를 상상하는 것이 가장 적절하다. 데이비드가 산타페호 함장이었을 당시, 그는 어떤 장교가 잠수함을 항구로 진입시키는 임무를 맡을지 직접 승인하곤 했다. 현대 잠수함은 수중 작전에 최적화된 설계를 갖추고 있어서, 수면 위에서 항구로 들어가는 일이 드물고 진입은 대부분 낯선 장소에서 이뤄진다. 게다가 과거 진입 경험이 조직 내에 남아 있지 않은 경우도 많다. 다시 말해, 잠수함 승조원들에게 그 항구에 대한 축적된 경험이나 기억이 전해지지 않은 경우가 많았다. 게다가 일반적으로 잠수함의 항구 진입은 공식 평가의 대상이 되기 때문에 압박도 상당했다. 단지 최고 점수를 얻는 것이 목표라면, 수상 운전에 가장 능숙한 장교를 선택하는 것이 당연했다. 실제로 그는 매번 같은 장교를 기용해 안정적인 성과를 냈다. 그러나 결국 그 장교가 전출되자, 전체 성과가 눈에 띄게 저하되었다.

그 상황에서 데이비드는 이렇게 자문했다. "6개월 후의 나라면 오늘 항구 진입 임무를 누구에게 맡길까?" 이 질문은 장교 순환 배치를 통해 다양한 인력을 훈련시키고 조직 전체의 역량을 키우는 전략의 가치를 선명하게 보여주었다. 그 결과 산타페호는 시간이 지날수록 다른 잠수함보다 뛰어난 성과를 올렸고, 향후 함장으로 진급한 장교의 수도 다른 잠수함들에 비해 눈에 띄게 많았다. 이는 조직 차원에서 성장 마인드셋을 활용한 장기적 역량 개발을 한 예이자, 시간 거리 효과를 코치처럼 활용한 사례다.

이러한 중기적 시간 프레임은 감정적으로 과잉 반응을 하지 않도록 자제하는 일보다는 중요하지만, 새로운 제품을 개발하거나 직업을 바꾸는 일보다는 덜 중요한 중간급 의사 결정에 적합하다. 이런 거리감을 확보하려면, 현재의 상황이나 결정과 우리가 맺는 시간적 관계를 고려해 6개월에서 2년 사이의 시간대를 설정하는 것이 좋다. 다양한 선택지를 상상하고, 각각의 결과가 일어날 가능성을 고려해 가중치를 부여해보는 것도 도움이 된다. 이러한 연습을 반복하다 보면, 결정을 더 잘 내릴 수 있을 뿐 아니라 다른 사람의 결정을 도와주는 데에도 능숙해질 수 있다. "6개월이 지난 시점의 나라면 지금 무엇을 했기를 바랄까?" 이 질문을 던져보자.

한 고객이 데이비드에게 들려준 이야기가 있다. 그녀는 주요 법 집행기관의 고위 임원이었는데, 부하 직원 중 한 명이 매우 비효율적으로 일하고 있었다. 그 직원은 이메일에 답도 하지 않고, 결정을 내리지도 않으며, 동료들과 제대로 협력하지도 않았다. 동료들은 결국 이 직원의 존재를 건너뛰고 그녀에게 직접 문의하는 방식으로 업무를 이어갔다. 그 결과 그녀는 정보, 명확한 지침, 승인 요청 등 다양한 업무 요청을 직접 처리해야 했고, 이로 인해 점점 더 과중한 업무에 시달리게 되었다. 게다가 많은 요청이 빠른 대응이 요구되는 법 집행과 직결되어 있었다.

그녀는 자신이 이 문제의 일부라는 사실을 인정했다. 지금 당장의 업무를 처리하는 데 집중하느라 이런 요청에 응답해주었고, 그로 인해 오히려 이런 행동을 부추긴 것이다. 결과적으로 그녀는 자신이 감당해야 할 수준 이하의 결정들에 휘말리며 점점 더 몰려드는 업무를 감당해야 했다.

이럴 때야말로 중기적 시간 프레임을 활용할 수 있는 기회다. 그녀가 지금으로부터 1년 후 미래의 자신을 상상해본다면, 계속해서 이런 요청에 답하며 문제를 해결하지 못한 채 지내온 자신의 모습을 떠올릴 것이다. 비록 오늘 답변을 하지 않음으로써 당장 업무가 지연될 수는 있지만, 부하 직원의 책임을 명확히 하고 더는 이메일에 답하지 않겠다는 원칙을 세우는 것이 장기적으로는 조직 전체의 업무 흐름을 개선하는 길이다.

때로는 과거를 되짚어보는 방식으로 시작한 뒤 관점을 전환하는 것도 좋은 방법이다. 예컨대 어떤 작전이 끝난 후 회고하는 시간을 가질 때 이렇게 자문할 수 있다. "우리는 6개월 전에 무엇을 시작했어야 했을까?" 이 질문은 지금부터라도 어떤 조치를 취해야 할지 그 실마리를 제공해준다. 앞으로 6개월 후, 자율성과 회복력을 갖춘 팀을 만들고 싶다면, 지금 어떤 기술과 태도를 길러야 할지 생각해보자.

실천 방법 8: 운영 의사 결정을 위해 중간 미래의 자아가 되라

팀원들과 함께 리뷰 미팅을 진행할 때 시간적 거리를 둔 관점을 시도해보자. 다음과 같은 방식으로 프레임을 설정할 수 있다.

- "나는 1년 후의 내가 지금의 나에게 무엇을 해주길 바랄까?"
- "이번 일을 다시 하게 된다면, 이번에 몰라서 아쉬웠던 것은 무엇일까?"
- "이번 일을 다시 하게 된다면, 이번에 하지 않아서 아쉬웠던 것은 무엇일까?"
- "다른 팀이 6개월 후에 이 일을 하게 된다면, 우리는 그들에게 무엇을 다르게 하라고 조언할까?"

미래의 자신이 되라

먼 미래

장기적 시간 관점은 대략 10년 후부터 인생의 끝까지 아우른다. 만약 당신이 인생의 초기에 있다면 5년 정도가 더 현실감 있게 느껴질 수 있다. 다른 경우라면 20년이나 퇴직 설계와 같은 특정 목표를 위한 기간을 설정할 수도 있다. 이런 장기적 시간 거리두기는 고통스러운 경험에 대한 적응적 대처, 재정적 안정성 증진, 중요한 인생 결정에 큰 도움을 주며, 전반적인 지혜를 키우는 데 강력한 효과를 발휘한다. 먼 미래의 자신은 이상적 자아이며, 우리가 진정 원하는 삶의 방식에 맞춰 위험에 대한 인식을 재구성하도록 돕는다. 우리는 결정의 저편으로 이동해 실패에 대한 두려움을 시도하지 않는 것에 대한 두려움으로 대체한다. 먼 미래의 관점은 우리가 더 나은 인간으로 성장하도록 돕는다.

FBI 인질 협상가이자 위기 협상가였던 크리스 보스^Chris Boss는 세계 최악의 테러리스트들 및 납치범들과 협상해야 했다. 그는 렉스 프리드먼이 진행하는 팟캐스트 인터뷰에서, 자신이 경력 내내 시간적 거리두기를 활용해 자신뿐 아니라 협상 상대방도 코칭했다고 설명했다.[21] 그는 이렇게 말하곤 했다. "지금으로부터 10년 후, 우리 둘 다 멋진 자리에 올라 있는 행복한 상황을 상상해보세요. …… 이제 그 지점에서 거꾸로 거슬러 올라가면서 지금 무엇을 해야 할지 생각해봅시다." 그는 이렇게 시간적 거리두기를 활용함으로써, 세부 사항에 얽매이는 대립적인 '어떻게' 사고에서 벗어나 더 큰 목적과 이유라는 관점으로 사고를 전환시켰다. 덕분에 더 유연하게 상호 합의 가능한 해결책을 찾을 수 있었다.

UC 버클리 대학교의 에마 브뤼엘만세네칼Emma Bruehlman-Senecal과 외즐렘 아이두크(2015)는 정서적으로 어려운 상황에서 시간적 거리 두기가 어떤 영향을 미치는지 연구했다.[22] 그들은 사람들에게 1주일 후 또는 10년 후 자신이 어떻게 느낄지 생각해보게 했다. 연구팀은 참가자들이 미래를 더 생생하게 느낄 수 있도록 돕기 위해 "1주일 또는 10년 후에 자신의 삶이 어떤 모습일지, 무엇을 하고 있을지, 시간을 어떻게 보내고 있을지 상상해보라"고 요청했다. 10년이라는 시간 프레임을 사용할 때 참가자들은 스트레스를 더 적게 경험했다. 그 스트레스 유발 사건이 여전히 진행 중이든, 마감일 같은 사소한 일이든, 배우자의 죽음처럼 큰 사건이든 관계없이 동일한 효과가 나타났다.

정서적 측면에서 볼 때, 10년 프레임은 부정적인 감정을 줄인다. 인지적 측면에서는 미래에 대한 이상과 현재 상황의 일시성을 더 많이 생각하게 하고, 현재 상황이 일상에 미치는 영향을 덜 생각하게 하며, 상황 자체를 회피하고 싶은 욕구도 줄어든다. 연구자들은 중간고사 성적을 받은 학생들의 반응도 살폈다. 낮은 성적을 받은 학생들에게 10년 후의 미래를 떠올리게 하자, 단순히 미래를 막연하게 생각하거나 자신이 원하는 방식으로 사건을 반추하도록 한 것보다 스트레스가 적었다. 즉 순간적인 감정을 넘어 우리의 미래에 실제로 영향을 미칠 만한 사건이라면, 10년 후쯤으로 자신을 투영해 그때의 시점에서 지금을 되돌아보는 방식이 사건을 더 효과적으로

미래의 자신이 되라

처리하고 스트레스를 덜 경험하게 해준다.

이 접근법은 우리가 감정적 짐을 내려놓거나 더 잘 처리할 수 있도록 돕는다. 또한 편견을 버리는 데 도움을 주며, 후회에 대한 두려움의 성격도 변화시킨다. 이 접근법을 통해 우리는 행동의 두려움을 행동하지 않는 것에 대한 두려움으로 전환시킨다. 또한 실패할 가능성을 받아들이고, 아예 시도하지 않는 것이 더 큰 후회로 남을 수 있다는 점을 더 깊이 살핀다.

먼 미래는 생의 마지막 순간, 나아가 그 이후까지 시간을 아우른다. 우리가 죽음을 앞둔 자기 자신이 된다고 상상하는 것은 삶의 큰 방향 전환을 고민할 때 가장 적절한 관점이다. 이보다 더 멀리 떨어진, 더 추상적이고 고차원적인 관점은 죽음 이후까지 내다보는 것이다. 예컨대, 이 관점으로 보면 이런 생각들을 할 수 있다. 가족에게 유산을 남기고 있는가? 어떤 유산을 세상에 남기고자 하는가? 환경의 지속 가능성을 증진하고 있는가?

스티븐 R. 코비Steven R. Covey는 "끝을 마음속에 그리며 시작하라"는 신조로 유명하다. 그는 『성공하는 사람들의 7가지 습관』에서 자신의 묘비명을 써보는 활동을 추천하기도 한다.[23] 또한 자신의 장례식을 상상해보라고 권한다. 그 자리에서 가족, 친구, 직장, 지역사회라는 네 가지 차원에서 사람들이 자신에 대해 어떤 이야기를 할지 생각해보라는 것이다. 그들은 여러분에 대해 뭐라고 말할까? 그리고 여러분은 그들이 뭐라고 말해주기를 바라는가?

조 바이든이 미국 대통령 민주당 후보직에서 물러났을 때, 아서

브룩스Arthur Brooks는 이를 계기로 이야기의 시작뿐 아니라 끝을 잘 설계하는 것의 중요성에 대해 글을 썼다.[24] 브룩스는 하버드 경영대학원에서 리더십과 행복에 관한 강의를 하고 있으며, 이 주제는 그에게도 개인적으로 매우 중요한 의미를 지닌다.

그는 2009년부터 2019년까지 미국기업연구소AEI의 소장을 지냈다. 임기 말 무렵, 그는 언제 물러나야 할지에 대해 믿을 만한 친구에게 조언을 구했다. 그때 들은 답은 이랬다. "아직 줄 것이 남아 있을 때 떠나든지, 아니면 남들이 정해준 시점에 떠나든지 둘 중 하나야." 브룩스는 자신이 "아직 준비가 다 되기 조금 전"에 떠나는 쪽을 택했다고 말했다. 애니 듀크 역시 비슷한 말을 했다. "적절한 타이밍에 그만두는 것은 대개 너무 일찍 그만두는 것처럼 느껴진다."[25]

물론 여기서 말하고자 하는 점은 모두가 지금 당장 하고 있는 일을 그만두거나, 항상 조기 퇴진을 택해야 한다는 것이 아니다. 핵심은 다음과 같다. 현재의 직책이나 커리어를 유지할지 떠날지 결정하는 것처럼 장기적인 영향을 지니는 중요한 결정을 할 때는 반드시 먼 미래적 관점을 취해야 한다는 것이다. 여러분은 자신의 이야기를 어떻게 마무리하고 싶은가?

먼 미래의 나 자신은 대개 우리가 인간관계를 개선하는 데 더 집중하기를 바란다. 85년이 넘게 이어지고 있는 하버드 성인 발달 연구는 건강하고 행복하며 오래 사는 삶에서 일관되게 핵심적인 요소로 나타난 단 하나의 요인을 찾아냈다. 바로 '좋은 관계'다.[26]

실천 방법 9: 더 나은 사람이 되기 위해 먼 미래의 자신이 되라

당신이 아직 70세보다 젊다면, 80세의 자신이나 생애 마지막 순간의 자신을 떠올려보라. 정말 그 사람이 되었다고 상상하라. 지금 어디에 있는가? 무엇이 중요하게 느껴지는가? 삶은 어떤 모습인가? 무엇을 하고 있는가? 미래의 자신이 되어 그 모습 속에 온전히 들어가보라. 이제 현재의 상황을 그 새로운 관점에서 되돌아보라. 지금의 자신은 이제 다른 사람이다. 그때의 [자신의 이름]은 무엇을 해야 할까? 어떤 선택을 했으면 좋겠는가? 어떤 조언을 해주고 싶은가? 또 다른 유용한 도구는 먼 미래에서 시작해 시간의 범위를 점차 줄여가는 것이다. 이는 미래 목표를 향해 행동을 촉진하고 싶을 때 특히 유용하다. 『도파민네이션』에서 애나 렘키Anna Lembke는 대마초 사용 습관을 끊고 싶어 하는 한 내담자와 다음과 같은 대화를 나눈다.[27]

"한 달 동안 대마초를 끊을 수 있을 것 같나요? 그리고 그럴 의향이 있나요?"

"음…… 지금 당장은 끊을 준비가 안 된 것 같아요. 하지만 언젠가는 할 거예요. 물론 평생 이렇게 피우고 싶지는 않아요."

"그럼 10년 후에도 지금처럼 대마초를 피우고 싶나요?"

"아니요. 절대 아니에요. 절대요." (고개를 힘차게 흔든다.)

"그럼 5년 후는 어떤가요?"

"아니요, 5년 후도 마찬가지예요."

"그럼 1년 후는요?"

(잠시 정적, 웃음) "거기서 딱 걸렸네요, 만약 1년 후에도 지금처럼 지

내고 싶지 않다면, 지금 당장 끊어야겠죠."

그녀는 웃으며 말했다. "좋아요, 해볼게요."

우리는 먼 미래의 자신을 상상하지만, 실질적인 행동은 지금 이 순간에 이뤄져야 한다.

우리가 만난 피닉스의 한 경영 코치는 자신의 고객들에게 '20년 후의 아바타'를 상상하며 유지하라고 조언한다. 고객이 나이를 먹어갈수록 아바타도 함께 나이를 먹되, 항상 자신보다 스무 살 더 많은 모습으로 상상하는 것이다. 중요한 인생 결정을 내려야 할 때마다 그들은 자신의 20년 후 자아에 온전히 몰입해 현재의 상황을 그 관점에서 바라보고, 결정을 내린다.

실천 방법 10: 장기적인 관점에서 시작한 뒤 점차 가까운 시점으로 좁혀나가라

큰 변화를 이루려면 먼 미래의 자신이 되어 그때 어떤 모습이길 원하는지 먼저 상상해본 다음, 그 목표를 향해 시간의 범위를 점차 현재로 좁혀나가는 것이 좋다. 이는 건강에 해로운 습관을 끊거나 건강한 습관을 시작할 때 효과적인 접근법이다.

1. 미래로 시간을 빠르게 앞당겨 보라.

   결정을 눈앞에 두었다고 생각하지 말고, 이미 그 결정을 내린 상태라고 상상하면서 자신에게 이렇게 질문하라. "그 결정은 어떤 결과를 가져왔는가?", "그때라면 어떻게 했을까?"

2. 미래의 자신과 펜팔을 해보라.

   현재 고민 중인 문제나 내려야 할 결정에 대해 미래의 자신에게 편지를 통해 설명하라. 그리고 미래의 나로서 현재의 나에게 답장을 써라. 미래의 나는 무엇이라고 말하는가?

3. 스스로를 미래의 모습으로 투영해보라.

   미래의 삶은 어떤 모습인가? 이를 구체적이고 생생한 세부 묘사로 그려보라.

4. 미래가 아닌 지금 행동하라.

   미래의 자신을 위한 행동을 가능한 한 지금 실행하라. 원하는 행동이 자연스럽게 이루어지도록 기본 설정을 만들어두라.

5. 시간을 거슬러 생각하라.

   10년 전의 나는 어떤 모습이었는가? 그동안 얼마나 변화했는지 돌아보라. 그리고 앞으로 10년 동안 얼마나 더 변화할 수 있을지 생각해보라.

6. 미래의 자신이 현재의 자신에게 편지를 쓰게 하라.

   미래의 자신이 되어, 어떤 결정을 이미 내린 상태에서 현재의 자신에게 편지를 써라.

7. 전술적 결정을 내리기 위해 가까운 미래의 자신이 되라.

   감정적 완충 장치가 필요할 때나 자기통제를 강화할 때 활용하라. 30분 후부터 하루 후 미래의 자신을 떠올려보라.

8. 운영 의사 결정을 위해 중간 미래의 자신이 되라.

    운영 의사 결정이나 일상적인 성장 기회를 위해 6개월에서 2년 후 미래의 자신을 그려보라.

9. 더 나은 사람이 되기 위해 먼 미래의 자신이 되라.

    10년 후 또는 그보다 먼 미래의 관점에서 현재 진행 중인 상황을 바라보라.

10. 장기적인 관점에서 시작한 뒤 점차 가까운 시점으로 좁혀나가라.

    나쁜 습관을 바꾸는 어려운 결정을 할 때는 먼저 원하는 먼 미래의 상태를 상상하라. 그러고 나서 그 지점으로부터 거꾸로 되짚어오라.

이 장의 요약

로마 황제이자 철학자였던 마르쿠스 아우렐리우스는 훗날 『명상록』이 될 글에서 이렇게 썼다. "자신이 이미 죽었다고 생각하라. 너는 이미 삶을 살았다. 이제 남은 시간을 올바르게 살아라."[28] 이는 자신을 바라보는 가장 먼 미래의 관점일 수 있지만, 그 핵심 개념은 단기적이거나 중기적인 상황에도 얼마든지 적용할 수 있다. 미래의 자신이 되어 시간 여행을 떠나는 일은 세 가지 효과를 낳는다. 우리를 삶의 끝에 더 가까이 데려다주어 중대한 결정을 내릴 때 후회의 틀에서 그것을 바라보게 한다. 단지 실용적인 선택이 아니라 이상적이고 진정한 자아를 지향하게 하며, 자기통제 실패를 줄여준다. 시간적 거리두기는 강력한 의사 결정 도구다. 미래의 자신이 되어, 호스피스 병상에 누운 여러분이 결국 하지 않아 후회하게 될 일을 간호사에게 말해보라. 그리고 그 여정에서 돌아와, 지금 당장 그 삶을 살아가기 시작하라.

Chapter 8

멈춤의
시간을 가져라

적절한 말은 효과적일 수 있다. 하지만 그 어떤 말도 적절한
시점에 멈추는 것만큼 강력하진 않다.

_ 마크 트웨인

셰인 맥Shane Mac은 에너지가 넘치는 창업가이자 여러 회사를 성공적으
로 이끌어온 CEO다. 그는 어떤 사람과 대화를 나누든 그 대화가 끝
나고 10분 안에 그 대화와 관련된 기사나 자료의 링크를 이메일로 보
내고, 대화 중 언급된 인물과도 연결해준다. 매번 그렇게 한다. 그는
사려 깊고, 다른 사람들의 이야기를 귀 기울여 들으며, 호기심이 매우
강하다. 그러면서도 자신의 약점을 기꺼이 드러내고, 자신의 실패 경
험에 대해 매우 솔직하게 말한다.

현재 셰인은 XMTP라는 탈중앙화 메시징 프로토콜중앙 서버 없이 사용
자 간에 직접 암호화된 메시지를 주고받는 시스템으로, 프라이버시 보호와 검열 저항성이 뛰어난 통신 방식을

구축하고 있다. 그 이전에 그는 페이스북, 애플, 구글, 왓츠앱 등과 주요 파트너십을 구축했던 메시징 플랫폼을 선보인 바 있다. 추가 자금 유치 이후 한 주요 파트너가 그의 회사를 인수해 5,000만 달러 이상의 가치를 가진 회사로 도약시킬 의향을 보였으며, 이는 단순한 제휴를 넘어 전면적인 성공으로 이어질 수 있는 기회였다.

당시 셰인은 잠재적 파트너사의 최고기술책임자^{CTO}와 신뢰를 쌓기 위해 다섯 달 동안 공을 들인 상태였다. 모든 것이 순조롭게 흘러가는 듯 보였다. 두 사람은 미래에 대한 영감을 주는 메시지를 주고받고, 가족에 관한 사적인 이야기도 나누며 깊은 유대감을 형성해갔다. 셰인에게 그 관계는 견고하고 지속 가능한 것이었다. 그러나 그의 말에 따르면, "완벽했던 파트너십이 순식간에 무너졌다."

셰인의 팀은 제품 출시를 앞두고 생긴 문제들을 두고 파트너 팀을 비난하기 시작했고, 파트너 팀도 똑같이 대응했다. 셰인과 CTO는 이 불만들을 수습하면서 파트너십에서의 신뢰를 되살리려 했고, 각자의 팀원들에게 자기 역할에만 집중하라고 당부했다. 하지만 시간이 지나면서 셰인은 점점 자기 팀의 감정 상태에 이끌렸고, 상대팀을 '무능하다'고 말하는 팀원들의 평가에 동조하게 되었다. 그는 자기 몰입 상태에 빠진 채 과장된 주장과 자기합리화, 상호 비난 속으로 곤두박질쳤고, 그 과정에서 갈등과 원망이 쌓여갔다. 셰인은 어느새 자기 팀의 정체성에, 또 자신의 감정에 깊이 몰입해 있었다.

그리고 마침내 그 모든 갈등이 폭발했다. 셰인은 CTO에게 비난의 뉘앙스를 담은 문자를 보냈다. 10분쯤 지나 '띵' 하는 알림음이

들렸다. 터질 듯한 긴장감이 감돌았다. 그는 하던 일을 멈추고, 휴대폰을 집어 들어 CTO의 메시지를 확인했다. 내용은 다음과 같았다.

솔직히 말하겠습니다. 당신 팀에서 느껴지는 비난의 분위기가 정말 마음에 들지 않아요. 정말이지, 전혀요. '우리'라는 표현을 아무리 반복해도, 당신과 당신 팀이 사용한 언어는 지워지지 않아요. 욕설, 오만하다는 주장, 플랫폼과 사람들을 '쓰레기'라고 부르는 표현들 말이에요. 이런 태도는 전혀 바람직하지 않아요. 나는 우리가 잘못한 부분을 숨김없이 인정해왔고, 그 잘못이 적지 않다는 것도 분명히 밝혔어요. 또한 구체적인 문제들을 언급했고, 그걸 어떻게 해결해 나갈지에 대해서도 이야기해왔습니다.

세인은 당시를 이렇게 회상했다. "몇 달 동안 팀원들이 내게 털어놓았던 모든 좌절감과 답답함이 그 순간 내 손끝을 통해 있는 그대로 쏟아져 나오는 것 같았어요. 그에게 내 감정을 분명히 전달하고 싶었습니다. 그 순간은 평생 잊지 못할 겁니다. 순간적으로 이성을 잃은 듯, 타이핑하고 지우고, 다시 쓰고 고치고 복사해서 붙여 넣었다가 다시 지우는, 일종의 무의식적인 반복 속에 빠져 있었죠." 누구나 한 번쯤은 겪어본 감정일 것이다. 그가 CTO에게 되받아친 메시지는 다음과 같았다.

솔직히 말하겠습니다. 당신 팀에서 느껴지는 비난의 분위기가 정말 마음에 들지 않아요. 정말이지, 전혀요. '우리'라는 표현을 아무리 반복해도, 당신과 당신 팀이 사용한 언어는 지워지지 않아요. 욕설, 오만하다는 주장, 플랫폼과 사람들을 '쓰레기'라고 부르는 표현들 말이에요. 이런 태도는 전혀 바람직하지 않아요. 이번 파트너십은 우리가 경험한 파트너십 중에서 가장 힘들고 고통스러운 것이었습니다…….

셰인은 자기 몰입 상태에 갇혀 있었고, 세상을 오직 자신의 시선으로만 바라보며 불필요한 즉각적인 행동과 반응에 이끌리고 있었다. 당시 그는 '트리거trigger'된 상태에 있었던 것으로 보인다. '트리거'된 상태는 우리가 통제하지 못하는 충동적인 반응 상태, 다시 말해 스스로 어떻게 대응할지 생각하고 선택할 수 있는 '응답 능력'을 잃어버린 상태를 말한다. 셰인에게는 이런 충동적인 상호작용을 끊어낼 회로 차단기 같은 것이 필요했다. 그는 자신과 심리적 거리를 둘 필요가 있었다.

셰인은 비꼬는 투의 문자를 다시 보냈을 때 너무나 통쾌한 느낌을 받았다. "이거나 먹어라!" 그는 그렇게 '지금 여기의 나 자신'을 완벽히 변호해냈다. 하지만 그다음에 어떤 일이 벌어졌을지는 당신도 짐작할 것이다. 그 한 통의 문자로 거래는 무산됐다. 셰인은 이제 이렇게 말한다. "그 문자가 나와 우리 투자자들에게 5,000만 달러의 손실을 안겼어요." 동시에 그것은 그에게 오래도록 교훈으로 남았다. 값비싼 교훈이었다. 자기 머릿속에 계속 갇혀 있으면 큰 대가를 치르게 된다. 관계, 자금, 사업 기회 등 모든 것이 사라지게 된다. 잠시 멈추고, 한 걸음 물러나서, 지금의 반응이 어떤 결과를 낳을지 숙고할 수 없다면, 결국 지는 쪽은 자신이다. 문제는 우리가 자기 몰입 상태로 빠져들기 시작하면, 충동을 제어하고 스스로에게 '타임아웃'을 걸 능력 자체가 손상된다는 데 있다.

멈춤의
가치

이와 대조되는 사례를 보려면 1997년 세계 개발자 회의^{WWDC}에서 스티브 잡스가 적대적인 질문에 어떻게 대응했는지 보면 된다. 한 참석자는 그의 역량을 노골적으로 깎아내리며 "안타깝고 분명한 사실은 여러 면에서 당신은 당신이 무슨 말을 하고 있는지조차 모르고 있다는 점입니다"라고 말한 뒤 기술적인 질문을 던졌다. 잡스는 어떻게 반응했을까? 그는 자리에 앉아 물을 한 모금 마신 뒤, 무려 10초 동안 침묵했다. 그런 다음 유머와 겸손으로 상황을 누그러뜨리고 나서 실제 답변을 했다. 그렇게 질문자와 자신 모두에게 품위를 지켰다. 그 10초 동안 그는 무엇을 하고 있었을까? 그는 어떻게 대응하는 것이 가장 적절할지 스스로에게 조언하기 위해 거리를 두고 상황을 바라보고 있었다.

앤 해서웨이가 영화 〈레미제라블〉 촬영 도중 멈춘 일을 다시 떠올려보자. 그녀는 촬영을 중단시키고, 자신에게 3인칭 시점으로 말을 건넸다. 그런 다음 〈아이 드림드 어 드림〉을 열창했고 완벽하게 소화해냈다. 그녀는 이 연기로 아카데미 여우조연상과 골든글로브 상 등 수많은 상을 받았다. 당시 그녀의 행동은 중요한 순간에 멈춤을 요청하고 심리적 거리를 활용하는 데 필요한 네 가지 핵심 단계를 보여준다.

첫 번째 단계는 멈춤이 가능하도록 만드는 것이다. 조직의 문화, 환경의 설계, 일의 흐름이 '멈추지 않는 것'을 전제로 구축되어 있다면, 멈춘다는 게 불가능하게 느껴질 수 있다. 앤 해서웨이가 보여준 행동은 이강국 기장도, 셰인 맥도 하지 않았던 것이었다. 촬영 일주일 전, 그녀는 감독 톰 후퍼를 찾아가 〈아이 드림드 어 드림〉을 부르는 장면이 걱정된다고 솔직히 털어놓았다. 해서웨이는 자신의 불안을 애초에 인정함으로써, 그것을 숨겨야 할 금기처럼 느끼지 않도록 했다. 이런 인정이 심리적 기반을 마련해주었고, 정작 중요한 순간에 몰입할 수 있도록 그녀 자신과 주변 사람들을 준비시켜준 셈이었다.

해서웨이의 이 행동은 그녀의 두려움을 '숨겨진 것'에서 '자신도 알고 있고 타인도 알고 있는 것'으로 이동시켰다. 이는 '조해리의 창' 개념에 따른 변화로, 착륙 유도 시스템의 도움 없는 착륙에 대한 불안감을 끝까지 드러내지 않았던 이강국 기장의 태도와는 대조적이다.

두 번째로, 해서웨이는 멈춤이 필요하다는 점을 인식했다. 그녀가 맞닥뜨려야 했던 상황의 변수는 배우가 직접 노래를 부르며 연기를 하고 그것을 한 번에 촬영하길 감독이 원했다는 사실이었다. 이 방식은 영화에 브로드웨이 라이브 공연 같은 생생한 느낌을 줄 수 있었지만, 동시에 스튜디오에서의 재녹음이나 장면 후시 보정 작업 같은 안전망이 사라진다는 뜻이기도 했다. 해서웨이는 이 상황이 엄청난 압박감을 유발할 것이고, 자신이 상황을 과도하게 의식하게 될 거라는 점을 사전에 내다보았다.

실제 촬영 순간, 해서웨이는 자신이 올바른 심리 상태에 있지 않다는 것을 즉시 알아차렸다. "망치기라도 하면 내가 얼마나 적나라하게 드러날지 그 생각만 계속했어요." 그녀, 그리고 아마 촬영 현장에 있던 모두가 첫 테이크가 어딘가 어긋나 있다는 것을 느꼈을 것이다. 하지만 진짜 중요한 것은 그녀가 그런 상태를 인식하면서, 자신의 생각과 감정을 스스로 모니터링하고 있었다는 점이다. 바로 그 자각이야말로 멈춤이 필요하다는 신호였다. 그녀는 이렇게 고백한다. "내 자신에게 정말 화가 났어요." 그것은 다시 마음을 다잡아야 한다는 명백한 신호였다.

셋째, 해서웨이는 지금 우리에게는 당연해 보이지만 셰인이나 착륙 직전의 이강국 기장은 결코 당연하게 생각하지 않았던 일을 해냈다. 그녀는 자신과 주변 사람들 모두가 이해할 수 있는 명확한 언어로 멈춤을 선언했다. 타임아웃을 외친 것이다. "미안해요. 멈춰주세요. 균형이 안 맞아요." 이렇게 멈춤을 선언하는 행위는, 심리적 거리를 두고 상황을 다시 구성하기 위해 필요한 선결 조건이다.

넷째, 멈춤을 선언한 뒤 해서웨이가 취한 다음 단계는 자기 몰입 상태에서 빠져나와 일종의 거리두기 방식으로 시선을 전환해, 문제를 돌파할 수 있는 관점을 확보하는 것이었다. 그녀가 선택한 방식은 일레이즘, 즉 자기 자신을 제3자처럼 바라보며 스스로의 코치가되는 것이었다. "눈을 감고 이렇게 생각했던 게 기억나요. '해서웨이, 지금 이 순간 해내지 못한다면 스스로를 배우라고 부를 자격도없어. 쓸데없는 생각 다 접어두고 그냥 네 일을 해.' 그리고 나서 눈을 다시 크게 뜨고는 [손가락 튕기는 소리를 내면서] '이제 해봅시다'라고 말했어요. 그리고 해냈죠. 그 장면은 제대로 터진 테이크였고, 최종 편집본에 들어갔어요."

이제 심리적 거리가 필요할 때 어떻게 멈춤을 요청할 수 있는지, 이 네 가지 단계를 하나씩 살펴보자.

1. 멈춤이 가능하도록 만들라.
2. 상황을 인식하라.
3. 멈춤을 요청하라.
4. 어떤 거리두기 차원을 선택할지 결정하라.

멈춤이
가능하도록 만들라

멈춤이 가능하도록 하려면 사전 준비가 필요하다. 이 준비 작업의 목적은 멈춤 요청에 따를 수 있도록 사회적·문화적 장벽을 낮춰서 멈춤을 자연스럽고 당연하며 쉽게 할 수 있도록 만드는 것이다. 해서웨이

멈춤의 시간을 가져라

는 〈레미제라블〉의 특정 장면이 자신에게 큰 도전이 될 것임을 깨닫자 감독에게 이 점을 미리 알렸다. 이렇게 멈춤 요청을 위한 기반을 마련해두면 실제로 필요할 때 자연스럽게 멈출 수 있게 된다. 이는 중요한 과정으로, 우리는 대개 언제 멈춤이 필요해질지 정확히 예측할 수 없다. 멈춤을 작업의 자연스러운 일부로 여기는 분위기를 만들어두면, 멈춤을 요청하더라도 업무에 집중하는 태도를 유지할 수 있고, 자신의 이미지를 관리하는 데로 주의를 빼앗기지 않게 된다. 이를 위해 사전에 멈춤 요청이 필요할 경우 어떻게 할지 논의해두는 것도 도움이 된다. 해서웨이는 감독에게 해당 장면을 두고 긴장이 된다고 미리 밝혀두었기에, 그녀가 실제로 멈춤을 요청했을 때 전혀 뜻밖의 일로 받아들여지지 않았다.

군대에서는 멈춤을 요청할 때 사용하는 특정한 구호와 수신호가 있다. 스포츠 경기의 심판이나 코치들은 멈춤과 타임아웃을 요청하는 고유한 절차와 신호를 갖고 있다. 이러한 멈춤 요청이 실제로 업무에 집중된 행동이라는 공유된 이해가 있으면, 요청 자체를 실행하기도 쉽고 이후 따를 행동들 역시 자신감을 갖고 취할 수 있다. 가령, 심판은 타임아웃을 선언한 뒤 영상을 되돌려 플레이나 판정을 검토할 수 있다. 이는 철저히 업무에 초점을 둔 행동이다.

이강국 기장은 자신이 어떻게 대처해야 할지 확신할 수 없는 뜻밖의 상황에 처했을 때, 다른 선택을 했다. 그는 그 상황을 피하려 했다. 그 선택이 어떤 결과를 낳았는지는 이미 잘 알고 있을 것이다. 잠시 멈추는 능력을 갖추는 것은 책임 있는 태도이며 윤리적인 행동이다. 그리고 최고의 성과를 내는 팀과 조직에 깊이 뿌리내린 문화이기도 하다.

잠시 멈춤을 가능하게 해주는 좋은 메커니즘의 사례로는 '안돈 코드andon cord'가 있다. 이 개념은 일본 다카오카의 토요타 코롤라가 생산되던 공장에서 처음 등장했다. 안돈 코드는 조립 라인 위에 달린 등불을 작동시키는 단순한 끈이었다. 작업자가 이 끈을 당기면 자신이 맡은 작업 위치에 문제가 생겼다는 신호가 전달되었다.

이 '안돈行灯, 일본어로 사방등, 원형 또는 네모진 나무나 대나무틀에 종이를 바르고 안에 기름접시를 놓아 불을 켜는 등을 말한다'의 끈을 당기면 문제가 신속히 해결되지 않을 경우 조립라인이 즉시 멈췄다. 즉 그것은 '멈춤'의 신호였다. 하지만 안돈 코드의 진정한 힘은 단지 멈춤을 요청하거나 조립라인을 정지시키는 데 있지 않았다. 그것이 상징한 더 근본적인 변화는 바로 '멈춤'을 받아들이고, 그 행위에 감사를 표하는 문화로의 전환이었다. 안돈 코드는 무엇인가 잘못되었을 가능성만으로도 생산을 중단시키는 용기와 제품 및 작업자의 안전에 대한 배려를 가시화한 상징물이었다. 누군가 '타임아웃'을 요청하는 데에는 항상 어느 정도의 위험이 따른다. 우리 모두는 주저하게 되는 순간을 경험해봤다. 손을 들어야 할지, 안돈 코드를 당겨야 할지 망설여지는 바로 그 순간 말이다. 이런 행동은 작업을 방해할 수도 있고, 개인적인 차원에서는 민망함을 감수해야 할 수도 있다. 그럼에도 조직 전체에는 이로울 수 있다.

대부분의 사람이 멈춤을 설명할 때 '잘못wrong'이라는 표현을 사용하는 것은 하나의 큰 장벽이다. 멈춤이 나중에 보니 불필요했던 것으로 드러나면, '잘못된 판단'으로 간주해버리기 때문이다. 그 결과, 사람들은 문제 제기를 하려면 그 문제가 실제로 '확실히' 존재한다고 스스로 납득한 뒤에야 입을 열려고 한다. 하지만 멈춤을 '잘못'이 아니라 '회복 탄력성의 표현'으로 받아들이고, 왜 멈춤이 필요한지 설명할 때 '확률 언어'를 사용하는 것이야말로 멈춤을 요청하는 문화를 더 쉽게 정착시킬 수 있는 언어적 전략이다. 문제가 확실한지 확신할 수 없을 때에야말로, 우리는 더욱 멈춤을 요청해야 한다.

데이비드는 워싱턴 D. C.에서 뉴욕으로 향하는 열차에서 미식축구 비디오 판독 심판 옆에 앉게 되었다. 그는 매우 짧은 시간 안에 경기를 중단할지 지속할지 판단하는 기준에 대해 그 심판에게 물었다. 심판은 이렇게 말했다. "명확하게 판정할 수 없다면 경기를 멈춥니다." 그들은 멈춤을 '기본값'으로 설정해두고, 경기를 계속하려면 "계속할 수 있다는 증거가 있어야 한다"는 식으로 기준을 정해놓은 것이다.

실천 방법 1: 멈춤이 가능하도록 만들라

멈춤의 중요성을 팀에 명확히 전달하라. 토요타가 안돈 코드를 통해 그랬던 것처럼, 이를 조직 문화에 자연스럽게 녹이라. 필요할 때 팀원들이 두려움 없이 멈춤을 요청할 수 있도록 신호, 상징, 언어를 함께 정해두라. 스포츠 코치와 심판에게 휘슬과 경기 시계가 있는 이유가 바로 이것이다. 멈춤 요청을 자연스럽게 받아들이는 문화를 구축하려면, 스스로 모범을 보이며 이를 일상적으로 실천하라. 이 방법을 계속

상황을
인식하라

인간의 인지 편향과 판단 오류를 평생 연구한 공로로 노벨상을 수상한 심리학자 대니얼 카너먼은 『생각에 관한 생각』의 결론에서 자신의 여정을 되짚으며, 타고난 인간의 편향을 극복하기 위해 얼마나 오랜 시간 노력해왔는지 되돌아본다.[1] 그런데 이 부분에서 그는 놀라운 고백을 한다. 그 모든 연구와 실천에도, 그는 여전히 자신의 인지 편향을 근본적으로 없애는 데 큰 진전을 이루지 못했다고 말한다. 하지만 중요한 변화는 하나 있었다고 한다. 어떤 상황이 자신의 사고를 왜곡할 가능성이 높은지 알아차리는 능력은 분명히 향상되었다는 것이다.

우리 역시 자신을 가장 효과적으로 돕기 위해서는, 인지 성과가 저하되거나 편향과 판단 오류가 발생하기 쉬운 상황을 인식할 줄 알아야 한다. 그러한 상황을 미리 예측하고 준비할 수 있다면, 자기 몰입 상태에 빠지기 쉬운 순간에 멈춤을 통해 스스로를 그 상태에서 끌어낼 계기를 마련할 수 있다. 자기 몰입을 유발하는 대표적인 상황으로는 긴박한 상황, 공개적인 자리에서 실시간으로 업무를 수행하는 상황, 피드백을 받는 상황, 고통스러웠던 과거 경험을 되새기는 상황을 들 수 있다.

긴박한 상황

긴박한 상황은 스트레스를 유발하고, 스트레스는 우리의 자기 몰입 상태를 더욱 심화시킨다. 그러면 어느새 우리의 주의는 일에서 자신에게로 옮겨 가는데, 우리는 그 사실조차 인식하지 못한다. 이때 우리는 방어적 태도와 자기 보호 본능을 앞세우게 되며, 우리의 마음은 스스로를 긍정적으로 보이게 할 수 있는 현실을 만들어내기 시작한다. 살면서 우리는 즉각적인 대응을 해야 한다는 긴박감을 자주 느낀다. 하지만 그 긴박감은 인위적으로 만들어졌거나 우리 자신이 자초한 것일 수 있으며, 이런 경우에는 심리적 거리를 확보함으로써 그 긴박감을 더 넓은 맥락에서 바라볼 수 있다. 예컨대 더 나은 제품을 만들거나 더 나은 결정을 하기 위해서는 내부적인 제작 마감 시점을 조정해야 할 수도 있다.

공개적인 자리에서 실시간으로 업무를 수행하는 상황

어떤 형태든 업무를 수행하는 상황, 특히 공개적인 자리에서 실시간으로 업무를 수행하는 상황에서는 자기를 의식하거나 불안을 느끼기 쉽다. 불안은 상황에 따라 이점이 될 수도 있고 장애가 될 수도 있지만, 자기의식은 언제나 해롭다. 자기의식은 주의력을 과제 그 자체로부터 빼앗아가기 때문이다. 자기와의 거리두기는 이러한 불안을 긍정적인 방향으로 전환시켜 도전에 더욱 잘 맞설 수 있도록 도와주며, 동시에 과도한 자기의식을 줄여준다.

피드백을 받는 상황

"조언 하나 해줄까?" 신경과학자 데이비드 록David Rock에 따르면 이 질문은 "캄캄한 어둠 속에 뒤쪽에서 들려오는 발소리와 비슷한 정도로 코르티솔 반응을 유발한다."[2] 스스로의 문제점이나 결함, 개선이 필요한 부분을 찾아 나서는 일은 그리 매력적인 일이 아니다. 게다가 피드백이 외부로부터 주어질 때는 위협적으로 느껴질 수 있다. 이는 비공식적으로 건네는 조언은 물론, 사후 검토나 공식 평가에도 똑같이 적용된다. 피드백을 기꺼이 받아들이는 사람들에게는 박수를 보낼 만하다. 하지만 자신의 수행이나 행동, 태도에 대해 가감 없는 진실을 듣는 것이 부담스러운 이들에게는 거리두기가 그 말을 '나'에 대한 공격으로 받아들이지 않게 해주는 데 도움이 된다.

고통스러웠던 과거 경험을 되새기는 상황

인간은 본래 결함을 지닌 존재다. 우리는 실수를 저지르고, 상실을 피할 수 없다. 때로는 타인의 부당한 행동에 의해 상처를 입기도 한다. 우리는 자기와의 거리두기를 통해 고통이라는 생생한 경험을 회피하자고 주장하는 것이 아니다. 그렇게 하면 오히려 부작용이 발생할 수 있다. 고통은 삶의 본질적인 일부이기 때문이다. 그러나 어떤 시점에서 우리는 우리에게 일어난 일을 받아들이고 앞으로 나아가야 한다. 고통스럽거나 부정적인 경험을 곱씹으며 반복해서 되새기고 있다면 (그 기억 속에 계속 머물러 있다면) 이제 상황을 다시 바라보고 재평가할 심리적 거리가 필요하다는 신호다. 거리두기를 통해 얻게 되는 관점은 우리가 그 경험을 받아들이고 성장하며 삶을 앞으로 나아가게 하는 데 도움을 준다.

실천 방법 2: 상황을 인식하라

스트레스가 크거나 위협적이거나 고통스러운 상황은 자기 몰입을 유발하기 쉽다. 이때 우리의 주의는 업무 수행이나 성장보다는 자기 보호에 쏠리게 된다. 과거에 어떤 상황이 이런 반응을 촉발했는지 떠올려보자. 그것들을 기록하고, 시간이 지남에 따라 목록을 계속 추가해 나가자. 이러한 '경고 신호'는 앞으로 어떤 상황이 유사한 반응을 이끌어낼지 예측하는 데 도움이 되며, 그 순간 멈추고 거리두기를 실행할 수 있는 준비가 되어 있도록 해준다.

고통스러운 경험은 우리에게 같은 상황을 다시 반복하지 말라고 가르친다. 5,000만 달러 규모의 거래가 무산된 아픈 경험을 한 이후, 셰인 맥은 거래 성사 여부를 가를 결정적 순간을 대하는 방식을 근본적으로 바꿨다. 그 변화는 단지 비즈니스에만 해당하지 않는다. 관계든, 또 다른 기회든 본질은 같기 때문이다. 문자든, 이메일이든, 전화든, 직접 만나 나누는 대화든, 그는 '멈춤의 힘'을 의식적으로 활용한다.

이제 그는 먼저 자신에게 묻는다. "이 메시지를 반드시 보내야 할 것 같은 강박적인 느낌이 드는가?" 그렇다고 생각되면, 그건 경고 신호다. 메시지를 보내고자 하는 충동이 강할수록, 그는 자신을 멈추고 꼭 필요한 거리감을 확보해야 한다는 사실을 더 분명히 인식한다. 그는 자신에게 이렇게 말한다. "나는 내 자신을 솔직하게 들여다봐야 해. 지금 내가 어떤 절박한 감정에 휘둘려 행동하려는 건지, 아니면 차분한 상태에서 적절한 타이밍을 선택할 수 있는 여유가 있는지 살펴봐야 해."

한편 긴박감이 클수록, 그는 자신의 내면 상태를 더욱 철저히 점검하려고 한다. 마음이 들떠 있는가? 속이 뒤틀리는가? 몸이 떨리거나 땀이 나는가? 그는 말한다. "몸이 모든 것을 기록하고 있어요. 몸이 보내는 신호들을 주의 깊게 관찰한 것이 나의 삶을 바꾼 결정적인 전환점이 되었습니다." 반대로, 머릿속에서 '문장을 다듬고 생각을 정리한 뒤 오늘 저녁이나 내일쯤 보내도 되겠다'는 목소리가 들릴 때면, 그는 그 메시지를 언제 보내든 좋다고 생각한다. 이 상황에서는 자신이 두려움이나 에고에 휘둘리지 않고 있다는 확신이 들기 때문이다. 그는 "그런 차분한 명료함과 선택지를 갖고 있다는 감각은 혼란에 휩싸인 긴박감과는 본질적으로 다릅니다"라고 말한다.

이 새로운 사고방식은 셰인 맥이 그가 말하는 '파멸의 소용돌이 doom loop'에서 벗어나는 데 결정적인 역할을 했다. 짧은 멈춤의 순간이 그에게는 지금 자신이 무엇을 하고 있는지, 무엇을 해야 하는지, 그리고 그 결과가 어떻게 전개될지 숙고할 여유를 준다. 그의 전략은 미래의 자신을 미리 고려하는 것이다. 그는 자신이 이미 정해둔 절차에 따라 코치가 되고, 휘슬을 불어 멈춤의 시간을 요청한다. 행동을 멈추고, 흐름을 끊고, 스스로를 가라앉힌다. 지나치게 흥분하거나 동요하는 순간, 우리는 현재 벌어지고 있는 일을 인식하고 효과적인 전략을 구사하는 데 필요한 시각을 잃게 되기 때문이다.

셰인처럼 우리 모두에게는 저마다의 신호가 있다. 누구나 그런 순간을 겪는다. 감정이 몸 안에서 서서히 끓어오르듯 올라오는 느낌이 드는 것이다. 그런 순간에는 열기가 돌고, 땀이 배어나오며, 심장이 빨라지고, 근육이 조여들고, 아드레날린이 분출된다. 이런 강도의 반응은 누구나 알아차릴 수 있는 분명한 경고 신호다. 이 상황에서는 말이 빨리지거나, 목소리 톤이 높아지거나, 턱이 굳어지거나, 호흡이 얕아지거나, 손이나 발이 꽉 오므려지는 등 다양한 신체 징후들이 함께 나타나기도 한다.

이러한 신호들은 사람마다 조금씩 다를 수 있지만, 본질적으로는 모두 임박한 위협에 대한 신체적 반응이다. 몸이 "지금 당장 행동하라"라고 외칠 때, 우리는 마치 지금 이 순간이 전부인 것처럼 느낀다. 모든 것이 오직 지금에 달려 있다는 압도적인 감각이 몰려온다.

하지만 정말로 지금 당장 버스에 치일 상황이 아니라면, 그런 급박함은 인위적으로 조작된 것이다. 그리고 결코 유익하지 않다. 몸을 무감각하게 만드는 독처럼, 이런 가짜 긴박감은 대뇌피질의 기능을 저하시키고, 우리가 여전히 명료하게 사고하고 있다고 착각하게 한다. 그러나 자신만의 신호를 인식할 수 있다면, 우리는 더 빠르게 '코치'로 전환해 휘슬을 불어 타임아웃을 요청하거나 스스로를 진정시키고 다시 정비할 기회를 가질 수 있다.

실천 방법 3: 경고 신호를 인식하라

무모하게 행동하거나 자신을 방어하고 싶은 충동이 일기 직전에, 과연 어떤 일이 벌어지고 있는가? 당신은 몸은 어떤 일을 경험하고 있는가? 어떤 감정이 휘몰아치고 있는가? 머릿속에서는 어떤 생각이 지나가는가? 자기 몰입 상태에 빠졌을 때 드러나는 당신만의 신호에 주의를 기울이고 그것을 기록해두자. 바로 그 순간이 '멈춤'을 요청해야 할 때다. 그런 신호들을 사전에 찾아보는 연습을 해두면, 실제 상황에서도 준비된 대응이 가능하다. 그렇지 않으면, 그 순간이 닥쳤을 때는 이미 늦어버리기 쉽다.

멈춤을
요청하라

멈춤이 가능하도록 환경을 조성하고, 멈춤이 필요하다는 점을 인식했다면 실제로 멈춤을 요청하는 일은 비교적 간단하다. "잠시만 시간을 가집시다", "5분 정도 쉬었다가 다시 시작합시다", 또는 "타임아웃"이라고 말하면 된다. 아니면 미리 정해둔 신호나 상징을 사용해도 좋다. 예를 들어 휘슬을 불거나 손짓을 하거나 끈을 당기는 방식이다. 사전 계획이 되어 있지 않다면 그냥 "멈춥시다"라고 말해도 된다.

때때로 우리는 어떤 순간에 바로 어떤 행동을 멈출 수 있지만, 어떤 상황에서는 자연스럽게 찾아오는 멈춤에 의존해야 할 때도 있다.

윌리엄 유리는 협상 중간의 휴식 시간에 마치 '발코니에 올라간 듯한' 관점을 떠올렸다. 대화가 진행되는 동안에는 철저히 현장에 집중해야 했지만, 그사이 잠깐의 틈에서 그는 거리감을 확보할 수 있었다. 제러미 스네이프와 그의 팀 역시 타자 교체 시간 사이에 '발코니 보이'가 되어 전환의 계기를 만들었다. 시몬 바일스는 경기 사이사이에 스스로에게 코칭을 하며 중심을 잡았다.

이처럼 짧은 중단도 자연스럽게 멈추는 것과 비슷한 효과를 낸다. 심리적 거리가 더 나은 의사 결정을 가능하게 해주는 것이다.[3] 방해나 개입이 일어나면, 우리에게는 잠깐의 인지적 틈이 생기며, 그 순간 당면한 과제로부터 한 걸음 물러서게 된다. 이 거리감은 우리의 사고방식을 낮은 해석 수준에서 높은 해석 수준으로 전환시킨다. 심리적 거리가 커질수록 우리는 실행 가능성보다는 바람직함에 기반한 결정을 내릴 가능성이 커진다. 단지 가까워서가 아니라 자신이 가장 좋아하는 요리를 기준으로 식당을 선택하거나, 가격이 싸다는 이유만으로 지갑을 열기 전에 구매를 재고하는 것을 그 예로 들 수 있다.

짧은 중단은 멈춤의 한 형태로 작용하여, 우리가 세부적인 문제에 빠져드는 대신 한 걸음 물러나 더 넓은 그림을 바라볼 수 있도록 도와준다. 중단에 관한 연구는, 의사 결정 과정에서 멈춤을 호출하는 것이 얼마나 중요한지 뒷받침해준다. 짧은 중단이 추상적 사고를 활성화하듯, 멈춤은 리더가 즉각적인 상황의 압박에서 잠시 벗어나 보다 신중하고 숙고된 결정을 내릴 수 있는 여지를 마련해준다.

멈춤은 감정에 휩싸여 순간적으로 내리는 판단에서 벗어나, 전략적이고 장기적인 사고로 전환하는 데 필요한 심리적 거리를 형성한다. 이 통찰은 멈춤이 단순한 전술적 휴식이 아니라, 사고의 방향을 전환시켜 명료함과 더 나은 리더십으로 이끄는 인지적 도구임을 강조한다.

실천 방법 4: 언어, 신호 또는 상징을 정하라

멈춤이 필요할 때 이를 어떻게 표현할지 팀원들과 합의하라. 그 방식을 일관되게 사용하라. 필요할 때는 주저하지 말고 멈춤을 요청하라.

2023년, 에드윈 카스트로^{Edwin Castro}는 파워볼 역사상 최대 당첨금인 20억 4,000만 달러(약 2조 8,200억 원)에 당첨되었다. 그는 2달러(약 2,800원)짜리 복권 석 장을 샀을 뿐이었다. 그는 일시금 수령을 선택했고, 세금을 제하고도 6억 2,850만 달러(약 8,294억 원)를 손에 쥐었다. 실로 어마어마한 금액이다. 이 돈을 연 5퍼센트 수익률로 운용할 경우, 연간 3,000만 달러(약 415억 원) 이상이 자동으로 생겨난다. 카스트로는 그 돈으로 무엇을 했을까? 그는 피지에서 휴가를 즐기고, 아주 빠르고 값비싼 차를 몇 대 샀으며, 저택도 세 채 구입했다. 하나는 2,500만 달러(약 346억 원), 또 하나는 4,700만 달러(약 650억 원), 그리고 나머지 하나는 400만 달러(약 55억 원)로, 부모님을 위한 집이었다. 《포춘^{Fortune}》에 따르면, 수천만 달러에서 수십억 달러를 보유한 자산가들을 조언하는 재정 고문 폴 카거^{Paul Karger}는 이렇게 말했다. "그냥 진정하세요. 지금은 어떤 중대한 결정도, 거창한 약속도 하지 마세요. 모든 걸 천천히 소화하세요."[4] 바로 멈춤을 요청하라는 뜻이다.

거리두기의
차원을 결정하라

우리는 지금까지 거리두기의 세 가지 차원을 살펴보았다. 바로 '다른 사람이 되기', '다른 장소에 존재하기', '다른 시간대에 존재하기'다. 이 세 가지 차원은 서로 밀접하게 연결되어 있으며, 서로 효과를 강화한다. 예를 들어, '다른 시간대에 있는 상태'는 '다른 장소에 있는 느낌'을 북돋우고, 이 둘은 다시 '다른 사람이 된 듯한 느낌'을 이끌어낸다. 이러한 거리두기 방식은 모두 우리의 해석 수준, 관점, 의사 결정 능력에 유사한 영향을 미친다. 다만 상황에 따라, 특정한 차원이 보다 자연스럽고 효과적인 선택이 될 수 있다.

연구자들이 특정 상황에서 어떤 거리두기 전략을 사용하는지 살펴보면, 각각의 방식이 어떤 조건에서 가장 적합한지 유추할 수 있다. 해서웨이가 겪은 스트레스 상황에서는 '다른 사람이 되기'가 유효했다. 무어와 그로브 역시 중요한 판단의 순간에 자신들의 후임자를 떠올리며 자신을 외부화하는 방식, 즉 '다른 사람이 되기'를 활용했다. 반면, 정보 과잉으로 인해 판단이 흐려질 수 있는 상황에서는 공간적 거리두기가 도움이 된다. 이 방식은 시각적 요소와 함께 작용하며, 스스로를 정신적으로 다른 장소, 예컨대 발코니, 더 높은 층, 산꼭대기, 우주 공간에 있다고 상상하는 것만으로도 전체적인 맥락과 큰 그림을 조망할 수 있게 해준다.

만약 특정 상황이나 결정이 강한 긴박감을 수반한다면, 시간적 거리두기가 더욱 적합할 수 있다. 머릿속을 정리하고 후회 없는 선택을 하기 위해, 가까운 미래든 중간 미래든 먼 미래든 자신을 그 지점에 놓고 지금의 결정을 되돌아보는 것이다. '아침의 나'가 되어보거나, 자신의 부고를 써보는 것도 도움이 된다.

멈춤을 호출하는 목적은 단순히 휴식을 취하기 위함이 아니다. 우리는 다음 행동을 선택할 수 있는 여백을 마련하기 위해 멈춘다. 지금 이 상황이나 결정을 제대로 바라보기 위해서는 어떤 거리두기 차원을 활용할지 판단할 수 있는 여유가 있어야 한다. 그런 다음에 일레이즘, 발코니에 올라가기, 시야 확장하기, 미래의 자신이 되기 등 구체적인 방법을 선택하면 된다. 그 상태에서 우리는 코치가 되어 스스로에게 조언을 건네고, 다시 현재로 돌아와 그 조언을 실천할 수 있다.

실천 방법 5: 자신에게 적합한 전략을 선택하라

'다른 사람이 되기', '다른 장소에 존재하기', '다른 시간대 존재하기' 중에서 당신의 상황에 가장 적합한 거리두기 차원을 선택하라.

1. 멈춤이 가능하도록 만들라.

   멈춤을 조직 문화 속에 정착시키라. 팀과 조직에서 멈춤을
   스스로 실천함으로써, 자연스러운 일로 만들라.

2. 상황을 인식하라.

   과거에 자기 몰입을 유발했던 스트레스 상황들을 기록하고,
   그 목록을 계속 보완하라.

3. 경고 신호를 인식하라.

   자신을 방어하고 싶어질 때 나타나는 신체적·정서적 신호에
   주의를 기울이라. 이 과정은 '코치'가 언제 타임아웃을 요청
   해야 할지 미리 감지하고, 상황에서 잠시 한 걸음 물러섰다
   다시 차분히 집중할 수 여유를 갖게 해준다.

4. 언어, 신호 또는 상징을 정하라.

   사전에 합의한 표현을 사용해 멈춤을 요청하라. "잠깐 멈추
   자"처럼 간단한 말이면 충분하다.

5. 자신에게 적합한 전략을 선택하라.

   자신과의 거리두기, 공간적 거리두기, 시간적 거리두기 중에
   서 자신에게 맞는 차원의 거리두기를 선택하라.

5,000만 달러가 걸린 메시지를 보내는 상황이든, 팀원과의 대화
가 어긋나는 순간이든, 가장 현명한 선택은 멈추는 것일 수 있다.
휘슬을 불어 타임아웃을 선언하고 '코치'의 입장으로 전환하라.
그런 다음 자기와의 거리두기, 공간적 거리두기, 시간적 거리두
기 중 하나를 실행하라. 가장 익숙한 방식이든 그 순간에 가장 적
합한 방식이든 상관없다. 아무것도 하지 않는 것보다는 어떤 도

구든 사용하는 편이 낫다. 하지만 이 모든 것은 먼저 멈출 수 있어야 가능하다. 이를 위해서는 우선 어떤 상황이나 조건이 우리를 자기 몰입 상태로 밀어 넣는지 식별하는 연습이 필요하다. 몰입은 기본 상태이기 때문에, 우리는 의식적으로 거리를 두는 관점을 선택해야 한다. 그러기 위해서는 먼저 행동을 멈춰야 한다. 따라서 언제 타임아웃을 요청할지 아는 능력은 어떻게 거리를 둘 것인지 아는 것만큼이나 중요하다.

마치며

거리를 두면 확실히 시야가 트인다. 나는 어떤 장소에서 일정한 거리를 두었을 때, 오히려 그곳에 대해 더 나은 글을 쓰게 된다는 걸 자주 실감한다. 때로 우리는 숲 전체에 압도된 나머지, 눈앞의 나무 하나하나를 보지 못하게 된다.

_루이스 라무어Louis L'amour,
『방랑하며 배운 것들Education of a Wandering Man』

다른 사람이 되라. 다른 곳에 존재하라. 다른 시간대에 존재하라.

우리가 자기 자신 밖으로 나아가 거리를 두는 순간, 우리의 관점은 즉각적으로 바뀐다. 단지 이 간단한 심리적 조작만으로도 현실과 자기 자신을 훨씬 더 명료하게 바라보게 되는 이 극적인 변화는 경이롭기까지 하다. 우리는 새로운 관점 속에서 자기 자신의 코치가 되며, 바로 그 자리에서 자신을 이끌기 시작한다. 다른 사람이 된다는 것은 편견 없이 신선한 시선을 지닌 공정한 관찰자의 눈을 갖게 된다는 뜻이다. 자기 몰입 상태에 빠져 있을 때 드러나는 에고의 역기능적 효과들은 이 과정을 통해 사라진다. 자신의 정체성에 과도하게 집착하고 있거나 과거에 일어난 일을 붙잡고 계속 되새김질하고 있다면, 바로 그때가 다른 사람이 되어야 할 때다.

마음속으로 다른 곳에 존재하게 되면, 새로운 시점으로 더 넓은 맥락에서 더 큰 그림을 볼 수 있다. 이때 우리는 게슈탈트^{Gestalt}, 즉 단순히 부분들이 아니라 그 안에 담긴 전체 맥락, 의미, 구조적 패턴를 보게 되어, 세부적인 요소에 사로잡혀 산만해지지 않고 진짜 중요한 것이 무엇인지에 집중할 수 있다. 또한 자신을 모든 사람과 마찬가지로 사건의 일부로 바라보게 된다. 과도하게 부풀어 있던 자기중심성도 가라앉는다. 정보 과부하 상태에 있거나, 특정 세부 사항에 사로잡혀 있거나, 자신의 이미지가 걱정될 때는 자신이 다른 장소에 있다고 상상해보자.

미래로 시간 여행을 떠나 그 시점에서 현재를 되돌아볼 때, 우리가 내려야 할 결정에 대한 생각은 위협과 변화가 아닌 후회와 놓쳐버린 기회라는 관점에서 자연스럽게 재구성된다. 이렇게 관점을 전환함으로써 우리는 더 과감하고 주도적인 삶을 살 수 있다.

익숙한 상태에 편안하게 머물고자 하는 생각이 변화하고자 하는 생각을 압도할 때, 위험을 피하려는 마음이 지배적일 때, 미래를 계획하거나 인생의 중대한 결정을 앞두었을 때는 '다른 시간의 나'가 되어보라.

'다른 사람이 되기', '다른 장소에 존재하기', '다른 시간대에 존재하기' 같은 자기 거리두기 기법은 사고의 수준을 끌어올린다. 우리는 실행의 번거로운 세부 사항이 아니라 더 높은 목적과 의미에 집중하게 된다. 어떻게 할 것인가에만 머물지 않고, 무엇을 왜 해야 하는지, 그것이 과연 옳은 일인지에 대한 전략적 질문을 던지게 된다. 그 과정에서 우리는 더 진실한 자기 자신에 가까워지고, 행동을 자신의 가치와 일치시키며, 편의성과 현실성이라는 핑계를 꿰뚫어본다. 그럼으로써 이상적인 자기 자신에 한발 더 다가서며, 더 나은 인간이 되고자 하는 열망을 품는다.

이 세 가지 거리두기의 차원을 이해하고 이를 실현할 수 있는 기술들을 연습하기 시작하면, 이 차원들이 따로 떨어져 있는 것이 아니라 상호 연결되어 서로를 강화한다는 사실을 깨닫게 된다. 예를 들어, 우리는 마음속으로 자신을 다른 장소로 옮기는 순간, 어느 정도는 이미 다른 사람이 된 것처럼 느낀다. 또한 시간을 건너뛴다는 개념에는, 더 이상 자신의 관점에서 세계를 바라보는 것이 아니라, 누군가의 시선을 통해 자신을 되돌아본다는 생각이 내포되어 있다.

조지 루커스가 〈스타워즈〉의 오프닝을 "얼마 전 가까운 은하계에서"가 아닌 "아주 먼 옛날, 머나먼 은하계에서"로 시작한 데에는 이유가 있다. 그는 관객을 완전히 새로운 세계로 데려가고 싶었던 것이다. 우리의 뇌는 이 거리 개념들을 서로 연결 짓는다. 공간적으로 먼 곳은 시간적으로도 멀게 느껴지고, 시간적으로 먼 미래는 공간적으로도 먼 세계처럼 느껴진다.

이러한 거리두기 차원들은 서로 맞물려 작동하며, '코치'의 관점을 갖도록 돕는다. 그리고 스스로를 '코치'로 상상하면 이 세 가지 거리두기 차원을 한꺼번에 활성화할 수 있다. 시간이 지나고 훈련이 쌓이면, 우리는 자기 몰입 상태에서 더 쉽게 벗어나 보다 멀리 떨어진 관점을 확보하게 되고, 그로 인해 상황을 명확하게 보고 더 나은 결정을 내릴 수 있는 여유가 생긴다.

코치가 되고 싶다면, 지금의 나와는 구분되는 이 별개의 페르소나를 마음속에 명확히 떠올리는 것이 도움이 된다. 코치는 언제나 우리가 최선의 이익을 얻기를 바라고, 우리가 이기기를 원하지만 동시에 침착하고 객관적이다. 코치는 우리를 지지하지만 정직하며, 목표를 향해 나아가도록 격려하는 동시에 지금 우리가 꼭 들어야 할 말을 전해준다. 코치는 우리를 팀의 일원, 더 큰 맥락 속의 작은 일부로 본다. 바깥에서 안을 바라보는 코치의 관점은 우리가 방금 했던 선택을 정당화하거나 변호하는 데 매몰되지 않게 한다. 코치의 관점은 더 이상 우리에게 도움이 되지 않는 것들을 버릴 수 있게 해준다. 어떤 일이 벌어지든 코치는 다음에 무엇을 해야 할지 고민한다. 코치의 시선은 언제나 앞을 향해 있다. 코치가 되었을 때 우리는 더 많이 배우고, 더 나은 성과를 내며, 자신과 팀과 조직을 위해 더 현명한 결정을 내리게 된다. 그리고 그보다 더 좋은 점은 다른 사람들도 같은 방식으로 도울 수 있다는 것이다.

마치며

감사의 말

먼저, 이 책이 담고 있는 아이디어를 다듬고, 더 폭넓은 삶을 원하는 리더들과 독자들에게 유용한 의사 결정 안내서로 완성하는 데 도움을 준 전문가, 지지자, 사례의 주인공들, 그리고 비판적인 시각을 제공해준 이들에게 깊은 감사를 전한다.

이 프로젝트를 믿고 지지해준 포트폴리오 펭귄 랜덤하우스 팀, 특히 에이드리언 잭하임에게 감사드리며, 원고의 여러 차례 개정을 성실하게 함께해준 편집자 케이시 에브로에게도 특별히 감사드린다.

또한 거리두기를 시도했거나 그러지 않았던 경험 그리고 그로 인한 결과를 공유해준 분들에게 특별한 감사를 전한다. 밥 리브스, 브렌턴 포드, 부라크 알리지, 이선 크로스, 개러스 홀브룩, 조지 콜리저, 얀 하겐, 제니퍼 질레스피, 제니퍼 피어스, 제러미 스네이프, 짐 드라이버그, 킴 해리슨, 마치에이 트리불레츠, 마크 호지스, 피터 러시안, 필 즈디벨, 셰인 맥, 스티브 프리보, 시리 홀브룩 등 모두가 초기 단계에서 심리적 거리두기의 효과와 '코치'라는 페르소나의 힘에 우리의 시선을 집중하도록 이끌어주었다.

마이크의 학생들과 워크숍 참석자들은 그의 접근 방식에 끊임없이 질문을 던지며, 이 책에 담긴 여러 사례를 더욱 정제하는 데 도움을 주었다. 또한 데이비드의 링크트인 네트워크와 강연을 통해 대중의 다양한 의견을 수렴할 수 있었다.

마지막으로, 이 책을 완성하는 과정에서 우리가 제대로 돌보지 못했던 가족들, 우리의 이른 새벽 작업으로 인해 고단함을 감내해야 했던 그들에게 깊은 감사의 마음을 전한다.

감사의 말

주

들어가며

1 L. David Marquet, *Turn the Ship Around!* (Portfolio, 2013). 『턴어라운드』(세종서적, 2020)

2 L. David Marquet, *Leadership Is Language* (Portfolio, 2021). 『리더십 리부트』(시목, 2021)

3 Dizik, Alina, "The Relationship Between Corporate Culture and Performance," *The Wall Street Journal*, February 21, 2016, wsj.com/articles/the-relationship-between-corporate-culture-and-performance-1456110320.

Chapter 1: 자기 몰입

1 National Transportation Safety Board (NTSB), *Descent Below Visual Glidepath and Impact with Seawall Asiana Airlines Flight 214, Boeing 777-200ER, HL7742 San Francisco, California July 6, 2013,* Aircraft Accident Report NTSB/AAR-14/01, Washington, DC, 2014.

2 Mark R. Leary, *The Curse of the Self: Self-Awareness, Egotism, and the Quality of Human Life* (Oxford University Press, 2007). 『나는 왜 내가 힘들까』(시공사, 2021)

3 Theo Von, host, *This Past Weekend with Theo Von*, podcast, episode 460, "Jordan Peterson," August 29, 2023, 2:20:03, podcasts.apple.com/us/podcast/jordan-peterson/id1190981360?i=1000626052367.

4 Mark R. Leary, "Motivational and Emotional Aspects of the Self," *Annual Review of Psychology* 58 (January 2007): 317–44, doi.org/10.1146/annurev.psych.58.110405.085658.

5 Jonathan Haidt, *The Righteous Mind: Why Good People Are Divided by Politics and Religion*

(Vintage Books, 2012). 『바른 마음』(웅진지식하우스, 2014)

6 Daniel Kahneman, *Thinking, Fast and Slow* (Farrar, Straus and Giroux, 2011). 『생각에 관한 생각』(김영사, 2018)

7 Margaret Heffernan, *Willful Blindness: Why We Ignore the Obvious at Our Peril* (Anchor Canada, 2012). 『의도적 눈감기』(푸른숲, 2013)

8 Binyamin Cooper et al., "Trapped by a First Hypothesis: How Rudeness Leads to Anchoring," *Journal of Applied Psychology* 107, no. 3 (March 2022): 481-502, doi.org/10.1037/apl0000914.

9 Geoff MacDonald and Mark R. Leary, "Why Does Social Exclusion Hurt? The Relationship Between Social and Physical Pain," *Psychological Bulletin* 131, no. 2 (2005): 202-23, doi.org/10.1037/0033-2909.131.2.202.

10 John Hook, "Affective Neuroscience: Jaak Panksepp's 'Rat Tickling Theory of Emotion," *BJPsych Advances* (2024): 1-4, doi.org/10.1192/bja.2023.71.

11 Barbara H. Herman and Jaak Panksepp, "Effects of Morphine and Naloxone on Separation Distress and Approach Attachment: Evidence for Opiate Mediation of Social Affect," *Pharmacology Biochemistry and Behavior* 9, no. 2 (August 1978): 213-20, doi.org/10.1016/0091-3057(78)90167-3.

12 Nathan C. DeWall et al., "Acetaminophen Reduces Social Pain: Behavioral and Neural Evidence," *Psychological Science* 21, no. 7 (2010): 931–37, doi.org/10.1177/0956797610374741.

13 Zhansheng Chen et al., "When Hurt Will Not Heal: Exploring the Capacity to Relive Social and Physical Pain," *Psychological Science* 19, no. 8 (August 2008): 789–95, doi.org/10.1111/j.1467-9280.2008.02158.x.

14 Andrey Anikin et al., "Do Some Languages Sound More Beautiful than Others?" *Proceedings of the National Academy of Sciences of the United States of America* 120, no. 17 (April 17, 2023), doi.org/10.1073/pnas.2218367120.

15 Brad Barber et al., "Learning Fast or Slow?" *SSRN Electronic Journal*, 2014, doi.org/10.2139/ssrn.2535636.

16 Derek Horstmeyer, "When Investors Do the Most Harm with Market Timing," *The Wall Street Journal*, May 5, 2023, wsj.com/articles/investing-market-timing-ad3c230a.

17 Jason Zweig, "Want to Beat the Stock Market? Avoid the Cost of 'Being Human,'"

The Wall Street Journal, April 14, 2023, wsj.com/articles/active-vs-passive-index-fund-beat-the-stock-market-58e8bd83.

18 Charles Rotblut, "Is the AAII Sentiment Survey a Contrarian Indicator?" *AAII (American Association of Individual Investors) Journal*, June 2013, aaii .com/journal/article/is-the-aaii-sentiment-survey-a-contrarian-indicator.

19 Jason Zweig, "Mirror, Mirror on the Wall, Who Knew That Stocks Would Fall?" *The Wall Street Journal*, December 16, 2022, wsj.com/articles/hindsight-bias-investing-11671206329.

20 Ola Svenson, "Are We All Less Risky and More Skillful Than Our Fellow Drivers?" *Acta Psychologica* 47, no. 2 (February 1981): 143–48, doi.org/10.1016/0001-6918(81)90005-6.

Chapter 2: 자기와의 거리두기

1 Andrew S. Grove and Gordon E. Moore, *1985 Intel Corporation Annual Report*, 1985.

2 Andrew S. Grove, *Only the Paranoid Survive* (Crown Currency, 1999), 88.

3 Grove, *Only the Paranoid Survive*, 89.

4 "Yaacov Trope, Professor of Psychology, Research," New York University, as.nyu.edu/faculty/yaacov-trope.html.

5 Nira Liberman and Yaacov Trope, "The Role of Feasibility and Desirability Considerations in Near and Distant Future Decisions: A Test of Temporal Construal Theory," *Journal of Personality and Social Psychology* 75, no. 1 (1998): 5–18, doi.org/10.1037/0022-3514.75.1.5.

6 Grove, *Only the Paranoid Survive*, 92.

7 Smriti, "What Happened to Digital Equipment Corporation?" *InspireIP* (blog), February 2, 2024, inspireip.com/what-happened-to-digital-equipment-corporation.

8 Atul Gawande, "Personal Best," *The New Yorker*, October 3, 2011, newyorker .com/magazine/2011/10/03/personal-best.

Chapter 3: 코치가 되라

1 Francois Brochet et al., "CEO Tenure and Firm Value," *The Accounting Review* 96, no. 6 (November 1, 2021): 47–71, doi.org/10.2308/tar-2019-0295.

2 Emma Goldberg, "The CEOs Who Just Won't Quit: What Happens to a Company— and the Economy— When the Boss Refuses to Retire?" *The New York Times*, May 9, 2024, nytimes.com/2024/05/09/magazine/forever-ceos.html.

3 Donald C. Hambrick and Gregory D. S. Fukutomi, "The Seasons of a CEO's Tenure," *Academy of Management Review* 16, no. 4 (October 1, 1991): 719–42, doi.org/10.5465/amr.1991.4279621.

4 Harper Lee, *To Kill a Mockingbird* (J. B. Lippincott, 1960). 『앵무새 죽이기』(열린책들, 2015)

5 Emily Pronin, "How We See Ourselves and How We See Others," *Science* 320, no. 5880 (2008): 1177–80, doi.org/10.1126/science.1154199.

6 Michael Ross and Fiore Sicoly, "Egocentric Biases in Availability and Attribution," *Journal of Personality and Social Psychology* 37, no. 3 (1979): 322– 36, doi.org/10.1037/0022-3514.37.3.322.

7 Elyssa M. Barrick et al., "The Unexpected Social Consequences of Diverting Attention to Our Phones," *Journal of Experimental Social Psychology* 101 (July 2022): 104344, doi.org/10.1016/j.jesp.2022.104344.

8 Beyoncé, "Beyoncé on Her Alter Ego, Sasha Fierce," interview by Oprah Winfrey, *The Oprah Winfrey Show*, Oprah Winfrey Network (OWN), August 17, 2019, youtube.com/watch? v= 4AA5G8vCl9w.

9 Rachel E. White et al., "The 'Batman Effect': Improving Perseverance in Young Children," *Child Development* 88, no. 5 (2016): 1563–71, doi.org/10.1111/cdev.12695.

10 Albert Costa et al., " 'Piensa' Twice: On the Foreign Language Effect in Decision Making," *Cognition* 130, no. 2 (2014): 236–54, doi.org/10.1016/j.cognition.2013.11.010.

11 Morgan Gianola et al., "Does Pain Hurt More in Spanish? The Neurobiology of Pain Among Spanish–English Bilingual Adults," *Social Cognitive and Affective Neuroscience* 19, no. 1 (2024), doi.org/10.1093/scan/nsad074.

12 Annie Duke, *Quit: The Power of Knowing When to Walk Away* (Penguin Publishing Group, 2022): 188. 『큇』(세종서적, 2022)

13 Igor Grossmann and Ethan Kross, "Exploring Solomon's Paradox: Self-Distancing Eliminates the Self-Other Asymmetry in Wise Reasoning About Close Relationships in Younger and Older Adults," *Psychological Science* 25, no. 8 (June 10, 2014): 1571–80, doi.org/10.1177/0956797614535400.

Chapter 4: 코치처럼 말하라

1 Ethan Kross, *Chatter: The Voice in Our Head, Why It Matters, and How to Harness It* (Crown, 2021). 『채터, 당신 안의 훼방꾼』(김영사, 2021)

2 Ethan Kross et al., "Self-Talk as a Regulatory Mechanism: How You Do It Matters," *Journal of Personality and Social Psychology* 106, no. 2 (2014): 304–24, doi.org/10.1037/a0035173.

3 Olivia Sappenfield et al., *National Survey of Children's Health Adolescent Mental and Behavioral Health, 2023*, HRSA Maternal and Child Health Bureau report (October 2024), mchb.hrsa.gov/sites/default/files/mchb/data-research/nsch-data-brief-adolescent-mental-behavioral-health-2023.pdf.

4 Ethan Kross and Özlem Ayduk, "Chapter Two—Self-Distancing: Theory, Research, and Current Directions," *Advances in Experimental Social Psychology* 55 (2017): 81–136, doi.org/10.1016/bs.aesp.2016.10.002.

5 Brooks Barnes, "Jennifer Lawrence Has No Appetite for Playing Fame Games," *The New York Times*, September 9, 2015, nytimes.com/2015/09/13/movies/jennifer-lawrence-has-no-appetite-for-playing-fame-games.html.

6 Jake Coyle, "Q& A: Jackman, Hathaway Dream a Dream in 'Les Miz,'" *The Seattle Times*, December 14, 2012, seattletimes.com/entertainment/qa-jackman-hathaway-dream-a-dream-in-les-miz.

7 Rachel Tillman, "Simone Biles Reflects on Decision to Pull Out of Olympics: 'It Was Too Much,' " Spectrum News NY1, September 28, 2021, ny1.com/nyc/all-boroughs/news/2021/09/28/simone-biles-opens-up-tokyo-olympics-decision.

8 Emily J. Oliver et al., "The Effects of Autonomy-Supportive Versus Controlling Environments on Self-Talk," *Motivation and Emotion* 32, no. 3 (2008): 200–12, doi.org/10.1007/s11031-008-9097-x.

9 Leehyun Yoon et al., "Hooked on a Thought: Associations Between Rumination and Neural Responses to Social Rejection in Adolescent Girls," *Developmental Cognitive Neuroscience* 64 (December 2023): 101320, doi.org/10.1016/j.dcn.2023.101320.

10 Nancy Armour, "Simone Biles Wins Something More Important Than Medals at World Championships," *USA Today*, October 8, 2023, usatoday.com/story/sports/columnist/nancy-armour/2023/10/08/simone-biles-world-championships-peace-of-mind/71111240007/.

11 Celina R. Furman et al., "Distanced Self-Talk Enhances Goal Pursuit to Eat Healthier," *Clinical Psychological Science* 8, no. 2 (March 3, 2020): 366–73, doi.org/10.1177/2167702619896366.

12 Paul Rand, host, "The Science Behind Forming Better Habits, with Katy Milkman," *Big Brains Podcast*, University of Chicago Podcast Network, episode 76, September 9, 2021, big-brains.simplecast.com/episodes/the-science-behind-forming-better-habits-with-katy-milkman-57ESaD_ G.

13 Phillippa Lally et al., "How Are Habits Formed: Modelling Habit Formation in the Real World," *European Journal of Social Psychology* 40, no. 6 (2010): 998–1009, doi.org/10.1002/ejsp.674.

14 Martin Hyde, "Opinion: Martin Hyde Apologizes for Confrontation with Sarasota Police Officer," *Sarasota Herald-Tribune*, February 25, 2022, heraldtribune.com/story/opinion/columns/guest/2022/02/25/former-candidate-martin-hyde-apologizes-after-video-confrontation-threat-sarasota-officer/6936662001.

15 Allyson Henning, " 'I Tried to Bully Her': Sarasota Candidate Threatens to End Officer's Career During Traffic Stop, Apologizes," WFLA News Channel 8, February 23, 2022, wfla.com/news/sarasota-county/sarasota-candidate–threatens-to-end-officers-career-during-traffic-stop-apologizes-for-belligerent-and-rude-behavior.

16 Martin Hyde, " 'I Tried to Bully Her': Sarasota Candidate-Threatens to End Officer's Career During Traffic Stop, Apologizes," recorded by Officer Julia Beskin's body-worn camera, video, February 14, 2022, posted February 23, 2022, by WFLA News Channel 8, YouTube, 16 min., 29 sec., youtube.com/watch? v= SunGGUktKok.

17 Lindsey Streamer et al., "Not I, but She: The Beneficial Effects of Self-Distancing on Challenge/Threat Cardiovascular Responses," *Journal of Experimental Social Psychology* 70 (May 2017): 235–41, doi.org/10.1016/j .jesp.2016.11.008.

18 Jason S. Moser et al., "Third-Person Self-Talk Facilitates Emotion Regulation Without Engaging Cognitive Control: Converging Evidence from ERP and fMRI," *Scientific Reports* 7, no. 4519 (2017), doi.org/10.1038/s41598-017-04047-3.

19 Igor Grossmann et al., "Training for Wisdom: The Distanced-Self-Reflection Diary Method," *Psychological Science* 32, no. 3 (2021): 381–94, doi.org/10.1177/0956797620969170.

20 Ethan Zell et al., "Splitting of the Mind: When the *You* I Talk to Is Me and Needs Commands," *Social Psychological and Personality Science* 3, no. 5 (2012): 549–55, doi.org/10.1177/1948550611430164.

21 James Hardy et al., "To Me, to You: How You Say Things Matters for Endurance Performance," *Journal of Sports Sciences* 37, no. 18 (2019): 2122– 30, doi.org/10.1080/02640414.2019.1622240.

Chapter 5: 발코니에 올라서라

1 William Ury, "Go to the Balcony," Speech, Dawson College Graduation Ceremony, Montreal, QC, 2016, williamury.com/nowithconvictionizbedatha nyes2plz/wp-content/uploads/Dawson_ graduation_ speech.pdf.

2 Ury, "Go to the Balcony."

3 Binyamin Cooper et al., "Trapped by a First Hypothesis: How Rudeness Leads to Anchoring," *Journal of Applied Psychology* 107, no. 3 (June 10, 2021): 481–502, doi.org/10.1037/apl0000914.

4 Özlem Ayduk and Ethan Kross, "Enhancing the Pace of Recovery: Self-Distance Analysis of Negative Experiences Reduces Blood Pressure Reactivity," *Psychological Science* 19, no. 3 (March 1, 2008): 229– 31, doi.org/10.1111/j.1467-9280.2008.02073.x.

5 Dominik Mischkowski et al., "Flies on the Wall Are Less Aggressive: Self-Distancing 'in the Heat of the Moment' Reduces Aggressive Thoughts, Angry Feelings and Aggressive Behavior," *Journal of Experimental Social Psychology* 48, no. 5 (September 2012): 1187–91, doi.org/10.1016/j.jesp.2012.03.012.

6 Ethan Kross and Özlem Ayduk, "Facilitating Adaptive Emotional Analysis: Distinguishing Distanced-Analysis of Depressive Experiences from Immersed-Analysis and Distraction," *Personality and Social Psychology Bulletin* 34, no. 7 (May 9, 2008): 924–38, doi.org/10.1177/0146167208315938.

7 James Clear, *Atomic Habits: Tiny Changes, Remarkable Results: An Easy and Proven Way to Build Good Habits and Break Bad Ones* (Penguin Random House, 2018). 『아주 작은 습관의 힘』(비즈니스북스, 2019)

8 Atul Gawande, "Want to Get Great at Something? Get a Coach," TED Talk, Vancouver, BC, April 2017, 16 min., 36 sec., ted.com/talks/atul_ gawande_want_to_get_great_at_something_ get_a_coach.

9 Atul Gawande, "Personal Best," *The New Yorker*, October 3, 2011, newyorker .com/magazine/2011/10/03/personal-best.

10 Josh Waitzkin, *The Art of Learning: An Inner Journey to Optimal Performance* (Simon and Schuster, 2008). 『배움의 기술』(이제, 2007)

11 "Edgar Mitchell's Strange Voyage," *People*, April 8, 1974, people.com/archive/edgar-mitchells-strange-voyage-vol-1-no-6.

12 Quentin Dercon et al., "A Core Component of Psychological Therapy Causes Adaptive Changes in Computational Learning Mechanisms," *Psychological Medicine* 54, no. 2 (June 8, 2023): 327–37, doi.org/10.1017/s0033291723001587.

13 Daniel Yudkin and Tessa West, "How to Tell If You're the Office Jerk," *The Wall Street Journal*, June 11, 2023, wsj.com/articles/office-jerk-how-to-tell-9f69a49f.

Chapter 6: 큰 그림을 보라

1 Jun Fukukura et al., "Psychological Distance Can Improve Decision Making Under Information Overload via Gist Memory," *Journal of Experimental Psychology General*

142, no. 3 (2012): 658–65, doi.org/10.1037/a0030730.

2 Fukukura, "Psychological Distance."

3 Marlone D. Henderson, "Mere Physical Distance and Integrative Agreements: When More Space Improves Negotiation Outcomes," *Journal of Experimental Social Psychology* 47, no. 1 (2010): 7–15, doi.org/10.1016/j.jesp.2010.07.011.

4 National Aeronautics and Space Administration (NASA), "The Challenger STS-51L Accident," accessed June 18, 2024, nasa.gov/challenger-sts-51L-accident.

5 House of Representatives, Committee on Science and Technology, *Investigation of the Challenger Accident*, 99th Cong. 2d Sess., H.R. Rep. No. 99-1016. Government Printing Office, 1986, govinfo.gov/content/pkg/GPO-CRPT-99hrpt1016/pdf/GPO-CRPT-99hrpt1016.pdf.

6 Simon Lambrey et al., "Imagining Being Somewhere Else: Neural Basis of Changing Perspective in Space," *Cerebral Cortex* 22, no. 1 (2012): 166–74, doi.org/10.1093/cercor/bhr101.

7 Marina Hyde, "Are We There Yet? Soon We'll All Be on a Road to Nowhere," *The Guardian*, September 3, 2010, theguardian.com/commentisfree/2010/sep/03/china-traffic-jam-road-to-nowhere.

8 Pankaj Aggarwal and Min Zhao, "Seeing the Big Picture: The Effect of Height on the Level of Construal," *Journal of Marketing Research* 52, no. 1 (2015): 120–33, doi.org/10.1509/jmr.12.0067.

Chapter 7: 미래의 자신이 되라

1 Jeff Bezos, "Jeff Bezos Speaks at Amazon India Event," NDTV Profit, streamed live on January 15, 2020, YouTube video, 25:57, youtube.com/watch? v= jzfXlg-xyUU.

2 AMZ Scout, "Amazon Statistics: Key Numbers and Fun Facts," accessed July 31, 2024, amzscout.net/blog/amazon-statistics.

3 Hal Hershfield, "The Benefits of Getting to Know Your Future Self," *The Wall Street Journal,* June 17, 2023, wsj.com/articles/the-benefits-of-getting-to-know-your-future-self-d3246744.

4 Hal Hershfield, *Your Future Self: How to Make Tomorrow Better Today* (Hachette UK, 2023). 『미래의 나를 만난 후 오늘이 달라졌다』 (비즈니스북스, 2024)

5 Bronnie Ware, *The Top Five Regrets of the Dying: A Life Transformed by the Dearly Departing* (Hay House, 2011). 『나의 오늘은 내일로 이어지지 않는다』 (책읽는수요일, 2025)

6 Charles Dickens, *A Christmas Carol* (Chapman & Hall, 1843).

7 Saurabh Bhargava and Lynn Conell-Price, "Serenity Now, Save Later? Evidence on Retirement Savings Puzzles from a 401(K) Field Experiment," *SSRN* (March 13, 2022), dx.doi.org/10.2139/ssrn.4056407.

8 Peter Coy, "Why Do So Many Americans Pass Up Bigger Social Security Checks?" *The New York Times*, November 11, 2024, nytimes.com/2024/11/11/opinion/social-security-age.html.

9 Jens Agerström and Fredrik Björklund, "Temporal Distance and Moral Concerns: Future Morally Questionable Behavior Is Perceived as More Wrong and Evokes Stronger Prosocial Intentions," *Basic and Applied Social Psychology* 31, no. 1 (2009): 49–59, doi.org/10.1080/01973530802659885.

10 Dan Ariely and Klaus Wertenbroch, "Procrastination, Deadlines, and Performance: Self-Control by Precommitment," *Psychological Science* 13, no. 3 (2002): 219–24, doi.org/10.1111/1467-9280.00441. 『상식 밖의 경제학』 (청림출판, 2018)

11 Yuta Chishima and Anne E. Wilson, "Conversation with a Future Self: A Letter-Exchange Exercise Enhances Student Self-Continuity, Career Planning, and Academic Thinking," *Self and Identity* 20, no. 5 (2021): 646– 71, doi.org/10.1080/15298868.2020.1754283.

12 Hal Hershfield, "The Benefits of Getting to Know Your Future Self," *The Wall Street Journal*, June 17, 2023, wsj.com/articles/the-benefits-of-getting-to-know-your-future-self-d3246744.

13 Hal Hershfield et al., "Increasing Saving Behavior Through Age-Progressed Renderings of the Future Self," *Journal of Marketing Research* 48, no. SPL (2011): S23–37, doi.org/10.1509/jmkr.48.SPL.S23.

14 Mark R. Leary, *The Curse of the Self: Self-Awareness, Egotism, and the Quality of Human*

Life (Oxford University Press, 2007).

15 Katherine L. Christensen et al., "Back to the Present: How Direction of Mental Time Travel Affects Perceptions of Similarity over Time and Saving Behavior," *Journal of Consumer Research* 51, no. 4 (2024): 761– 74, doi.org/10.1093/jcr/ucae029.

16 Benjamin Hardy, "Who Will You Be in 10 Years? Not Who You Expect," *Psychology Today*, May 24, 2022, psychologytoday.com/us/blog/quantum-leaps/202205/who-will-you-be-in-10-years-not-who-you-expect.

17 Jennifer Z. Gillespie et al., "The Suppression of Negative Emotions in Elder Care," *Journal of Managerial Psychology* 26, no. 7 (2011): 566– 83, doi.org/10.1108/02683941111164481.

18 Erin Azar (@ImMrsSpaceCadet), "My number 1 tip is to PLAY IT FORWARD!," Instagram reel, January 11, 2024, instagram.com/p/C1-x13ztv9E.

19 Anett John and Kate Orkin, "Can Simple Psychological Interventions Increase Preventive Health Investment?" *Journal of the European Economic Association* 20, no. 3 (June 2022): 1001– 47, doi.org/10.1093/jeea/jvab052.

20 World Health Organization, "Diarrhoeal Disease," March 7, 2024, who.int/news-room/fact-sheets/detail/diarrhoeal-disease.

21 Lex Fridman, host, "Chris Voss: FBI Hostage Negotiator," *Lex Fridman Podcast*, podcast, episode 364, March 10, 2023, podcasts.apple.com/us/podcast/364-chris-voss-fbi-hostage-negotiator/id1434243584? i= 1000603624812.

22 Emma Bruehlman-Senecal and Özlem Ayduk, "This Too Shall Pass: Temporal Distance and the Regulation of Emotional Distress," *Journal of Personality and Social Psychology* 108, no. 2 (2015): 356–75, doi.org/10.1037/a0038324.

23 Stephen R. Covey, *The 7 Habits of Highly Effective People* (Free Press, 1989). 『성공하는 사람들의 7가지 습관』(김영사, 2023)

24 Lois M. Collins, "To Arthur Brooks, the Biden Question Is About All of Us," *Deseret News*, July 8, 2024, deseret.com/family/2024/07/08/arthur-brooks-harvard-biden-running-president-retire.

25 Annie Duke, *Quit: The Power of Knowing When to Walk Away* (Portfolio, 2022).

26 Robert Waldinger and Marc Schulz, "The Lifelong Power of Close Relationships," *The Wall Street Journal*, January 13, 2023, wsj.com/articles/the-lifelong-power-of-close-relationships-11673625450.

27 Anna Lembke, *Dopamine Nation: Finding Balance in the Age of Indulgence* (Dutton, 2023). 『도파미네이션』(흐름출판, 2022)

28 Marcus Aurelius, *Meditations*, trans. Martin Hammond (Penguin Classics, 2014).

Chapter 8: 멈춤의 시간을 가져라

1 Daniel Kahneman, *Thinking, Fast and Slow* (Farrar, Straus and Giroux, 2011). 『생각에 관한 생각』(김영사, 2018)

2 David Rock, "Managing with the Brain in Mind," *Strategy+ Business*, no. 56 (2009): 1–10, strategy-business.com/article/09306.

3 Nelson B. Amaral, "How Interruptions Influence Our Thinking and the Role of Psychological Distance," *Journal of Consumer Behaviour,* no. 20 (2020): 76–88, doi.org/10.1002/cb.1856.

4 Paige Hagy, "The $2 Billion Powerball Winner Is Making the Worst Mistakes Financial Planners Warn People of After They Come into a Ton of Money," *Fortune*, September 19, 2023, fortune.com/2023/09/19/2-billion-powerball-lottery-winner-edwin-castro-financial-mistakes-advisors-warn.

참고 문헌

- Agerström, Jens, and Fredrik Björklund. "Temporal Distance and Moral Concerns: Future Morally Questionable Behavior Is Perceived as More Wrong and Evokes Stronger Prosocial Intentions." *Basic and Applied Social Psychology* 31, no. 1 (2009): 49–59. doi.org/10.1080/01973530802659885.

- Aggarwal, Pankaj, and Min Zhao. "Seeing the Big Picture: The Effect of Height on the Level of Construal." *Journal of Marketing Research* 52, no. 1 (2015): 120– 33. doi.org/10.1509/jmr.12.0067.

- Amaral, Nelson B. "How Interruptions Influence Our Thinking and the Role of Psychological Distance." *Journal of Consumer Behaviour*, no. 20 (2020): 76–88. doi.org/10.1002/cb.1856.

- AMZ Scout. "Amazon Statistics: Key Numbers and Fun Facts." Accessed July 31, 2024. amzscout.net/blog/amazon-statistics.

- Anikin, Andrey, Nikolay Aseyev, and Niklas Erben Johansson. "Do Some Languages Sound More Beautiful Than Others?" *Proceedings of the National Academy of Sciences of the United States of America* 120, no. 17 (April 17, 2023): e221836 7120. doi.org/10.1073/pnas.2218367120.

- Ariely, Dan, and Klaus Wertenbroch. "Procrastination, Deadlines, and Performance: Self-Control by Precommitment." *Psychological Science* 13, no. 3 (2002): 219–24.

- Armour, Nancy. "Simone Biles Wins Something More Important Than Medals at World Championships." *USA Today*, October 8, 2023.

- Aurelius, Marcus. *Meditations*. Translated by Martin Hammond. Penguin Classics, 2014.

- Ayduk, Özlem, and Ethan Kross. "Enhancing the Pace of Recovery: Self-Distance Analysis of Negative Experiences Reduces Blood Pressure Reactivity." *Psychological Science* 19, no. 3 (2008): 229–31. doi.org/10.1111/j.1467-9280.2008.02073.x.

- Barber, Brad M., Yi-Tsung Lee, Yu-Jane Liu, Terrance Odean, and Ke Zhang.

"Learning Fast or Slow?" *SSRN Electronic Journal*, 2014. doi.org/10.2139/ssrn .2535636.

- Barnes, Brooks. "Jennifer Lawrence Has No Appetite for Playing Fame Games." *The New York Times*, September 9, 2015. nytimes.com/2015/09/13/movies/jennifer-lawrence-has-no-appetite-for-playing-fame-games.html.

- Barrick, Elyssa M., Alixandra Barasch, and Diana I. Tamir. "The Unexpected Social Consequences of Diverting Attention to Our Phones." *Journal of Experimental Social Psychology* 101 (July 2022): 104344. doi.org/10.1016/j.jesp.2022.104344.

- Bezos, Jeff. "Jeff Bezos Speaks at Amazon India Event." NDTV Profit. Streamed live on January 15, 2020. YouTube video, 25:57. youtube.com/watch? v= jzfXlg-wyUU.

- Bhargava, Saurabh, and Lynn Conell-rice. "Serenity Now, Save Later? Evidence on Retirement Savings Puzzles from a 401(K) Field Experiment." *SSRN* (March 13, 2022). dx.doi.org/10.2139/ssrn.4056407.

- Brochet, Francois, Peter Limbach, Markus Schmid, and Meik Scholz-Daneshgari. "CEO Tenure and Firm Value." *The Accounting Review* 96, no. 6 (November 1, 2021): 47–71. doi.org/10.2308/tar-2019-0295.

- Bruehlman-Senecal, Emma, and Özlem Ayduk. "This Too Shall Pass: Temporal Distance and the Regulation of Emotional Distress." *Journal of Personality and Social Psychology* 108, no. 2 (2015): 356–75. doi.org/10.1037/a0038324.

- Carnegie, Dale. *How to Win Friends and Influence People*. Simon and Schuster, 1936. 『데일 카네기 인간관계론』(미래지식, 2021)

- Chen, Zhansheng, Kipling D. Williams, Julie Fitness, and Nicola C. Newton. "When Hurt Will Not Heal: Exploring the Capacity to Relive Social and Physical Pain." *Psychological Science* 19, no. 8 (August 2008): 789–95. doi.org/10.1111/j.1467-280.2008.02158.x.

- Chishima, Yuta, and Anne E. Wilson. "Conversation with a Future Self: A Letter-Exchange Exercise Enhances Student Self-Continuity, Career Planning, and Academic Thinking." *Self and Identity* 20, no. 5 (2021): 646–71. doi.org/10.1080/152 98868.2020.1754283.

- Christensen, Katherine L., Hal E. Hershfield, and Sam J. Maglio. "Back to the

Present: How Direction of Mental Time Travel Affects Perceptions of Similarity over Time and Saving Behavior." *Journal of Consumer Research* 51, no. 4 (2024): 761–74. doi.org/10.1093/jcr/ucae029.

- Clear, James. *Atomic Habits: Tiny Changes, Remarkable Results: An Easy and Proven Way to Build Good Habits and Break Bad Ones.* Penguin Random House, 2018.

- Collins, Lois M. "To Arthur Brooks, the Biden Question Is About All of Us." *Deseret News.* July 8, 2024. deseret.com/family/2024/07/08/arthur-brooks-harvard-biden-running-president-retire.

- Cooper, Binyamin, Christopher R. Giordano, Amir Erez, Trevor A. Foulk, Heather Reed, and Kent B. Berg. "Trapped by a First Hypothesis: How Rudeness Leads to Anchoring." *Journal of Applied Psychology* 107, no. 3 (March 2022): 481–502. doi.org/10.1037/apl0000914.

- Costa, Albert, Alice Foucart, Inbal Arnon, Melina Aparici, and Jose Apesteguia. " 'Piensa' Twice: On the Foreign Language Effect in Decision Making." *Cognition* 130, no. 2 (2014): 236   54. doi.org/10.1016/j.cognition.2013.11.010.

- Covey, Stephen R. *The 7 Habits of Highly Effective People.* Free Press, 1989. 『성공하는 사람들의 7가지 습관』(김영사, 2023)

- Coy, Peter. "Why Do So Many Americans Pass Up Bigger Social Security Checks?" *The New York Times*, November 11, 2024. nytimes.com/2024/11/11/opinion/social-security-age.html.

- Coyle, Jake. "Q& A: Jackman, Hathaway Dream a Dream in 'Les Miz,' " *The Seattle Times*, December 14, 2012. seattletimes.com/entertainment/qa-jackman-hathaway-dream-a-dream-in-les-miz.

- Dercon, Quentin, Sara Z. Mehrhof, Timothy R. Sandhu, et al. "A Core Component of Psychological Therapy Causes Adaptive Changes in Computational Learning Mechanisms." *Psychological Medicine* 54, no. 2 (2023): 327–37. doi.org/10.1017/s0033291723001587.

- DeWall, C. Nathan, Geoff MacDonald, Gregory D. Webster, et al. "Acetaminophen Reduces Social Pain: Behavioral and Neural Evidence." *Psychological Science* 21, no. 7 (2010): 931–37. doi.org/10.1177/0956797610374741.

- Dickens, Charles. *A Christmas Carol.* Chapman & Hall, 1843.

- Dizik, Alina. "The Relationship Between Corporate Culture and Performance: Researchers Find that a Positive Culture Boosts Performance, but Performance Alone Doesn't Create a Positive Culture." *The Wall Street Journal*, February 21, 2016.

- Duke, Annie. *Quit: The Power of Knowing When to Walk Away*. Penguin Publishing Group, 2022. 『큇』(세종서적, 2022)

- "Edgar Mitchell's Strange Voyage." *People*, April 8, 1974. people.com/archive/edgar-mitchells-strange-voyage-vol-1-no-6.

- Fridman, Lex, host. *Lex Fridman Podcast*, podcast, episode 364. "Chris Voss: FBI Hostage Negotiator." March 10, 2023. podcasts.apple.com/us/podcast/364-chris-voss-fbi-hostage-negotiator/id1434243584? i= 1000603624812.

- Fukukura, Jun, Melissa J. Ferguson, and Kentaro Fujita. "Psychological Distance Can Improve Decision Making Under Information Overload via Gist Memory." *Journal of Experimental Psychology General* 142, no. 3 (2012): 658–65. doi.org/10.1037/a0030730.

- Furman, Celina R., Ethan Kross, and Ashley N. Gearhardt. "Distanced Self-Talk Enhances Goal Pursuit to Eat Healthier." *Clinical Psychological Science* 8, no. 2 (2020): 366–73. doi.org/10.1177/2167702619896366.

- Gawande, Atul. "The Checklist Manifesto: How to Get Things Right." Metropolitan Books, 2009. 『체크, 체크리스트』(21세기북스, 2010)

- Gawande, Atul. "The Coach in the Operating Room." *The New Yorker*, September 26, 2011. newyorker.com/magazine/2011/10/03/personal-best.

- Gawande, Atul. "Personal Best." *The New Yorker*, October 3, 2011. newyorker .com/magazine/2011/10/03/personal-best.

- Gawande, Atul. "Want to Get Great at Something? Get a Coach." TED Talk, Vancouver, BC, April 2017. Video, 16 min., 36 sec. ted.com/talks/atul_ gawande_ want_ to_ get_ great_ at_ something_ get_ a_ coach.

- Gianola, Morgan, Maria M. Llabre, and Elizabeth A. Reynolds Losin. "Does Pain Hurt More in Spanish? The Neurobiology of Pain Among Spanish–English Bilingual Adults." *Social Cognitive and Affective Neuroscience* 19, no. 1 (2024). doi .org/10.1093/scan/nsad074.

- Gillespie, Jennifer Z., Patricia B. Barger, Jennifer E. Yugo, Cheryl J. Conley, and

Lynn Ritter. "The Suppression of Negative Emotions in Elder Care." *Journal of Managerial Psychology* 26, no. 7 (2011): 566–83. doi.org/10.1108/026839411 11164481.

- Goldberg, Emma. "The CEOs Who Just Won't Quit: What Happens to a Company— and the Economy— When the Boss Refuses to Retire?" *The New York Times*, May 9, 2024. nytimes.com/2024/05/09/magazine/forever-ceos.html.

- Grossman, Igor, Anna Dorfman, Harrison Oakes, Henri C. Santos, Kathleen D. Vohs, and Abigail A. Scholer. "Training for Wisdom: The Distanced-Self-Reflection Diary Method." *Psychological Science* 32, no. 3 (2021): 381–94. doi.org/10.1177/0956797620969170.

- Grossmann, Igor, and Ethan Kross. "Exploring Solomon's Paradox: Self-istancing Eliminates the Self-Other Asymmetry in Wise Reasoning About Close Relationships in Younger and Older Adults." *Psychological Science* 25, no. 8 (June 10, 2014): 1571–80. doi.org/10.1177/0956797614535400.

- Grove, Andrew S. *Only the Paranoid Survive*. Crown Currency, 1999. 『편집광만이 살아남는다』(부키, 2021)

- Grove, Andrew S., and Gordon E. Moore. *1985 Intel Corporation Annual Report*, 1985.

- Hagy, Paige. "The $2 Billion Powerball Winner Is Making the Worst Mistakes Financial Planners Warn People of After They Come into a Ton of Money." *Fortune*, September 19, 2023. fortune.com/2023/09/19/2-billion-powerball-lottery-winner-edwin-castro-financial-mistakes-advisors-warn.

- Haidt, Jonathan. *The Righteous Mind: Why Good People Are Divided by Politics and Religion*. Vintage Books, 2012. 『바른 마음』(웅진지식하우스, 2014)

- Hambrick, Donald C., and Gregory D. S. Fukutomi. "The Seasons of a CEO's Tenure." *Academy of Management Review* 16, no. 4 (October 1, 1991): 719–42. doi.org/10.5465/amr.1991.4279621.

- Hardy, Benjamin. "Who Will You Be in 10 Years? Someone Else." *Psychology Today*, October 2022.

- Hardy, James, Aled V. Thomas, and Anthony W. Blanchfield. "To Me, to You: How You Say Things Matters for Endurance Performance." *Journal of Sports Sciences* 37, no. 18 (2019): 2122–30. doi.org/10.1080/02640414.2019.1622240.

- Heffernan, Margaret. *Willful Blindness: Why We Ignore the Obvious at Our Peril*. Anchor

Canada, 2012.

- Henderson, Marlone D. "Mere Physical Distance and Integrative Agreements: When More Space Improves Negotiation Outcomes." *Journal of Experimental Social Psychology* 47, no. 1 (January 2011): 7–15. doi.org/10.1016/j.jesp.2010.07.011.

- Henning, Allyson. " 'I Tried to Bully Her': Sarasota Candidate Threatens to End Officer's Career During Traffic Stop, Apologizes." WFLA News Channel 8, February 23, 2022. wfla.com/news/sarasota-county/sarasota-candidate-threatens-to-end-officers-career-during-traffic-stop-apologizes-for-belligerent-and-rude-behavior.

- Herman, Barbara H., and Jaak Panksepp. "Effects of Morphine and Naloxone on Separation Distress and Approach Attachment: Evidence for Opiate Mediation of Social Affect." *Pharmacology Biochemistry and Behavior* 9, no. 2 (August 1978): 213–20. doi.org/10.1016/0091-3057(78)90167-3.

- Hershfield, Hal. "The Benefits of Getting to Know Your Future Self." *The Wall Street Journal*, June 17, 2023. wsj.com/articles/the-benefits-of-getting-to-know-your-future-self-d3246744.

- Hershfield, Hal. *Your Future Self: How to Make Tomorrow Better Today.* Hachette UK, 2023. 『미래의 나를 만난 후 오늘이 달라졌다』 (비즈니스북스, 2024)

- Hershfield, Hal E., Daniel G. Goldstein, William F. Sharpe, et al. "Increasing Saving Behavior Through Age-Progressed Renderings of the Future Self." *Journal of Marketing Research* 48, no. SPL (2011): S23–37. doi.org/10.1509/jmkr.48.SPL.S23.

- Hook, John. "Affective Neuroscience: Jaak Panksepp's 'Rat Tickling Theory of Emotion.' " *BJPsych Advances* (2024): 1–4. doi.org/10.1192/bja.2023.71.

- Horstmeyer, Derek. "When Investors Do the Most Harm with Market Timing." *The Wall Street Journal*, May 5, 2023. wsj.com/articles/investing-market-timing-ad3c230a.

- House of Representatives, Committee on Science and Technology. *Investigation of the Challenger Accident*, 99th Cong., 2d Sess., H.R. Rep. No. 99–1016. Government Printing Office, 1986. govinfo.gov/content/pkg/GPO-CRPT-99hrpt1016/pdf/GPO-CRPT-99hrpt1016.pdf.

- Hyde, Marina. "Are We There Yet? Soon We'll All Be on a Road to Nowhere." *The Guardian*, September 3, 2010. theguardian.com/commentisfree/2010/sep/03/chinaraffic-jam-road-to-nowhere.

- Hyde, Martin. " 'I Tried to Bully Her': Sarasota Candidate Threatens to End Officer's Career During Traffic Stop, Apologizes," recorded by Officer Julia Beskin's body-worn camera, video, February 14, 2022, posted February 23, 2022, WFLA News Channel 8, YouTube, 16 min., 29 sec. youtube.com/watch? v= SunGGUktKok.

- Hyde, Martin. "Opinion: Martin Hyde Apologizes for Confrontation with Sarasota Police Officer," *Sarasota Herald-Tribune*, February 25, 2022. heraldtribune.com/story/ opinion/columns/guest/2022/02/25/former-candidate-martin-hyde-apologizes-after-video-confrontation-threat-sarasota-officer/6936662001.

- John, Anett, and Kate Orkin. "Can Simple Psychological Interventions Increase Preventive Health Investment?" *Journal of the European Economic Association* 20, no. 3 (June 2022): 1001–47. doi.org/10.1093/jeea/jvab052.

- Kahneman, Daniel. *Thinking, Fast and Slow*. Farrar, Straus and Giroux, 2011. 『생각에 관한 생각』(김영사, 2018)

- Knowles, Beyoncé. "Beyoncé on Her Alter Ego, Sasha Fierce." Interview by Oprah Winfrey. *The Oprah Winfrey Show*, Oprah Winfrey Network (OWN), August 17, 2019. youtube.com/watch? v= 4AA5G8vCl9w.

- Kross, Ethan. *Chatter: The Voice in Our Head, Why It Matters, and How to Harness It.* Crown, 2021. 『채터, 당신 안의 훼방꾼』(김영사, 2021)

- Kross, Ethan, and Özlem Ayduk. "Chapter Two—Self-Distancing: Theory, Research, and Current Directions." *Advances in Experimental Social Psychology* 55 (2017): 81–136. doi.org/10.1016/bs.aesp.2016.10.002.

- Kross, Ethan, and Özlem Ayduk. "Facilitating Adaptive Emotional Analysis: Distinguishing Distanced-Analysis of Depressive Experiences from Immersed-Analysis and Distraction." *Personality and Social Psychology Bulletin* 34, no. 7 (2008): 924–38. doi.org/10.1177/0146167208315938.

- Kross, Ethan, Emma Bruehlman-enecal, Jiyoung Park, et al. "Self-Talk as a Regulatory Mechanism: How You Do It Matters." *Journal of Personality and Social Psychology* 106, no. 2 (2014): 304–24. doi.org/10.1037/a0035173.

- Lally, Phillippa, Cornelia H. M. van Jaarsveld, Henry W. W. Potts, and Jane Wardle.

"How Are Habits Formed: Modelling Habit Formation in the Real World." *European Journal of Social Psychology* 40, no. 6 (2010): 998–1009. doi.org/10.1002/ejsp.674.

- Lambrey, Simon, Christian Doeller, Alain Berthoz, and Neil Burgess. "Imagining Being Somewhere Else: Neural Basis of Changing Perspective in Space." *Cerebral Cortex* 22, no. 1 (2012): 166–74. doi.org/10.1093/cercor/bhr101.

- Leary, Mark R. *The Curse of the Self: Self-Awareness, Egotism, and the Quality of Human Life*. Oxford University Press, 2007. 『나는 왜 내가 힘들까』(시공사, 2021)

- Leary, Mark R. "Motivational and Emotional Aspects of the Self." *Annual Review of Psychology* 58 (January 2007): 317–44. doi.org/10.1146/annurev.psych.58.110405.085658.

- Lee, Harper. *To Kill a Mockingbird*. J. B. Lippincott, 1960. 『앵무새 죽이기』(열린책들, 2015)

- Lembke, Anna. *Dopamine Nation: Finding Balance in the Age of Indulgence*. Dutton, 2023. 『도파미네이션』(흐름출판, 2022)

- Liberman, Nira, and Yaacov Trope. "The Role of Feasibility and Desirability Considerations in Near and Distant Future Decisions: A Test of Temporal Construal Theory." *Journal of Personality and Social Psychology* 75, no. 1 (1998): 5–18. doi.org/10.1037/0022-3514.75.1.5.

- MacDonald, Geoff, and Mark R. Leary. "Why Does Social Exclusion Hurt? The Relationship Between Social and Physical Pain." *Psychological Bulletin* 131, no. 2 (2005): 202–23. doi.org/10.1037/0033-2909.131.2.202.

- Marquet, L. David. *Leadership Is Language: The Hidden Power of What You Say and What You Don't*. Portfolio, 2021. 『리더십 리부트』(시목, 2021)

- Marquet, L. David. *Turn the Ship Around!: A True Story of Turning Followers into Leaders*. Portfolio, 2013. 『턴어라운드』(세종서적, 2020)

- Mischkowski, Dominik, Ethan Kross, and Brad J. Bushman. "Flies on the Wall Are Less Aggressive: Self-Distancing 'in the Heat of the Moment' Reduces Aggressive Thoughts, Angry Feelings and Aggressive Behavior." *Journal of Experimental Social Psychology* 48, no. 5 (2012), 1187–91. doi.org/10.1016/j.jesp.2012.03.012.

- Moser, Jason S., Adrienne Dougherty, Whitney I. Mattson, et al. "Third-Person Self-Talk Facilitates Emotion Regulation Without Engaging Cognitive Control:

Converging Evidence from ERP and fMRI." *Scientific Reports* 7, no. 4519 (2017). doi.org/10.1038/s41598-017-04047-3.

- National Aeronautics and Space Administration (NASA). "The Challenger STS-51L Accident." Accessed June 18, 2024. nasa.gov/challenger-sts-51L-accident.

- National Transportation Safety Board (NTSB). *Descent Below Visual Glidepath and Impact with Seawall Asiana Airlines Flight 214, Boeing 777-200ER, HL7742, San Francisco, California, July 6, 2013.* Aircraft Accident Report NTSB/AAR-14/01, Washington, DC, 2014.

- Oliver, Emily J., David Markland, James Hardy, and Caroline M. Petherick. "The Effects of Autonomy-Supportive Versus Controlling Environments on Self-Talk." *Motivation and Emotion* 32, no. 3 (2008): 200–12. doi.org/10.1007/s11031-008-9097-x.

- Pronin, Emily. "How We See Ourselves and How We See Others." *Science* 320, no. 5880 (2008): 1177–80. doi.org/10.1126/science.1154199.

- Rand, Paul, host. *Big Brains Podcast*, podcast, episode 66. "The Science Behind Forming Better Habits, with Katy Milkman." University of Chicago Podcast Network, September 9, 2021. big-brains.simplecast.com/episodes/the-science-behind-forming-better-habits-with-katy-milkman-57ESaD_G.

- Rock, David. "Managing with the Brain in Mind." *Strategy+ Business*, no. 56 (2009): 1–10. strategy-business.com/article/09306.

- Ross, Michael, and Fiore Sicoly. "Egocentric Biases in Availability and Attribution." *Journal of Personality and Social Psychology* 37, no. 3 (1979): 322–36. doi.org/10.1037/0022-3514.37.3.322.

- Rotblut, Charles. "Is the AAII Sentiment Survey a Contrarian Indicator?" *AAII (American Association of Individual Investors) Journal*, June 2013. aaii.com/journal/article/is-the-aaii-sentiment-survey-a-contrarian-indicator.

- Sappenfield, Olivia, Cinthya Alberto, Jessica Minnaert, Julie Donney, Lydie Lebrun-Harris, and Reem Ghandour. *National Survey of Children's Health Adolescent Mental and Behavioral Health, 2023.* HRSA (Health Resources and Services Administration) Maternal and Child Health Bureau report (October 2024). mchb. hrsa.gov/sites/default/files/mchb/data-research/nsch-data-brief-adolescen-mental-behavioral-health-2023.pdf.

- Smriti. "What Happened to Digital Equipment Corporation?" *InspireIP* (blog), February 2, 2024. inspireip.com/what-happened-to-digital-equipment-corporation.

- Streamer, Lindsey, Mark D. Seery, Cheryl L. Kondrak, Veronica M. Lamarche, and Thomas L. Saltsman. "Not I, but She: The Beneficial Effects of Self-Distancing on Challenge/Threat Cardiovascular Responses." *Journal of Experimental Social Psychology* 70 (May 2017): 235–41. doi.org/10.1016/j.jesp.2016.11.008.

- Svenson, Ola. "Are We All Less Risky and More Skillful Than Our Fellow Drivers?" *Acta Psychologica* 47, no. 2 (February 1981): 143–48. doi.org/10.1016/0001-6918(81)90005-6.

- Tillman, Rachel. "Simone Biles Reflects on Decision to Pull Out of Olympics: 'It Was Too Much.' " Spectrum News NY1, September 28, 2021. ny1.com/nyc/all-boroughs/news/2021/09/28/simone-biles-opens-up-tokyo-olympics-decision.

- Ury, William. "Go to the Balcony." Speech, Dawson College Graduation Ceremony, Montreal, QC, 2016. williamury.com/nowithconvictionizbedathanyes2plz/wp-content/uploads/Dawson_ graduation_speech.pdf.

- Von, Theo, host. *This Past Weekend with Theo Von.* Podcast, episode 460. "Jordan Peterson." August 29, 2023. podcasts.apple.com/us/podcast/jordan-peterson/id1190981360? i= 1000626052367.

- Waitzkin, Josh. *The Art of Learning: An Inner Journey to Optimal Performance.* Simon and Schuster, 2008. 『배움의 기술』(이제, 2007)

- Waldinger, Robert, and Marc Schulz. "The Lifelong Power of Close Relationships." *The Wall Street Journal,* January 13, 2023. wsj.com/articles/the-lifelong-power-of-close-relationships-11673625450.

- Ware, Bronnie. *The Top Five Regrets of the Dying: A Life Transformed by the Dearly Departing.* Hay House, 2011. 『나의 오늘은 내일로 이어지지 않는다』(책읽는수요일, 2025)

- White, Rachel E., Emily O. Prager, Catherine Schaefer, Ethan Kross, Angela L. Duckworth, and Stephanie M. Carlson. "The 'Batman Effect': Improving Perseverance in Young Children." *Child Development* 88, no. 5 (2016): 1563–71. doi.org/10.1111/cdev.12695.

- World Health Organization. "Diarrhoeal Disease." March 7, 2024. who.int/newsroom/fact-sheets/detail/diarrhoeal-disease.

- "Yaacov Trope, Professor of Psychology, Research." New York University. as.nyu.edu/faculty/yaacov-trope.html.

- Yoon, Leehyun, Kate E. Keenan, Alison E. Hipwell, Erika E. Forbes, and Amanda E. Guyer. "Hooked on a Thought: Associations Between Rumination and Neural Responses to Social Rejection in Adolescent Girls," *Developmental Cognitive Neuroscience* 64 (December 2023): 101320. doi.org/10.1016/j.dcn.2023.101320.

- Yudkin, Daniel, and Tessa West. "How to Tell If You're the Office Jerk." *The Wall Street Journal*, June 11, 2023. wsj.com/articles/office-jerk-how-to-tell-9f69a49f.

- Zell, Ethan, Amy Beth Warriner, and Dolores Albarracín. "Splitting of the Mind: When the *You* I Talk to Is Me and Needs Commands." *Social Psychological and Personality Science* 3, no. 5 (2012): 549–55. doi.org/10.1177/1948550611430164.

- Zweig, Jason. "Mirror, Mirror on the Wall, Who Knew That Stocks Would Fall?" *The Wall Street Journal*, December 16, 2022. wsj.com/articles/hindsight-bias-investing-1671206329.

- Zweig, Jason. "Want to Beat the Stock Market? Avoid the Cost of 'Being Human.'" *The Wall Street Journal*, April 14, 2023. wsj.com/articles/active-vs-passive-index-fund-beat-the-stock-market-58e8bd83.

옮 긴 이
고 현 석
연세대학교 생화학과를 졸업하고 《서울신문》 과학부, 《경향신문》 생활과학부, 국제부, 사회부 등에서 기자로 일했다. 과학기술처와 정보통신부를 출입하면서 과학 정책, IT 관련 기사를 전문적으로 다루었다. 현재는 과학을 비롯해 문화와 역사 등 다양한 분야의 책을 기획하고 우리말로 옮기고 있다. 옮긴 책으로 『세상에서 가장 짧은 경제사』 『창의성에 집착하는 시대』 『더 좋은 삶을 위한 수학』 『전쟁이 만든 세계』 『우리는 어떻게 움직이는가』 『수학 머리는 어떻게 만들어지는가』 『느낌의 발견』 등이 있다.

디스턴싱

초판 1쇄 발행 2025년 9월 24일

지은이 L. 데이비드 마르케, 마이클 A. 길레스피
옮긴이 고현석

발행인 윤승현 **단행본사업본부장** 신동해
편집장 김경림 **파트장** 이민경 **책임편집** 최은아
교정·교열 김정현 **디자인** [★]규
마케팅 최혜진 강효경
국제업무 김은정 김지민 **제작** 정석훈

브랜드 갤리온
주소 경기도 파주시 회동길 20 웅진씽크빅
문의전화 031-956-7214(편집) 031-956-7088(마케팅)

홈페이지 www.wjbooks.co.kr
인스타그램 www.instagram.com/woongjin_readers
페이스북 www.facebook.com/woongjinreaders
블로그 blog.naver.com/wj_booking

발행처 ㈜웅진씽크빅
출판신고 1980년 3월 29일 제406-2007-000046호

한국어판 출판권 © ㈜웅진씽크빅, 2025
ISBN 978-89-01-29738-5 03190